国家社会科学基金项目（项目编号：16BJY059）成果

基于公平导向的绿色发展路径研究

朱沁夫　江延球　耿　静　著

科学出版社

北　京

内 容 简 介

本书在分析效率导向、规模导向和公平导向的可持续发展理论的基础上，指出了前两种导向的可持续发展在理论和实践中出现的问题，认为公平导向的可持续发展是可行的发展道路；提出了基于公平导向的绿色发展理论的现存生产方式和现存生活方式变革路径；分析了实现绿色发展的技术基础变革、信息传递方式变革、资源能源体系变革、社会组织结构变革四个方面的保障条件，以及实现绿色发展的政策措施。

本书适合生态资源环境保护领域管理者、可持续发展理论研究者和爱好者阅读。

图书在版编目（CIP）数据

基于公平导向的绿色发展路径研究 / 朱沁夫，江延球，耿静著. —北京：科学出版社，2023.6

ISBN 978-7-03-075876-7

Ⅰ.①基⋯　Ⅱ.①朱⋯　②江⋯　③耿⋯　Ⅲ.①绿色经济－经济发展－研究－中国　Ⅳ.①F124.5

中国国家版本馆 CIP 数据核字（2023）第 109784 号

责任编辑：彭婧煜　杨路诗 / 责任校对：杨　赛
责任印制：张　伟 / 封面设计：义和文创

科 学 出 版 社 出版
北京东黄城根北街 16 号
邮政编码：100717
http://www.sciencep.com
北京凌奇印刷有限责任公司印刷
科学出版社发行　各地新华书店经销
*
2023 年 6 月第 一 版　开本：720×1000　1/16
2024 年 3 月第二次印刷　印张：11 1/2
字数：232 000
定价：**98.00 元**
（如有印装质量问题，我社负责调换）

前　　言

　　面对资源耗竭、生态破坏带来的已知和未知的影响，从联合国到各国政府，从研究人员到普通民众已经开始不同程度地认识到问题的严重性，并采取了一系列相对有效的措施，一定程度上改善了延续传统工业化道路带来的恶果。但是，问题并没有得到根本的改变。当保护资源环境与自身利益形成一定范围的或者短期的矛盾时，人们很多时候都会作出并非正确的选择。现在约束这些不正确的行为的方法主要是条约、法律、规则等，真正将条约、法律、规则的要求变成现实，需要探索具体的实现途径。

　　人们在探索实现可持续发展的具体途径方面，已经作出了很多努力，学界已经从发出警告逐步走向提出实现绿色发展的原则、方法、路径；政府将这些原则、方法、路径转化为政策措施；实业界将其中部分变为可以获利的项目，从供给的角度来促进绿色发展；民众也有不少自觉保护资源环境的行为。要真正实现绿色发展，首先需要解决基本的思路或者认识问题，从人类的可持续发展和全人类的共同利益考虑。在基于效率、规模和公平的三种可持续发展导向中，唯有公平导向的强可持续发展是符合全人类利益的。其次需要从供给的角度来改变社会的生产方式和生活方式，很显然，没有绿色的供给就不可能有绿色的需求，没有绿色的生产方式就不可能有绿色的生活方式；采用绿色的生产方式和提供绿色的供给，不仅包括技术的绿色化，还有作为技术发展方向先导的技术思想、技术伦理的绿色化。最后需要探索以公平导向为基础的绿色生产方式、生活方式的具体实现途径，这些途径显然包括但不限于制定促进绿色技术发展的政策、措施，建立促进绿色产品研发、生产的机制，促进绿色生活方式发展的规制和治理体系，等等。本书试图在总结绿色发展的历史和现实的基础上回应上述部分问题。

　　研究并回答这些重要问题，需要采用适宜的研究方法，这些方法主要包括：①唯物辩证法。马克思主义唯物辩证法是关于自然、人类社会和思维的运动和发展规律的科学，是马克思主义的精髓。运用唯物辩证法，用辩证的、全面的、发展的观点而不是用机械的、片面的、静止的思想方法分析所研究的问题，保证所研究的结果更加具有科学性。②系统研究法。以可持续发展经济学为立足点，吸收马克思主义政治经济学、生态经济学、环境经济学、制度经济学、演化经济学等思想，进行系统逻辑分析，力图形成逻辑一致的分析结论。③文献研究法。通过研究国内外可持续发展的理论文献及其中的案例，梳理实现可持续发展、绿色发展的各种思想理论、技术路线，探究适合我国绿色发展的具体路径。④参与式观察法。通过对我国部分地区环境污染情况的观察，分析污染与区域经济社会发展之间的相互关系，提出相关改进的路径。⑤数理分析法。通过收集我国经济发展、生态环境的相关数据，并运用相关数理分析方法进行分析，得出实现绿色发展的路径的具体结论。

本书的框架结构安排如下：第 1 章，导论。主要在厘清基本概念和进行有关基本概念分析的过程中梳理文献；阐述与可持续发展、绿色发展相关的几个基本关系，对于这些关系的认知，是构成可持续发展、绿色发展理论的基础。第 2 章，三种价值导向的可持续发展理论及其实践。分析效率导向、规模导向和公平导向的可持续发展理论的性质、内涵，指出前两种导向的可持续发展在理论和实践中出现的问题，公平导向的可持续发展是目前可行的发展路径，为后续研究奠定理论基础。第 3 章，我国实现绿色发展面临的挑战。对于我国在工业化过程中出现的资源环境问题进行阐述，并对产生问题的原因进行分析，为后续研究提供事实依据。第 4 章，基于公平导向的绿色发展理论的现存生产方式变革路径。在对供给和需求的特点进行进一步分析的基础上，阐述供给的特点对于生产方式变革的意义和作用、绿色生产方式与要素供给的关系，进一步体现出供给侧结构性改革在绿色发展中的基础性作用；进而从生产要素、市场机制和产业层面阐述，分别分析增加自然资本的途径、人力资本的增加与绿色发展之间的关系，改变交易对象（即由销售产品改变为提供连续服务）、产业转型升级与产业结构优化对于实现绿色发展的根本性意义。第 5 章，基于公平导向的绿色发展理论的现存生活方式变革路径。在分析高碳污染的"殖民生活方式"向低碳环保的"极点生活方式"转化的必要性的基础上，提出实现生活方式的绿色化的具体路径。第 6 章，实现绿色发展的保障条件。对实现绿色发展的技术基础变革、信息传递方式变革、资源能源体系变革、社会组织结构变革四个方面的保障条件进行分析，提出具体实现路径。第 7 章，实现绿色发展的政策措施。对实现绿色发展的法制体系、经济机制，促进绿色发展的度量、检测、评价、激励-约束机制进行分析，提出具体实现路径。结语则对本书的思想和理论进行了总结，并对欠发达地区实现绿色发展的路径进行了战略性分析。

从效率导向的弱可持续发展理论到规模导向和公平导向的强可持续发展理论，是可持续发展理论的巨大进步，在两种不同导向的强可持续发展理论中，规模导向的可持续发展理论在实践中的不可行性决定了其只能进行理论分析，而公平导向的可持续发展理论对世界未来的发展具有实际的指导意义。本书基于这样的认识，结合对供给侧结构性改革的研究和对交易对象改变的分析，在如下方面可能存在一定的理论创新。

第一，强调公平导向的可持续发展是目前可行的发展导向，公平导向的发展不仅是社会发展的要求，也是顺应自然的要求。第二，通过对商品的使用价值在生产和消费过程中的特点的分析，提出供给与需求的各自不同特点，即供给具有具象性、稳定性和有限性，需求具有抽象性、可变性和无限性。在市场交换中，以具象的、稳定的和有限的供给满足抽象的、可变的和无限的需求。强调供给对于需求的影响作用，生产方式变革对于生活方式变革具有引导性作用，呼应供给侧结构性改革的相关研究成果。第三，提出市场交易中交易对象的改变，即交易对象由产品改变为连续服务，对于实现绿色发展具有基础性作用。实现交易对象的改变，使得生产者、消费者的行为产生重大的变化，进而促进生产方式和生活方式发生根本性变化，而这种变化将有利于绿色发展的实现。

期望本书能够进一步丰富绿色发展研究，不足之处，敬请读者批评指正。

作　者

2022 年 12 月

目　　录

第1章 导　　论

　　绿色发展就是要构建科技和文化含量高、资源消耗低、环境污染少的生产结构和生产方式，形成勤俭节约、低碳环保、文明健康的消费模式和生活方式，形成"带来人类幸福感和社会公平"的社会发展模式。绿色发展关系到政治、经济、社会、文化和自然等诸多方面，需要厘清其中涉及的各种概念和关系。

1.1　基本概念与文献梳理

　　我国著名经济学家孙冶方十分强调在进行研究的过程中"抠概念"，厘清概念是我们进行事物分析和逻辑推演的基础；梳理文献则是期望站在巨人的肩上，能够看得更加远一些。很显然，概念总是寓于文献之中，厘清概念离不开文献，梳理文献也不能不用概念。因而，可以在厘清相关概念的过程中梳理文献。

1.1.1　公平

　　公平是一个具有丰富内涵的概念，从古至今，关于公平、平等有不同的理解。孔子、孟子认为公平是人与人之间因为权利平等而产生的和谐，因为世人往往"不患寡而患不均"。亚里士多德认为，"所谓'公正'，它的真实意义，主要在于'平等'"。[①]"所谓平等有两类，一类为其数相等，另一类为比值相等。'数量相等'的意义是你所得的相同事物在数目和容量上与他人所得者相等；'比值相等'的意义是根据各人的真价值，按比例分配与之相衡称的事物。"[②]亚里士多德还将公平理解为调解社会关系的基本手段，"在理想政体（模范政体）中应该有怎样的财产制度？财产应该全部归公抑或应该分属每一公民"[③]。财产的平均分配有助于国内的安宁。当然，在亚里士多德的思想中，平等的应当平等对待（公民之间），不平等的应当不平等对待（公民与奴隶之间）。

　　在启蒙运动的思想家胡果·格劳修斯提出"自然法"，强调人的自然权利之后，从狄德罗一直到卢梭，基本上强调的是在法律面前人人平等，公平的重要内

---

① 亚里士多德：《政治学》，吴寿彭译，商务印书馆 1965 年 8 月第一版，第 153 页。
② 同①第 234 页。
③ 同①第 53 页。

容就是平等。正如卢梭所认为的那样，平等不是绝对的、事实上的平等，而是尽量缩小贫富差别，实现法律上的平等。

俞可平教授详细地对平等进行了分类，"人格平等和权利平等属于政治平等的范畴，这是最基本的平等。但人类除了政治生活外，还有经济生活和社会生活，这就需要经济平等和社会平等。经济平等主要体现为人们拥有同等的资源和同等的福利，即'资源平等'（equality of resources）和'福利平等'（equality of welfare）；而社会平等则主要体现为'机会平等'（equality of opportunity）、'性别平等'（gender equality）和'种族平等'（racial equality）"[①]。俞可平教授还指出："现代的平等应当是人们拥有'社会基本品'的平等。这是一种综合的平等，既包括传统的基于民主权利和人格尊严的政治平等，也包括基本资源和福利的经济平等，还包括重要机会和基本能力的社会平等。"[②]

俞可平教授进一步指出："如果平等是一个状态和结果的概念，那么公平则是一个程序和过程概念。"公平"是一个开放的概念，它完全适用于一切社会资源和公共权利的分配。公平就是按照相同的原则分配公共权利和社会资源，并且根据相同的原则处理事情和进行评价"[③]。

1.1.2 公平与效率

"现在这个世纪以生产财富能力的巨大增加为特征。"[④]巨大的生产财富的能力耗费了大量的资源、生产了大量的产品，体现为迅速的经济增长，使社会从整体上成为一个"丰裕社会"（加尔布雷思语），人们期望迅速的经济增长能够给自己带来丰裕的生活，然而，"事实是无数次的失望，无数次的发明和无数次的创造既没有减轻最需要休息的那些人的劳累，又没有给穷人带来富足"[⑤]。工业革命在给整个社会带来巨大的财富的同时，也产生了巨大的分配差距。

工业革命及其所产生的技术革命，带来了人们大量攫取、消耗自然资源的可能，在自然资源和环境容量似乎无穷的情况下，以提高劳动生产率为目标的生产方式不断发展，形成了追求劳动生产率不断提高的"效率"观念，并产生了不断进步的追求"效率"的手段。这种观念和手段的发展实际上造成了工业社会普遍的分配不公平。经济学由 16—19 世纪初的发展论到 19 世纪中后期至 20 世纪的价值论、分配论的发展，比较充分地反映了日益突出的公平问题。"效率"和"公平"似乎成了此消彼长的一对命题。那么，"效率优先"抑或"公平

---

① 俞可平：《权力与权威》，商务印书馆 2020 年 6 月第一版，第 49 页。
② 同①第 50 页。
③ 同①第 53 页。
④ 亨利·乔治：《进步与贫困》，吴良健、王翼龙译，商务印书馆 1995 年 1 月第一版，第 10 页。
⑤ 同④第 13 页。

优先"？"效率"和"公平"成了政府制定经济政策的重要考量因素，政府的经济政策似乎主要在二者之间寻求一个平衡点，而这个平衡点的拿捏是体现政府政策水平的重要标志。也正是生产技术的进步、效率的提高，更进一步加大了分配上的事实上的差距，出现了如阿瑟·奥肯把公平与收入分配联系起来，把公平视为收入的均等化的思想。但是阿瑟·奥肯提醒人们，强力推行收入平等，其代价要远远高于实现政治权利和公民权利的平等，因为"要追求收入平等，社会必须放弃用物质奖励作刺激生产的手段"①。其实，早在亚里士多德那里就有了类似的看法，"所有公民之间财产的平均分配固然有助于国内安宁，但就在这一方面而论，利益也未必最大"②。

从历史上看，社会发展的技术水平并不是促进公平的动力，反而是促进不平等的动力，正如亨利·乔治所指出的那样，"凡物质进步的条件最充分具备的地方——也就是说那些人口最稠密、财富最庞大、生产和交换的机器最发达——我们发现最严重的贫困、最尖锐的求生斗争和最多的被迫赋闲"③。历史上，不同时期暴发的农民起义④、工人起义基本是以追求"公平"为口号。正因为"真正公平的起跑线根本就不存在"⑤，所以，公平是数千年来人类的一种愿望，一种价值观。

1.1.3 公平与可持续发展

分配的不公平是可持续发展的制约因素——赫尔曼·E.戴利强调了这一点。只强调"人与自然和谐"，只能使为了经济发展而对资源环境的利用在自然界限的范围之内，并不能保证可持续发展的基本原则，即实现"代内公平、代际公平"的目标，还只能导向基于规模的可持续发展。当今兴起的第三次绿色浪潮的价值导向之一是基于规模导向的强可持续，强调地球生态系统存在极限，经济增长必须控制在地球极限或者关键自然资源的边界之内，希望通过规模总量的限制迫使经济系统朝更具效率和革新的方向发展。基于规模导向的强可持续发展理论虽然强调经济增长的物质规模受到自然边界的限制，应当从追求物质资本的扩展转向追求人类福利的发展，但在实践中，区域之间特别是欧美发达国家和发展中国家之间存在非常严重的利益与观点分歧：发达国家回避自己的过度消费问题，要求以生态规模问题限制发展中国家的经济增长；发展中国家严厉批评发达国家过度

---

① 阿瑟·奥肯：《平等与效率：重大的权衡》，王忠民、黄清译，四川人民出版社1988年5月第一版，第62页。
② 亚里士多德：《政治学》，吴寿彭译，商务印书馆1965年8月第一版，第73页。
③ 亨利·乔治：《进步与贫困》，吴良健、王翼龙译，商务印书馆1995年1月第一版，第14页。
④ 北宋初王小波、李顺起义提出"均贫富"；北宋方腊起义提出"法平等"的口号；南宋初年钟相、杨幺起义明确提出"等贵贱，均贫富"口号；明朝邓茂七领导的沙县农民起义，提出平均财产的要求；明末李自成起义提出"均田免赋"的主张；太平天国更是提出"人人平等""共享太平"的思想；康有为提出"大同三世说"的思想；同盟会提出了"驱除鞑虏，恢复中华，创立民国，平均地权"的政治纲领。
⑤ 同①第58页。

消费导致生态问题突破地球承载力，但同时不希望以地球承载力问题约束自己的经济增长。这表明，"人与自然和谐"是一个根本性前提，但仅仅强调"人与自然和谐"是远远不够的。

马克思、恩格斯在分析了社会发展历史的条件下，对资本主义生产方式的不公平性、不可持续性提出了批判。"资本主义生产方式以人对自然的支配为前提。"[①] "到目前为止的一切生产方式，都仅仅以取得劳动的最近的、最直接的效益为目的。那些只是在晚些时候才显现出来的、通过逐渐的重复和积累才产生效应的较远的结果，则完全被忽视了。"[②]正是当今人们采用"征服者统治异族人那样"的态度来"支配"自然，为着"最近的、最直接的效益"，"逐渐的重复"采用现存的生产方式并不断"积累"，才形成了当今严重的生态危机。马克思、恩格斯认识到了到晚近的研究尚未充分认识的问题，即造成生态问题的社会原因。当然，恩格斯也曾告诉人们，要预见自己的生产行为对自然方面的影响相对容易，而要预见生产行为对社会方面的影响要比前者困难得多。

第一次绿色浪潮及其以前的研究，较多地关注对各种环境问题的描述和渲染它们的严重影响，其环境观念偏重于从技术层面讨论问题；与马克思、恩格斯相比，这一时期的学者大多忽视了生态问题、资源问题产生的社会原因。自20世纪80年代开始的第二次绿色浪潮，提出了基于弱可持续的绿色发展思想，认为经济、社会、环境三个方面之和是非减的发展，或者说只要经济增长的效果能够抵消资源环境退化的结果，发展就是可持续的。弱可持续发展思想主张所采用的思路自然是从末端治理进入生产过程来解决问题，在经济增长过程中实现绿色化改进，其核心在于谋求资源环境生产效率的提高。

进入21世纪，越来越多的人开始注意到经济增长造成的生态危害已经超出了地球的承载能力，要求改弱可持续思路中的经济、社会和环境之和的非减发展为环境非下降的发展，开始强调在地球和自然的极限之内发展经济；并提出了包含自然资本在内的新的生产函数，提高人造资本的生产率，把投资转向维护和扩大自然资本，并通过教育、学习等途径增加有利于绿色发展的人力资本，形成了强可持续的第三次绿色浪潮。第三次绿色浪潮中两种主要的价值导向之一是基于公平导向的强可持续，强调社会系统的公平是遏制生态压力扩大、实现可持续发展的关键。公平导向的绿色经济期望在兼顾环境与平等的同时又能促进经济和人类发展，希望通过实现国家之间、区域之间、人与人之间的平等，来扩大绿色就业、打破贸易壁垒、推动技术扩散、消除贫困人口，实现社会系统的可持续发展，以

---

① 中共中央马克思恩格斯列宁斯大林著作编译局：《马克思恩格斯选集》第三卷，人民出版社2012年9月第三版，第998页。

② 同①第1000页。

此缓解经济系统和生态系统的持续冲突和矛盾。强可持续发展理论特别是基于公平导向的强可持续发展理论，倡导确立"深绿色"观念，重视探究资源环境问题产生的经济社会原因及在此基础上的解决途径，强调重拾信心，弘扬环境保护与经济发展双赢的积极态度，同时强调从技术到体制和文化的全方位透视和多学科研究。

基于公平导向的强可持续发展理论强调在地球承载力范围内实现经济增长，并要保证每个人具有公平地享受自然资本的权利，尤其关注弱势群体的相关权利。在"里约+20"峰会上，强可持续发展理论得到了新兴经济体和发展中国家的广泛认可，并且认为绿色经济应当首先是具有包容性的绿色经济。这些认识开始较多地关注生态问题在社会方面的影响，关注生态公平，是对于生态问题、可持续发展问题的一个认识上的飞跃。

1.1.4　公平导向

罗尔斯《正义论》区分了"形式上的平等"与"事实上的平等"，法律面前人人平等、机会均等思想提供的是"起点的公平"或"形式上的平等"，而不是"结果的公平"或"事实上的平等"。起点的公平并不一定会导致结果的公平，因为从开始到结束的过程中，还有许多其他影响因素，况且，机会的均等也不一定是导向结果的公平。国家、地区之间资源禀赋的差异决定了资源环境的不公平；国家、地区之间的政治经济文化差异又拉大了这种差异；人与人之间的权力差异进一步加大了人与人之间的不公平。"许多专家估计，人类现在已经具备足够的生产能力来满足世界上所有地方的人们最基本的需求。问题在于分配而不是生产。"[①]正因为存在事实上的不公平、不平等，导向公平就成为必要。"人类不可以制止下雨，但可以制造雨伞"，社会力求改善不公平。公平导向就是在现有生产力水平条件下，强调起点的公平，并通过建立健全相应的制度和机制，导向于结果的公平。

公平导向导向哪里？现实的选择是什么？关于这种道路选择的理论主要有生态资本主义和生态社会主义。保罗·霍肯（Paul Hawken）等主张以生态资本主义来实现可持续发展，约翰·贝拉米·福斯特等则主张以生态社会主义来应对生态危机。

1.1.5　生态资本主义

生态资本主义被认为是一种非意识形态化、建设性的现实战略选择，看重传

---

① D. 保罗·谢弗：《文化引导未来》，许春山、朱邦俊译，社会科学文献出版社 2008 年 4 月第一版，第 268 页。

统经济生产和消费活动带来的生态环境破坏的事实并主张改善这种状况，从不质疑和挑战资本主义的经济与政治制度，也不接受环境保护动机和生态道德方面的追问与批评。①

保罗·霍肯等的《自然资本论：关于下一次工业革命》集中体现了生态资本主义的基本思想，无论是生态市场主义还是生态凯恩斯主义，都基于将生态问题商品化、资本化的基本思路。

生态市场主义尽管承认政府干预对于生态环境保护的重要作用，但主张政府只能在"产品价格考虑全部成本"、"外部成本内部化"和"为污染行为定价"三个初始环节进行干预，而后的一切应当交给市场；而生态凯恩斯主义则认为仅仅满足于上述三个初始环节的干预是远远不够的，应当在生产、分配、交换、消费的各个环节都进行必要的干预。②萨拉·萨卡对生态市场主义和生态凯恩斯主义都给予了深刻的批评，认为生态市场主义建立在个体私利的基础上，缺乏全人类的整体性的眼光，以为对局部正确的做法，对整体也必定正确，产生"合成谬误"；追求利润的动机是产生生态问题的根本原因，而生态凯恩斯主义并没有否定这个基本出发点。郇庆治教授认为，生态资本主义在发展中遇到了三个方面的突出矛盾：一是"渐进改善与结构性变革的矛盾"；二是"个体环境意识、责任和行动与国家培育、规约之间的矛盾"；三是"本土中心与全球视野需要之间的矛盾"。③资本主义体制的逻辑和增长动力决定了生态资本主义不能真正导向社会公平，而公平已经成了可持续发展的一个重要影响因素。这些矛盾的存在，决定了生态资本主义不能从根本上解决生态环境和可持续发展问题。

1.1.6 生态社会主义

公平导向的路径是什么？福斯特、萨卡、菲利普·克莱顿和贾斯廷·海因泽克等都强调了生态危机与资本主义生产方式的对立，主张通过有机马克思主义、生态社会主义的发展路径来导向公平。福斯特对于资本本性的讨论，阐述了资本主义与生态环境破坏之间的直接关系，"生态和资本主义是相互对立的两个领域，这种对立不是表现在每一实例之中，而是作为一个整体表现在两者之间的相互作用之中"④。福斯特认为，一种没有发生异化的生产是以可持续性的方式对待自然，并以促进全人类福利的方式促进个体福利而不是相反⑤；应该解决好现存生产方式

---

① 郇庆治：《21世纪以来的西方生态资本主义理论》，《马克思主义与现实》2013年第2期，第109页。

② 马拥军：《生态资本主义与生态社会主义的政治经济学批判》，《思想理论教育》2017年第6期，第34页。

③ 同①第126-128页。

④ 约翰·贝拉米·福斯特：《生态危机与资本主义》，耿建新、宋兴无译，上海译文出版社2006年7月第一版，第1页。

⑤ 同④第34页。

所形成的经济的和环境的不公平问题；强调以人为本，特别是穷人，满足全人类的基本需要和长期需要①；并主张，"我们需要通过斗争来创造全球性社会，以提升整个自然与人类社会的地位，使自然与人类社会高于资本积累，公平与公正高于个体贪婪，民主制度高于市场经济。我们需要与自然构建新的和谐关系"②。

如福斯特一样，克莱顿和海因泽克认为，全球面临着一系列资本主义自身无法解决的根本性危机，资本主义的制度不仅导致人类与自身的劳动相异化，还导致人类与自然家园相异化；资本主义与全球环境灾难存在直接关系，而解决问题的替代性方案是有机马克思主义。为使少数人过得更好而让多数人陷入生存困境，这既不公正也不健康。需要建立"有机世界观"，不仅要关心所有人的生活质量，还要考虑到非人类的动物和生态系统的生存。③克莱顿和海因泽克批评了资本主义的"自由""民主"的非正义性，指出："正义意味着公平。"④ "只有从整体的视角出发，才能实现正义。正义寻求的是一个和谐的多样性统一的辩证目标。"⑤

萨卡在评论德里格和奥康纳的研究时说，"社会主义能够是可持续的吗？奥康纳没有明确说明，如果晚期资本主义（发达的、工业的）社会要采用他的生态社会主义的道路走向社会主义，那就必须有大幅度的经济收缩"⑥。这种说法与福斯特的思想有较高的一致性，因为在福斯特看来，只有抑制资本的扩张本性和无穷贪欲，才是实现生态平衡、保护环境的唯一出路；而抑制资本的扩张本性必然导致在资本主义生产方式下的经济收缩。

1.1.7　生态文明

"生态文明是人类社会进步的重大成果。人类经历了原始文明、农业文明、工业文明，生态文明是工业文明发展到一定阶段的产物，是实现人与自然和谐发展的新要求。"⑦生态文明建立在对人与自然关系和谐的普遍认知的基础之上。生态文明产生于人与自然关系的探索之中，历史上出现的"天人合一""人定胜天"等思想都是对人与自然关系的认识的表述，当人类的活动成果已经对人类的生存条件构成严重威胁时，人类对人与自然的关系的认识程度提升到了一个新的高度，即认为实现人与自然的和谐、保护资源、维护生态平衡等这种认识不再只是个别

---

① 约翰·贝拉米·福斯特：《生态危机与资本主义》，耿建新、宋兴无译，上海译文出版社2006年7月第一版，第42页。
② 同①第76页。
③ 菲利普·克莱顿、贾斯廷·海因泽克：《有机马克思主义：生态灾难与资本主义的替代选择》，孟献丽、于桂凤、张丽霞译，人民出版社2015年8月第一版，第124-125页。
④ 同③第129页。
⑤ 同③第147页。
⑥ 萨拉·萨卡：《生态社会主义还是生态资本主义》，张淑兰译，山东大学出版社2012年5月第二版，第208页。
⑦ 中共中央文献研究室：《习近平关于社会主义生态文明建设论述摘编》，中央文献出版社2017年9月第一版，第6页。

人的或者部分人的认识——个别人或者部分人的认识，总是会存在着尖锐对立的观点——人与自然的和谐这种认识恐怕没有太多的人再持异议，已经成为人类当下的一个基本认识。只有当这个认识得到普遍的、广泛的认可，才谈得上在此基础上建设文明。

生态文明是人与自然和谐相处的价值观。生态文明是在原始文明、农业文明、工业文明发展之后出现的文明形态，与以前出现的各种文明的价值观相比，生态文明是进一步的升华，其根本价值在于对人与自然的和谐相处的普遍认知。从对自然、物质、生命、意识到产品、服务，都有更新、更高水平的认知。这些认知水平的提高，必将引起人类思维方式、行为方式的深刻变革，促进经济、社会、文化发展方式的深刻变革。[①]生态文明是人类社会进步的成果，是人类政治、经济、社会、文化全面进步的成果，是脱胎于工业文明的新的文明形态，是对工业文明的超越。

生态文明作为后工业时代的文明形态，其经济、文化、科学技术水平应高于以前的各种文明形态。没有社会、经济、文化、科学技术的高质量发展，就不能建设生态文明。生态文明建设是将社会、经济、文化、科学技术推向更高水平的过程，是寻求人与自然相和谐的前提下谋求更高质量的发展的过程。只有良好的生态环境，没有社会、经济、文化、科学技术的高质量发展，这不是生态文明的表现，也不是生态文明建设的目标。当然，没有良好的生态环境，也就谈不上生态文明。

1.1.8 绿色发展

尽管所主张的可持续发展实现路径不同，生态社会主义者和戴利等都主张经济（特别是工业）发展存在着极限。戴利认为，应当通过建立"物质财富（人造物）存量不变，人口不变"的稳态经济来实现可持续发展[②]，其根本路径是采用分配主义制度和市场机制；萨卡总结了他自己理解生态社会主义的 8 个主要观点，主张通过经济收缩来实现可持续，其根本途径是通过平等和道德提高[③]。从现实角度来看，他们对于欠发达国家和地区的发展权利关注不足。显然，不可能采用"平调"的方式，如把美国丰富的物质给非洲欠发达国家，也不可能将所有人的财产集中后进行平均重新分配。

---

① 王明初、孙民：《生态文明建设的马克思主义视野》，《马克思主义研究》2013 年第 1 期，第 36-37 页；冯留建、王雨晴：《新时代生态价值观指引下的生态文化体系建设研究》，《华北电力大学学报（社会科学版）》2020 年第 6 期，第 9 页。

② 赫尔曼·E. 戴利：《稳态经济新论》，季曦、骆臻译，中国人民大学出版社 2020 年 1 月第一版；赫尔曼·E. 戴利：《超越增长：可持续发展的经济学》，诸大建、胡圣等译，上海译文出版社 2001 年 9 月第一版。

③ 萨拉·萨卡：《生态社会主义还是生态资本主义》，张淑兰译，山东大学出版社 2012 年 5 月第二版，第 210-211 页。

事实上，各种可持续发展的理论主张，撇开意识形态来看，都提出了有利于实现可持续发展的不同主张，只不过是正确（科学）的程度和水平存在差异而已。对于增长极限论、稳态经济、生态社会主义的经济收缩论等相对极端的主张，可以将其视为实现可持续发展的边际条件。科学研究所采用的抽象的方法使得研究者不可能考虑过多的影响因素，往往用少数几个变量来刻画一个复杂的社会经济现象；而政策的制定则需要考虑更多的影响因素。所以，现实的道路选择很可能是多种主张的"超边际"①分析的结果。这样看起来，似乎有些不讲求原则，太过追求实用主义，难以遵循某个特定的逻辑起点来分析问题。其实我们的目标，不是证明某个理论的正确，而是为了实现可持续发展、绿色发展。可持续发展、绿色发展的实践会反过来证明哪一个理论更加正确。对于各种理论来说，可持续发展、绿色发展过程也是一个检验理论、修正理论、淘汰理论、选择理论的过程。

绿色发展是相对于农业文明的"褐色发展"和工业文明的"黑色发展"而提出的形象的说法，具有明显的阶段性特点：从学界将可持续发展的各种主张区分为"浅绿色"和"深绿色"来看（诸大建教授曾简要、清楚地分析了"浅绿色"与"深绿色"的联系与区别②），体现了阶段性特征。从绿色发展的实践来看，也体现出阶段性特征。绿色发展是可持续发展的一个历史性阶段，这个阶段是以克服工业文明的"黑色发展"为重要目标的。绿色发展的核心理念就是把生态环境资源看作经济社会发展的内在因素，培育绿色生产方式和绿色生活方式，以提高经济社会发展质量和水平。绿色发展是新时代生态文明建设的具体路径。

不同思想流派所秉持的基本理论不同，为绿色发展开出的政策菜单必然不同。同时，不同国家的资源禀赋、环境条件和生产力发展水平不同，学者所依据的研究背景不同，其所主张的政策措施也存在较大差异。但各种政策菜单的措施种类大体类似，只不过是各种措施的重要性不同而已。

1.2 几个基本关系

实现可持续发展、绿色发展需要认真分析其基础，特别是自然基础。对自然基础的判断错误，将会导致整个理论和实践的错误，使原初的目标不能实现。

---

① 杨小凯：《发展经济学：超边际与边际分析》，社会科学文献出版社 2003 年第一版。这里更主要的意思是将各种主张看成一个函数，现实的路径选择是多个函数组成联立方程组的解。

② 参看诸大建教授为上海译文出版社出版的"绿色前沿丛书"所写的总序；赫尔曼·E. 戴利：《超越增长：可持续发展的经济学》，诸大建、胡圣等译，上海译文出版社 2001 年 9 月第一版。

1.2.1 可持续发展的物理学基础

物质与能量的关系。热力学第一定律即能量守恒定律告诉我们，能量不能被创造也不能被消灭，可以从一种形式转化为另一种形式；爱因斯坦质能方程（$E=mc^2$）又告诉我们，宇宙中的一切物质都是能量的表现。"世间万物的形态、结构和运动都不过是能量的不同聚集与转化形式的具体表现而已。"[①]

热力学第二定律对物质世界的制约。热力学第二定律即熵增原理告诉我们，宇宙总体熵值是不断增加的。人类运用"外部工具"从环境中获取、转化和处理能量都需要消耗能量。"熵的增加就意味着有效能量的减少。每当自然界发生任何事情，一定的能量就被转化成了不能再做功的无效能量。被转化成了无效状态的能量构成了我们所说的污染。"[②]地球上只有两个有效能源的来源，一个是地球本身所蕴藏的能量，另一个是太阳能。

全球生态与资源系统的存量与流量。全球生态与资源系统的存量即全球所有资源的总和，包括已经探明的资源和尚未探明的资源，也包括各生态系统结构。全球生态与资源系统的流量主要是资源开采量，以及由太阳能流产生的资源再生能力和环境自净能力。随着不可再生资源的不断消耗，地球最终将依靠太阳能流所产生的资源再生能力获得资源，以及由太阳能流支撑的环境自净能力促进可持续发展。

1.2.2 基本关系

地球资源与宇宙资源的关系。人类可持续发展的基础只能是地球上现有的资源和可获得的太阳能流。尽管如埃隆·马斯克等都幻想着运用宇宙中除光能以外的其他资源，但在可以预见的未来，宇宙中的其他星球（包括月球、火星这样的近地天体）几乎不可能作为在地球上生活的人类的资源基础。一些地区外来物种的入侵就已经造成了难以修复的生态灾难，引入其他星球的资源可能产生的生态灾难恐怕更加难以预料。试想，是否可能将月球分解成矿物资源来满足人类的需要？撇开运输成本不谈，月球消失所带来的生态灾难就可能超过地球上现有的灾难。显然，宇宙空间的能源可以为宇宙飞行器提供能源，但难以成为地球上生活的人类的资源（能源）来源。这使得地球犹如一艘孤立的宇宙飞船，肯尼斯·E.博尔丁将这种经济形象地称为"'太空人'经济"。加勒特·哈丁表达了同样的意

---

① 杰里米·里夫金、特德·霍华德：《熵：一种新的世界观》，吕明、袁舟译，上海译文出版社 1987 年 2 月第一版，第 28 页。

② 同①第 28 页，第 30 页。

见。[①]戴利也指出:"地球生态系统是有限的,非增长的,在物质上是封闭的。"[②]阿利德·瓦顿则全面地分析了生物圈、社会和人类、系统的极限问题。[③]

不可再生资源与可再生资源的关系。不可再生资源与可再生资源共同构成人类的资源。但从长期来看,人类利用不可再生资源的比例将持续下降,而使用可再生资源的比例将持续上升,这决定了未来人类可能全部依靠可再生资源。尽管可能还存在一个资源来源系统,即地表—地壳—地幔的物质交换,这个物质交换可能将部分不可再生资源转化为可再生资源。但可以肯定的是,这个过程是漫长的地质过程,而且还需要科学技术的进一步发展,才能了解其对于资源-环境的作用。当人类需要全部(至少是绝大部分)依靠可再生资源作为生产生活的资源基础时,人类可能才会真正找到实现可持续发展的路径和方式。

资源再生能力与资源增长的关系。资源的再生能力取决于地球生态系统的结构,以及生态系统与自然的适应程度。地球生态系统的结构合理,有利于资源再生能力的提高;而结构不合理,则不利于资源再生。人类对生态系统的破坏,对资源再生能力产生不利影响甚至会导致毁灭;而对生态系统的保护,则对资源再生能力产生促进作用,促进资源总量的增加。

环境自净能力与净化能力增长的关系。环境具备自净能力,但是当污染程度超过环境自净能力,就会形成污染,当污染达到某个阈值,环境自净能力将会被破坏。保持环境自净能力和消除超出环境自净能力的污染的根本出路在于,通过投资环境保护设施、提高污染物处理技术水平,增强总体净化能力。

公平与环境的关系。生态公平是人类在利用、保护自然资源和环境方面享有的共同的权利和承担的共同的责任。生态公平力图消除资源利用和生态补偿之间的错位现象,以及发达国家与欠发达国家在自然利用上的严重不公平现象。资源的禀赋、环境的质量是客观的存在,而公平则是一种主观认知,二者之间存在天然的鸿沟;资源的分布与人口的分布差异产生了不同区域资源禀赋的巨大差异,各个国家、地区之间利益的存在,使得不公平成为客观现实;生态不公平所产生的问题需要所有人承受,并不只是针对特定的群体或阶层,容易被社会所忽略;在经济增长(发展)作为优先战略的前提下,人们往往重视当下、眼前的发展,容易忽视后代人的利益。由此产生了一系列不公平现象,而这些不公平直接影响了环境,造成了生态的破坏和环境的污染。

① 赫尔曼·E. 戴利、肯尼斯·N. 汤森:《珍惜地球:经济学、生态学、伦理学》,马杰、钟斌、朱又红译,商务印书馆 2001 年 3 月第一版,第 334-347 页;加勒特·哈丁:《生活在极限之内:生态学、经济学和人口禁忌》,戴星翼、张真译,上海译文出版社 2001 年 9 月第一版,第 90-95 页。
② 赫尔曼·E. 戴利、肯尼斯·N. 汤森:《珍惜地球:经济学、生态学、伦理学》,马杰、钟斌、朱又红译,商务印书馆 2001 年 3 月第一版,第 300 页。
③ 乔舒亚·法利、迪帕克·马尔干:《超越不经济增长:经济、公平与生态困境》,周冯琦等译,上海社会科学院出版社 2018 年 7 月第一版,第 113-144 页。

1.2.3　分析的起点

实现可持续发展的资源环境基础是地球的生态系统，脱离地球本身所蕴藏的能量和太阳能，目前人类尚无其他资源来源，尽管不少人对于其他来源抱有幻想。由于比较容易采掘的资源几乎已经被耗竭，人们探寻新的资源只能是向地壳更深处、海洋更深处、地域更偏远处进军，使得勘探、采掘、运输的成本不断提高。这种开采必然带来新的资源损失和环境污染。这些资源在采掘、加工、使用过程中所耗散的能量逐渐累加，产品使用完结后作为废弃物产生空间占用和环境污染，社会成本呈指数增长。人类获取地球资源耗费的真实成本正在逐渐提高。

主流经济学对于资源的有限性和环境容量的有限性这一客观事实的关注是严重不足的。只是在某个资源环境问题成为"热点"时，主流经济学才有一些勉强的回应。"经济增长"是主流经济学的最主要目标。受主流经济学支配的经济政策、社会政策往往对资源的有限性和环境容量的有限性这两个现实问题表现出明显的摇摆和短视。主流经济学需要充分地吸收生态学和相关学科的成果，对自身进行革命性重塑，放弃原有单一化的目标，以可持续发展的多样化目标作为基本发展导向，探索如何实现社会的经济发展而不超越生态环境的约束条件。

如前所述，发展过程的公平导向不仅是社会发展的要求，不仅具有社会性质；而且，发展过程的公平导向的自然性质逐渐凸显出来。经济发展的结果应当由经济增长与基尼系数增大的数量型增长转向经济发展和基尼系数降低的质量型发展。这里作一个扩充，将其扩充到对于资源的占有和使用。不妨将对资源的占有和使用的平均程度称为生态基尼系数。生态基尼系数越大，意味着人与人之间、地区与地区之间、国家与国家之间占有资源、使用资源的数量越不平等；生态基尼系数越小，意味着人与人之间、地区与地区之间、国家与国家之间占有资源、使用资源的数量越平等。

对效率的重新认识是实现可持续发展的前提。戴利介绍了尼古拉斯·杰奥尔杰斯库-勒根的著作《熵定律与经济过程》中的"熵流"概念对经济学产生的影响[①]，"熵流"可以看作对于效率追求的新的认识起点。戴利解释道，"熵流"是"始于资源和终于废物的单向流动"[②]。"熵是有用资源和无用的废物之间的定性差异的衡量指标。"[③]"物质/能量的熵流量比价值交换的循环流动更基本。"[②]在这个意义上，就要用"熵流"来改造产品/成本、产品量/时间、利润/成本等效率的衡量指

---

① 赫尔曼·E. 戴利：《超越增长：可持续发展的经济学》，诸大建、胡圣等译，上海译文出版社 2001 年 9 月第一版，第 268-279 页。
② 同①第 272 页。
③ 同①第 273 页。

标。同时，技术创新的发展方向也应当是以"熵流"改造过的效率为基本导向。

可持续发展的基本路径。如前所述，经济社会发展的资源基础只有两个来源，一个是地区的资源赋存，另一个是太阳能流。实现可持续发展的基本路径就只能是对二者的高效率利用。具体来说，首先是节约不可再生资源，节约不可再生资源的警告已经被有识之士提出了多年，但人类似乎没有做到减少不可再生资源的采掘总量，反而在不断增加。对于人类发展来说，除非某种资源已经被耗竭，人们是不会停止对该种资源的采掘的。现实的选择是，通过提高利用水平，实现采掘增量的降低。其次是利用可再生资源，戴利、霍肯等反复强调投资自然资本，就是要扩大可再生资源的量；利用可再生资源是人类在无不可再生资源利用的前提下的选择。因而，投资自然资本是投资改革的一个自然方向。最后是扩大资源范围，对资源的认知是随着科学的发展和技术水平的提高而不断扩展的。对于资源的发现和利用方式是科学技术发展的重要内容，利用更多种类的自然资源也是实现可持续发展的基本路径。

1.3　本 章 小 结

本章在厘清人类发展和生态文明建设的基本概念的基础上，分析基于公平的可持续发展的价值导向的正确性；在分析人与自然和谐发展的最基本关系的基础上，确立了实现可行的绿色发展道路的原则性思路。事实上，建设生态文明的根本要求在于实现人与自然和谐发展，实现人与自然和谐发展又以确立正确的价值导向、探寻切实有效的绿色发展道路为前提。

第2章 三种价值导向的可持续发展理论及其实践

可持续发展的实践在不断地检验着理论，从最初可持续发展概念的提出到今天，形成了三种价值导向的可持续发展理论，即效率导向、规模导向和公平导向的可持续发展理论。这三种价值导向的理论在可持续发展的实践中经常被同时运用，形成了不同国家间可持续发展的政策及其效果的差异，分析清楚三种价值导向的可持续发展理论的内涵和实质，有助于实现真正的可持续发展。

2.1 效率导向的弱可持续发展理论及其实践的贡献与错误

由第二次绿色浪潮产生的效率导向的弱可持续发展理论，基于经济、社会、环境三个方面总和意义上的非减发展即可实现可持续发展的认识，在实践上被证明不可持续。

2.1.1 效率导向的弱可持续发展理论的性质

从马尔萨斯的人口理论、李嘉图的"资源相对稀缺论"和穆勒的"静态经济论"到梅多斯等的《增长的极限》，更多地强调了人口的增长与资源有限性之间的矛盾；从恩格斯关于人类生产活动"进一步的后果"的论述到20世纪60—70年代第一次绿色浪潮，强调了人类生产活动特别是工业化活动对人类赖以生存的环境的破坏与污染所造成的严重后果。第一次绿色浪潮及其以前的研究，较多地关注对于各种环境问题的描述和渲染它们的严重影响，其环境观念偏重于从技术层面讨论问题（但恩格斯将资源环境破坏归结于资本主义制度）。自20世纪80年代开始的第二次绿色浪潮，提出了基于弱可持续发展的绿色思想，这种思想主要是新古典福利经济学的延伸，要求实现总的资本价值（实际价值）不随时间的推移而下降。解决问题的思路主要是从末端治理进入生产过程，提出经济增长的绿色化改进，重点在于提高资源环境的生产效率。效率导向的绿色经济基于弱可持续发展理论，其实质是一种经济"增长理论"，实际上在长期内不具备可持续性。

2.1.2　效率导向的弱可持续发展理论存在的问题

效率导向的弱可持续发展理论在实现可持续发展的过程中，开启了可持续发展的过程，当人类回过头审视弱可持续发展理论指导下的实践，发现未能解决经济、社会、环境之间的协调性问题，资源的耗竭、环境的破坏并没有得到有效的缓解。这表明，效率导向的弱可持续发展理论还不够完善，以其指导实践也必然存在一系列问题。菲利普·朗的研究表明，在实现可持续发展需要达成的三个政策目标中，生态可持续性第一，公平分配第二，资源配置高效率排在第三。[①]仅凭效率的单纯提高不可能实现可持续发展。关注效率的提高，企图以效率的提高实现单位产品所耗费资源的减少和污染的减量，实际上是主流经济学思想在可持续发展问题研究中的一种自然延伸。

1. 经济、社会、环境三个系统失调导致的问题

效率导向的弱可持续发展理论认为经济、社会、环境三个方面总和意义上的非减发展，只要经济增长的成果能够冲抵资源环境退化，发展仍然是可持续的。显然，经济、社会、环境三者之间各自的价值类型不同、不可相互替代，三者之间也不存在一个内在的自动协调机制。至少现存的技术和衡量方法，无法进行三者的加总计算。所谓实现三方面总和意义上的非减发展，完全取决于人们的主观评价，而经济指标的变化最为明显，社会现象的改变也会较快地为人们所感知，只有环境的变化需要积累到一定的程度，才能被人们所认知，特别是有些类型的问题需要使用特定的技术手段进行检测，即便是积累到一定的程度也难以被普通民众甚至政府所感知，自然地，最容易被忽视的是环境问题。这三者总和意义上的非减发展仅仅是经济增长持续破坏环境的一个理论上的掩护。

历史和现实已经表明，环境的破坏和经济的崩溃，二者任一出现不可逆转的危机，都会使得社会不可持续；两河流域文明和玛雅文明的衰落就是例证。而社会出现危机也会对经济和环境产生不利影响，无论是大概率的"灰犀牛"，还是小概率的"黑天鹅"事件，都可能导致严重的后果。经济、社会、环境总是相互关联的，尽管环境的变化总是存在一定的滞后效应，但三者需要协调发展。

2. 末端治理的技术路径的问题

末端治理是对生产过程产生的污染物进行处理，以减少污染物的污染程度。

---

① 乔舒亚·法利、迪帕克·马尔干：《超越不经济增长：经济、公平与生态困境》，周冯琦等译，上海社会科学院出版社 2018 年 7 月第一版，第 228 页。

末端治理是现有许多工业生产企业所采用的基本方式，实际上，现有生产方式和生活方式对污染物的处理基本采用末端治理的做法，如城市的污水处理、垃圾填埋、企业除尘等。随着工业化进程的加速，末端治理这种"先污染后治理"模式的局限性越来越凸显出来。一些地方、企业为了节约成本，经常把"先污染后治理"变成"只污染不治理"或者"多污染少治理"，由此带来了大量的外部成本，"谁污染谁治理"的要求难以达到。需要区分末端治理的思想和末端治理的技术，末端治理的思想总体来说对于保护环境的作用不够明显，而末端治理的技术则是保护环境的重要技术类型。

显然，应当肯定末端治理技术的作用，首先，末端治理毕竟减少了污染物的排放总量；其次，在清洁生产技术尚未实现对于末端治理的完全替代之前，末端治理还将是一个较长时期内的污染治理的重要方式；再次，即便实现了清洁生产，也必然还会存在末端需要处理的污染问题；最后，许多产品使用完结后，产品作为废弃物需要进行末端治理。

3. 工业主义生产方式中的效率与公平的矛盾

分工、组织和技术的不断发展，促进了效率水平的不断提高。"效率很大程度上决定着我们的财富。"[1]在主流经济学的体系中，利润是企业追求的最终目标，利润的增加就是效率提高的目标，资源的有效配置、效用的最大化、生产成本的降低、交易费用的节约、劳动生产率的提高等都表现为效率的提高。在工业主义的生产方式中，是以企业效率的提高为目标的，企业效率的提高往往不能保证社会福利的改善和生态环境的保护。在这个前提下，追求效率，往往导致收入水平差异拉大、环境破坏严重。国家之间发展水平的差距也并没有因为效率的提高而缩小，表2-1中所列的10个国家，2012年相比于1990年人均GDP增长水平低于世界平均水平的有阿尔巴尼亚、阿尔及利亚、安哥拉、亚美尼亚4个国家，高于世界平均水平的有6个国家。增加最多的是澳大利亚，增加最少的是亚美尼亚，二者相差18倍之多。1980—2010年，世界能源终端消费总量增长62.81%；2011年又较2010年增长1.66%。[2]在工业主义发展的过程中，GDP的增长与环境污染往往是同向发展。效率导向的弱可持续发展理论并没有导向可持续发展。

公平问题日益凸显出来，一方面，公平作为社会价值是社会稳定与发展的要求，这在当代人之间表现得很突出；更为严重的是，资源使用效率的提高会加速

① 彼得·休伯：《硬绿：从环境主义者手中拯救环境·保守主义宣言》，戴星翼、徐立青译，上海译文出版社2002年9月第一版，第190页。
② 中华人民共和国国家统计局：《国外资源、能源和环境统计资料汇编.2013》，中国统计出版社2014年8月第一版，第199页。

资源的耗竭和环境的污染，造成当代人与后代人之间的严重不公平。另一方面，公平作为可持续发展的自然因素的影响显现出越来越强烈的约束。在工业主义的生产方式中，无法实现效率与公平的平衡。

表 2-1　一些国家人均 GDP 增长的比较　　　　　　（单位：美元）

区域	1990 年人均 GDP	2010 年人均 GDP	2012 年人均 GDP	2012 年人均 GDP 与1990 年人均 GDP 之差
世界	4 168	9 224	10 206	6 038
阿尔巴尼亚	610	4 109	4 149	3 539
阿尔及利亚	2 365	4 365	5 258	2 893
安哥拉	993	4 219	5 485	4 492
阿根廷	4 333	9 133	10 952	6 619
荷兰	19 722	46 623	50 085	30 363
亚美尼亚	637	3 125	3 338	2 701
澳大利亚	18 248	51 586	67 036	48 788
奥地利	21 458	44 916	47 226	25 768
阿塞拜疆	1 237	5 843	7 392	6 155
巴哈马	12 351	21 881	21 908	9 557

资料来源：中华人民共和国国家统计局：《国外资源、能源和环境统计资料汇编.2013》，中国统计出版社 2014 年 8 月第一版，第 24 页。本表所列国家仅选取上述资料表中排在前 10 行且相关年份资料完整的国家（不含地区）。

4. "合成谬误"的具体体现

基于效率导向的增长只是单位产品所占用的资源量和产生的污染量的降低，并不能实现总体资源使用量的降低和总体污染量的减少。单位产品占用的资源和产生的污染减少，但产品数量在资本的扩张冲动下增加得更快、更多，必然导致资源占用总量、耗竭速度和污染总量的提高。

工业生产效率的提高，没有减少化石能源的利用和工业污染，反而使得污染的程度加深、范围扩大。对于资源的开采能力的提高也是工业生产效率提高的表现之一，这就导致在单位时间内资源开采量的提高，其结果是加速了资源的耗竭。资源开采范围的扩大，也带来了严重的环境问题，例如，鳀鱼和沙丁鱼等小型鱼类被大规模捕捞，制作成鱼粉，用来养殖鲑鱼、猪和鸡，使得以捕食小型鱼类为食的企鹅陷入了困境。工业化农业的发展，使得农业的生产效率、单位面积产出逐渐提高，但大多以肥料和农药的使用的增加为前提。美国农场使用的化肥大量被冲刷进密西西比河并流入墨西哥湾，导致墨西哥湾海水含氧量过少，大量海洋生物无法存活。①

2.2 规模导向的强可持续发展理论的作用与局限

到 21 世纪初,更多的人们开始发现过去的经济增长已经超越了地球的生态承载力,要求环境非下降的经济增长,强调人类经济社会发展必须尊重自然极限;提出了包含自然资本在内的生产函数,要求绿色经济在提高人造资本的资源生产率的同时,将投资从传统的消耗自然资本转向维护和扩展自然资本,要求通过教育、学习等方式积累和提高有利于绿色经济的人力资本,形成了强可持续的第三次绿色浪潮。第三次绿色浪潮有两种主要的价值导向,其中一种是基于规模导向的强可持续,强调地球生态系统存在极限,经济增长必须控制在地球极限或者关键自然资源的边界之内,希望通过规模总量的限制迫使经济系统朝更具效率和革新的方向发展。

2.2.1 规模控制与欠发达国家发展的矛盾

戴利是规模导向的强可持续发展理论的代表人物之一,他的看法基本反映了这类主张。戴利将经济系统看作生态系统的一个子系统。基于这样一个前提,他在对美国总统可持续发展委员会关于可持续发展的 15 条原理进行分析后认为:①人类经济活动的规模持续性膨胀挤占了其他物种的栖息地和生存条件,这与保护生物的多样性和维持生态系统的平衡的要求不一致;②从有限的资源环境中获取物质而实现经济规模的数量型增长具有不可持续性,应当从谋求数量型的增长转向质量型的发展;③运用市场机制解决资源有效配置的前提是,把关键资源的总的流通规模限定在一个可持续的水平上,实现最初产权的公正分配;④将总消费和人口控制在一个可持续的水平上;⑤在谋求发展的前提下,通过分享、控制人口来消除贫困。戴利强调,“我们需要强调的是‘减少’资源和环境服务的‘消费水平’”②,控制消费模式不能限制消费水平,一旦资源流量水平控制在可持续程度,消费模式将通过市场自动地适应。哈丁也赞同戴利的稳态经济的主张,强调持续增长不可能实现,应当“生活在极限之内”。③

发展的现实是国家之间、地区之间存在严重的不平衡,戴利也不得不承认这种不平衡带来的不同选择,他指出:“不同的国家将作出不同的选择:有些国

---

① 佚名:《工业化农业加速地球生物大灭绝》,《参考消息》2017 年 8 月 28 日第 7 版。
② 赫尔曼·E. 戴利:《超越增长:可持续发展的经济学》,诸大建、胡圣等译,上海译文出版社 2001 年 9 月第一版,第 26 页。
③ 加勒特·哈丁:《生活在极限之内:生态学、经济学和人口禁忌》,戴星翼、张真译,上海译文出版社 2001 年 9 月第一版。

家人口和消费都不需要控制，另一些国家则两者都需要控制。"①这里出现一个矛盾，如果控制人口和消费的总量，一些人口和消费都不需要控制的国家两方面都在增长，势必要求其他国家两方面都要减少。也就是说，"富国不仅需要为了提高其自身经济福利而抑制其增长；而且，从公平角度看，必须为了给低收入国家腾出增进福利所需的发展'空间'而停止自己增长"②。但是，不存在这样一种机制，让人口和消费都需要控制的国家自动地减少，以便为都需要增加的国家留下增长空间。仅仅就全球碳排放处于前列的国家美国来说，美国人口的自然增长和机械增长都是存在的，美国的经济增长也是客观现实，想要让美国实现严格的计划生育和控制移民，让美国的碳排放保持在严格的水平上，都是不可能实现的。人口和消费二者都不需要控制的国家在发展中尽管存在着国际压力、阻力和国内的动力不足等问题，但其在两方面增长的权利应当予以承认，一些国家也在不断地发展。这带来一个严酷的现实，人口和消费不需要控制的国家两方面都在增长，人口和消费都需要控制的国家也在增长，总量的控制就变成了一个空想和愿望。

2.2.2　工业主义生产方式和生活方式的现实

工业社会随着不断发展，已经形成了工业主义的生产方式和基于工业主义生产方式的生活方式，其基本特征是对于化石能源的高度依赖和对效率、速度、方便程度的不懈追求。工业主义的生产方式和生活方式依赖于大量化石能源和矿物的开采与利用，也就产生对资源的过度开采和对环境的严重污染。如表 2-2 所示，全球各种能源终端消费的总水平是保持上升的，除了煤和煤制品的终端消费量在1990—2000 年出现过负增长外，其他能源终端消费都处于持续增长状态。表 2-3的数据表明，除锡、高岭土、云母和石墨外，2007—2011 年全球其他主要矿物的开采量总体呈上升态势。1990—2010 年，全球二氧化碳排放量年均增速约为 2.11%，人均排放量年均增速约为 0.76%；全球甲烷排放量年均增速约为 1.21%，但人均排放量年均增速约为-0.05%（这仅意味着人口的增长速度更快一些）。③绝大多数国家的温室气体排放也一直保持着高速增长（图 2-1）。尽管世界能源结构正在进行调整，但结构变化不大，主要能源产品如煤和煤制品、石油产品、天然气、生物燃料及废物、电力的终端消费量基本呈持续增长态势。从主要的能源消耗部门来看，工业、交通部门的能源终端消费量也在持续增长（图 2-2）。

---

① 赫尔曼·E.戴利：《超越增长：可持续发展的经济学》，诸大建、胡圣等译，上海译文出版社 2001 年 9 月第一版，第 21 页。
② 乔舒亚·法利、迪帕克·马尔干：《超越不经济增长：经济、公平与生态困境》，周冯琦等译，上海社会科学院出版社 2018 年 7 月第一版，第 236 页。
③ 牛文元：《2015 世界可持续发展年度报告》，科学出版社 2015 年 8 月第一版，第 87 页。

表 2-2　世界各种能源终端消费量　　　　（单位：千吨标准油）

能源类型	1971 年	1980 年	1990 年	2000 年	2010 年	2011 年
煤和煤制品	642 120	711 159	767 630	576 776	864 107	903 117
石油产品	1 974 284	2 420 906	2 599 656	3 115 051	3 591 399	3 614 512
天然气	581 917	815 860	944 154	1 118 873	1 355 596	1 380 497
生物燃料及废物	593 956	707 676	798 127	925 297	1 100 422	1 111 743
电力	376 635	585 993	833 077	1 089 768	1 536 698	1 582 119

资料来源：中华人民共和国国家统计局：《国外资源、能源和环境统计资料汇编.2013》，中国统计出版社 2014 年 8 月第一版，第 202-214 页。

表 2-3　2007—2011 年世界主要矿物开采量

矿物类型	2007 年	2008 年	2009 年	2010 年	2011 年
铅/吨金属含量	3 700 000	3 800 000	3 900 000	4 400 000	4 700 000
银/吨金属含量	20 947 000	21 454 000	22 281 000	23 406 000	23 294 000
金/千克	235 0000	2 290 000	2 490 000	2 590 000	2 600 000
铜/万吨	1 550	1 560	1 590	1 620	1 620
钴/吨金属含量	58 000	82 000	87 000	136 000	151 000
镍/吨金属含量	1 585 000	1 556 000	1 359 000	1 540 000	1 826 000
锌/吨金属含量	11 200 000	12 000 000	11 600 000	12 400 000	12 800 000
锡/吨金属含量	344 000	317 000	317 000	320 000	300 000
钨/吨金属含量	56 500	64 400	64 700	68 600	72 900
铁/万吨	205 200	220 500	227 500	262 000	301 200
铝土/万吨	21 300	21 400	19 800	22 600	24 800
锰/万吨	3 590	3 810	3 400	4 190	4 730
高岭土/万吨	2 750	2 730	2 380	2 520	2 570
云母/吨	340 000	380 000	260 000	308 000	307 000
石墨/吨	2 500 000	2 400 000	2 200 000	2 100 000	2 100 000

资料来源：中华人民共和国国家统计局：《国外资源、能源和环境统计资料汇编.2013》，中国统计出版社 2014 年 8 月第一版，第 96-109 页。

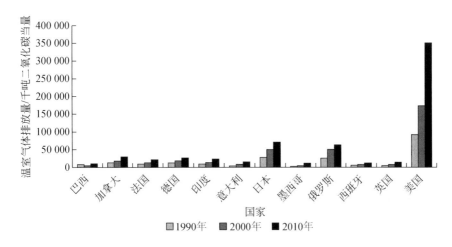

图 2-1　温室气体排放超过 10 000 千吨二氧化碳当量的国家温室气体排放变化

资料来源：中华人民共和国国家统计局：《国外资源、能源和环境统计资料汇编.2013》，中国统计出版社 2014 年 8 月第一版，第 357-358 页。

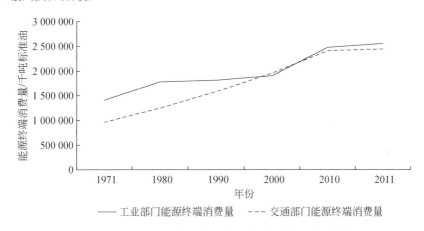

图 2-2　世界工业、交通部门能源终端消费量增长趋势

资料来源：中华人民共和国国家统计局：《国外资源、能源和环境统计资料汇编.2013》，中国统计出版社 2014 年 8 月第一版，第 215、218 页。

经济社会发展并没有实现有效的规模控制，发展中国家有经济、社会、文化发展的诉求，发达国家更是利用自己的政治、经济、文化、科学技术优势来实现自己的增长。规模控制无法实现，即便是由最著名的生态经济学家担任美国总统也无法有效阻止美国的碳排放增长，由其担任联合国秘书长也难以协调国家发展与环境保护的矛盾。但是，规模的控制已经势在必行，这已成为一种价值观。选择更加现实的路径成为必要。

2.3 绿色发展的内涵与选择公平导向的可持续 发展理论的必然性

第三次绿色浪潮的另一种思想是基于公平导向的强可持续，倡导确立"深绿色"观念，重视探究资源环境问题产生的经济社会原因及在此基础上的解决途径，强调重拾信心，弘扬资源环境与发展双赢的积极态度，同时强调从技术到体制和文化的全方位透视和多学科研究。强调社会系统的公平是遏制生态压力扩大、实现可持续发展的关键。作为实现强可持续发展的一种工具的绿色发展，需要以适合各国国情的可持续发展为导向，通过促进社会、经济、环境三个方面的良性互动来实现可持续发展目标。公平导向的绿色发展期望在兼顾环境与平等的同时又能促进经济和人类发展，希望通过实现国家之间、区域之间、人与人之间的平等，来扩大绿色就业、打破贸易壁垒、推动技术扩散、消除贫困人口，实现社会系统的可持续发展，以此缓解经济系统和生态系统的持续冲突和矛盾。这与菲利普·朗提出的可持续发展的三个政策目标的排序——生态可持续性、分配公平、资源配置高效率——一致。

2.3.1 公平导向的强可持续发展是经济"发展理论"

公平导向的绿色经济基于强可持续发展理论，真正体现了"代内公平、代际公平"可持续发展的基本内涵，既强调具有社会包容性的经济发展，又强调对生态环境的保护。基于公平导向的强可持续发展理论是经济"发展理论"。

1. 公平导向的强可持续发展的包容性

在"里约+20"谈判中，各国政府考虑以一套新的目标来替代 2015 年到期的千年发展目标，提出了 17 个可持续发展目标[①]：
（1）在所有地方终结贫穷；
（2）终结饥饿，改善营养，促进可持续农业；
（3）让所有人得到健康生活；
（4）为所有人提供高质量的教育和终身学习的机会；
（5）实现性别平等，在所有地方强化妇女和儿童的地位；
（6）确保所有人都获得水和卫生设施以及它们的可持续利用；

---

① 盛馥来、诸大建：《绿色经济：联合国视野中的理论、方法和案例》，中国财政经济出版社 2015 年 5 月第一版，第 29-30 页。

（7）确保所有人都获得可持续的能源；

（8）促进不断的、包容的和可持续的经济增长，充分的、有生产效率的就业和面向所有人的体面工作；

（9）促进可持续的基础设施和工业化，并扶植创新；

（10）在各国内部和各国之间减少不平等；

（11）使城市和人居具有包容性、安全性和可持续性；

（12）促进可持续消费和生产方式；

（13）应对气候变化及其影响；

（14）保护海洋和海洋资源，促进可持续利用；

（15）保护陆地生态系统，促进其可持续利用，阻止荒漠化、土地退化和生物多样性的消失；

（16）实现社会的和平与包容，让所有人能诉诸公正，并使公共机构富有效率和能力；

（17）加强用于实施可持续发展的手段和全球伙伴关系。

无论这 17 个总体目标是否能够实现，作为政府间的谈判内容，它们已经被提上了议事日程，由于各自文化对可持续发展的理解不相同，特别是各国利益的不同，从美国退出关于气候问题的《巴黎协定》等作为来看，上述 17 个总体目标在短期内达成共识十分困难。但是，这还是跨出了十分重要的一步，不仅强调可持续发展，而且将包容性、公平作为可持续发展的目标、手段。

2. 公平导向的强可持续发展的发展性

上述 17 个总体目标，不仅是理论研究的成果，也是理论研究的成果已经进入国际组织、政府组织的应用阶段的表现。这 17 个总体目标的另一个重要思想是其发展性。既强调了终结贫穷、终结饥饿，改善营养，实现性别平等、提高妇女儿童地位，充分就业、实现社会和平与包容，减少地区之间、国家之间不平等的社会目标；又强调了所有人得到健康生活、获得高质量教育和终身学习的机会、获得水和卫生设施、能源的可持续利用、体面的工作、诉诸公正等个人权利；还强调了实现可持续发展的具体途径，包括促进可持续的基础设施和工业化，促进可持续消费与生产方式，使城市和人居具有包容性、安全性，积极应对气候变化，保护海洋和海洋资源、陆地生态系统和生物多样性；并且指出了需要建立全球伙伴关系。这些目标、权利、措施等都体现了社会、经济、文化、政治和生态的全面进步及其协调发展。

3. 公平导向的强可持续发展承认不同国家之间的特殊性

强调世界经济增长的规模问题，实际上是企图阻断发展中国家通过自身的发展来实现现代化和可持续发展。上述 17 个总体目标则认可了不同国家之间的差别，并认可不同国家之间应该采取不同的路径来实现各自的可持续发展的社会目标、经济目标、文化目标等。应该说，不存在单一的可持续发展的路径和方式。不同国家的经济、文化、科学技术、政治和生态基础不同，对于合意的可持续发展的消费和生产方式的理解也不同，可持续发展必然产生对于上述各方面的路径依赖。在这种路径依赖的前提下，以可持续发展为目标，采用不同的路径、方式发展自身，必然会使得各国实现可持续发展的路径、方式呈现出多样性。

2.3.2　公平导向的强可持续发展与生态文明建设

公平导向的强可持续发展就是要构建科技和文化含量高、资源消耗低、环境污染少的生产结构和生产方式，形成勤俭节约、低碳环保、文明健康的消费模式和生活方式，形成"带来人类幸福感和社会公平"的社会发展模式。

1. 两种偏颇：有文明无生态和有生态无文明

工业革命的历史实际上是经济霸权（帝国）主义的历史，在这个历史过程中，产生了工业文明。工业的扩张性本质企图将世界一切资源纳入自己的体系，以便生产出相应的产品，实现合意的利润水平，并使得世间的一切以价值（货币）来衡量。在西方工业革命和丰富的物质财富呈现的过程中，形成了一种工业文明意味着社会文化进步、经济发展的普遍性认知，形成了将人类文明等同于工业文明的偏颇。经济霸权主义使得一切为经济增长让路，经济增长成为国家的核心战略。对于一些区域来说，形成了"先污染后治理"，甚至污染是经济增长的必要代价的思想。在发达国家环境污染的历史教训已经显现出来以后，一些后发国家和地区仍不惜步发达国家工业化过程的后尘，走上以牺牲资源环境为代价的经济增长之路。

工业革命过程中对于生态环境的无限侵入，导致资源耗竭、环境破坏、社会发展失衡等一系列问题，催生了生态还原主义的思潮。生态还原主义是与经济霸权主义相对立的思想，这种思想强调且抵制经济增长的负面影响，并刻意渲染这些负面影响。这就出现了另一种思想上的偏颇，即把生态文明建设等同于环境保护。基于这样一种认识，一些地区将自身拥有较好的自然生态环境视为生态文明建设程度高。这样一种认识忽视了文明的文化科学技术和经济内涵。其实，文明总是人类文明，文明有其与时代并进的文化科学技术和经济要求。只有"绿水青山"并不是生态文明的表现，"绿水青山"和"金山银山"的和谐共存才是生态文明的表现。

2. 实现自然系统和社会系统的可持续发展

现实的选择是做到经济发展与环境保护的内在统一，实现发展方式的绿色变革。在未实现发展方式的绿色变革的情况下，希望通过末端治理的方式实现可持续发展是不可能的。应当通过对生产和生活物质的全流程各个环节的科学设计，使各个环节合理使用资源（控制在自然再生能力范围之内）、减少污染（控制在自净能力范围之内）或实现零污染，才能实现自然系统的可持续发展。

基于公平导向的强可持续发展还应当切实关注社会系统的公平性，通过实现国家之间、区域之间、人与人之间的平等，来扩大绿色就业、打破贸易壁垒、推动技术扩散、消除贫困人口，实现社会系统的可持续发展，并以此缓解经济系统和生态系统的持续冲突和矛盾。

2.4　我国走向公平导向的强可持续发展的现实
道路——绿色发展

我国走向公平导向的强可持续发展必须在经济-生态-社会的复合系统视野中进行全面变革，全面考量经济系统、生态系统和社会系统的发展目标，不可偏废，寻求经济发展、生态盈余和社会稳定三者共赢的路径。实现上述发展目标的一个现实选择是绿色发展。

2.4.1　经济高质量发展

不同于传统的"褐色发展"的 A 模式，也不同于发达国家增长的 B 模式[1]，我国的现实选择是 C 模式[2]。经过几十年的工业化过程，我国人均生态足迹和人均二氧化碳排放已经超过世界平均水平，但人均国民总收入水平还没有达到高收入水平值。现实的要求是提高人均 GDP、人均国民总收入水平，降低资源环境消耗。

美国等发达国家在 20 世纪实现产业结构调整时，实施了将重化工业等污染严重的产业向其他国家转移的战略，减轻了其国内的生态环境压力。而当其工业技术水平达到新的高度后，又通过将技术创新后的加工制造业重新转移回其国内，增强了其国内的经济增长能力，降低了经济增长对生态环境的威胁。我国难以获

---

[1] 莱斯特·R. 布朗：《B 模式 3.0：紧急动员，拯救文明》，刘志广、金海、谷丽雅等译，东方出版社 2009 年 11 月第一版。

[2] 盛馥来、诸大建：《绿色经济：联合国视野中的理论、方法与案例》，中国财政经济出版社 2015 年 5 月第一版。

得这样的机会，我国不仅要解决国内传统企业的生产对生态环境的不利影响，事实上，还需要通过技术创新解决通过外商直接投资、中外合资（合作）等方式所承接的国际产能转移所造成的生态环境破坏。我国必须在保持经济中高速发展的同时，迅速降低经济中高速发展所带来的资源环境风险，实现经济的高质量发展。

2.4.2　生态安全

因为环境灾难和环境公害问题的出现，本书将环境和生态问题列入安全范围加以考虑，提出了生态安全问题。生态安全（ecological security）或环境安全（environmental security）存在广义和狭义的定义。美国国际应用系统分析研究所（International Institute for Applied Systems Analysis，IIASA）给出了一个广义的定义，即生态安全是指在人的生活、健康、安乐、基本权利、生活保障来源、必要资源、社会秩序和人类适应环境变化的能力等方面不受威胁的状态，包括自然生态安全、经济生态安全和社会生态安全，组成一个复合人工生态安全系统。从狭义的定义来看，生态安全是指自然和半自然生态系统的安全，亦即生态系统的完整性和健康的整体水平的反映。[1]

复合人工生态安全系统就是保证经济-生态-社会三大系统的协调发展，这种协调发展首先强调了生态安全的整体性与全球性特征，全球经济系统、生态系统和社会系统都存在着多方面、多层级的密切联系，任何局部的破坏，最终都会影响到全体，任何局部的崩溃都会导致整体运行的不可持续。建立生态安全观还需要确立两个基本认识，一是生态破坏具有不可逆性，生态环境的破坏一旦超过极限阈值，生态系统就会崩溃，出现不可逆转的后果；二是生态恢复具有长期性，在生态环境受到一定程度的破坏之后，其恢复需要花费较为高昂的经济成本和时间成本。应将生产和生活活动带来的资源生态环境影响限定在一个合适的阈值之内，以保障生态安全。

2.4.3　社会包容

实现社会包容发展的最主要的具体体现是，社会对于资源、财富的分配更加追求结果的公平，对资源、财富分配不平等的范围进行限制，降低基尼系数。真正实现"谁污染谁负责"，消除将生态环境污染转嫁给自然、其他地区或国家的现象，对环境责任的承担更加公平；使人与人之间、地区与地区之间、国家与国家之间占有资源、使用资源的数量更加平等，降低生态基尼系数。

提高欠发达地区的科学文化水平，提高人均受教育年限和程度，增加人力资

---

① 陈星、周成虎：《生态安全：国内外研究综述》，《地理科学进展》2005 年第 6 期，第 9 页。

本积累，从而提高地区对于技术进步的接受能力和技术进步的效率，提高创新能力，提高绿色生产方式转型的效率和水平，提高对于绿色生活方式的接受水平和程度。

提高地区经济复杂性指数（economic complexity index，ECI）[①]。有研究表明，一个国家或地区的产品生产结构复杂性与收入平等之间存在密切关系，从总体上看，一个国家或地区经济复杂性提高，收入分配不平等现象减少。经济复杂性的提高是一个国家或地区整体经济实力和经济稳定性的表现，产品多样性程度蕴含着对外贸易发展的竞争能力和自给能力（在国际贸易受到阻碍和出现重大灾害的情况下，自给能力显得尤为重要），产品的复杂性则体现了产品的技术含量。提高经济复杂性是欠发达国家或地区发展的一个重要评价指标，也是国家或地区经济可持续发展、社会可持续发展的重要能力体现。

2.5　本 章 小 结

本章在分析效率导向的可持续发展在实践中出现的经济-生态-社会失调、末端治理的技术路线、工业主义的生产方式中的效率与公平的矛盾以及"合成谬误"的基础上，分析了规模导向的可持续发展存在发展中国家的发展权、工业主义的生产方式与生活方式等方面的突出问题，阐述了公平导向的可持续发展理论的科学性和选择公平导向的可持续发展道路的必然性，实现绿色发展是我国走向公平导向的可持续发展的现实道路选择。

---

① 经济复杂性指数是麻省理工学院的希达尔戈（Hidalgo）和他的同事里卡多·豪斯曼（Ricardo Hausmann）在探讨如何刻画一个国家和地区的经济水平与生产能力，并于 2009 年发表的论文 *The Building Blocks of Economic Complexity* 中提出的一个概念。经济复杂性指数通过用一国出口产品的广度复杂性，来测量生产复杂产品的多样性，显示一国生产复杂产品的能力的大小。最直接地显示经济复杂性的办法，就是统计一国出口产品的种类，通过分析不同产品之间的差异，来反映一个国家或地区的产品的种类与结构——产品的多样性和产品的技术含量，反映一国的经济复杂性。

第 3 章　我国实现绿色发展面临的挑战

随着工业化的不断发展，我国经济实现了较长时间的高速增长，取得了举世瞩目的成就，但也产生了一系列资源环境问题。这些资源坏境问题的积累对于经济社会的可持续发展构成了威胁和挑战，这些威胁和挑战是我们在现在和将来的经济社会发展中需要严肃对待的问题。

3.1　生态承载力不能支撑原有发展模式持续高速增长

我国的生态环境问题并不完全是随着工业化过程才开始显现的，历史上的人口大量增加导致土地过度开垦、草场过度放牧、鱼类过度捕捞、森林过度砍伐，造成区域性资源、生态严重破坏的例证并非孤立事件。但是，从传统工业化起，就开始了对资源的全方位开采和利用、环境的全方位污染。历史上出现局部环境危机，人们可以通过迁徙等方式进行规避，而不同于历史上特定文明消亡的是，传统工业化所带来的威胁是全球性的，如果不及时采取有效的措施，所有国家、所有文化将无一幸免，现有的资源环境已经不能支撑传统发展模式的高速增长。

3.1.1　工业化过程中经济迅速发展带来的代价

改革开放以来，我国以经济建设为中心，以市场化改革为基本导向，取得了举世瞩目的经济成就。按照不变价格计算，2020 年，GDP 指数为 3987（1978 年为 100），1978—2019 年，GDP 年均增长在 6.1%—15.3%[①]间波动，创造了世界经济增长的奇迹。

尽管改革开放之初，以效率为导向的可持续发展的理论和实践已经产生较大影响，但在我国的经济发展需求和科学技术条件下，难以做到以可持续发展理论作为重要的指导性理论，因此，没有走出"先污染后治理，先破坏后恢复"的怪圈，走上了一条以传统工业化道路为特征的发展道路。我国用几十年时间，走完了发达国家几百年走过的发展路程，也使得发达国家几百年间分阶段出现的资源

---

① 资料来源：《中国统计年鉴—2020》。

环境问题，在我国快速发展中集中呈现出来。这种发展的模式，在取得巨大的经济成就的同时，也加速地耗竭了资源、破坏了环境，造成了"资源约束趋紧、环境污染严重、生态系统退化"[①]。

2010 年，我国已经成为世界制造业第一大国。在世界 500 种工业产品中，我国有近 200 种产品产量居世界第一。2019 年我国货物进出口总额为 45 778.91 亿美元（不含香港、澳门和台湾的数据，下同）；出口总额为 24 994.82 亿美元，其中工业制成品占 23 655.13 亿美元。[②]大量的工业制成品是资源消耗水平高、碳排放强度高、附加值低、技术含量不高的产品，我国为此付出了较为沉重的资源和环境代价。

近年学界提出的经济复杂性指数已用来衡量一个国家的经济实力和经济质量。据澳财网的数据，哈佛大学公布的 2017 年全球经济复杂性指数前 5 名为日本 2.28、瑞士 2.14、韩国 2.05、德国 2.02、新加坡 1.81，美国为 1.47（12 名），英国为 1.42（14 名），法国为 1.40（16 名），中国为 1.30（19 名）。梅诗晔和刘林青[③]的研究表明，过于依赖自然资源不利于经济复杂性提升，资源的深度加工能力才是一国经济复杂性的决定因素；中国自 1996 年至 2016 年经济复杂性指数持续提高，1996 年、2006 年、2016 年经济复杂性指数分别为 0.18、0.37、1.07，在他们研究的 126 个国家中的排名依次为 49 名、37 名和 23 名；并指出，20 年间中国生产复杂产品的能力逐渐增强，出口优势产品的多样性增多，竞争力不断上升。经济复杂性指数的排名情况，实际上体现了我国作为世界制造业第一大国的资源消耗情况和技术水平。我国经济增长由高速增长转为中高速增长，其中最为关键的要素是实现经济发展的质量提高。应该说，提高经济复杂性指数同 GDP 的增长一样具有重要意义，这要求迅速提高科学技术水平和资源使用效率。通过技术进步，在更大程度上实现技术对于资源的替代，则对我国的发展提出了新的挑战。

3.1.2　环境容量已近极限

1. 提高整体生态环境质量难度大

尽管全国县域生态环境质量保持基本稳定，但生态环境质量较差的县域占比也保持稳定（表 3-1），生态环境质量"优"和"良"的县域主要分布在秦岭-淮河以南及东北的大小兴安岭和长白山地区；"一般"的县域主要分布在华北平原、

---

① 中共中央文献研究室：《习近平关于社会主义生态文明建设论述摘编》，中央文献出版社 2017 年 9 月第一版，第 7 页。

② 资料来源：《中国统计年鉴—2020》。

③ 梅诗晔、刘林青：《技术密集型制造业经济复杂性：国际比较及影响因素》，《工业技术经济》2018 年第 37 卷第 11 期，第 112-119 页。

黄淮海平原、东北平原中西部和内蒙古中部;"较差"和"差"的县域主要分布在内蒙古西部、甘肃中西部、西藏西部和新疆大部。从总体上看,位于内蒙古西部、甘肃中西部、西藏西部和新疆大部的生态环境质量"较差"的县域主要是因为自然环境不利于人类的生存;在华北平原、黄淮海平原也存在一些生态环境质量等级"较差"的县域,这些县域则主要是因为环境污染导致生态环境质量变差。

表 3-1　2014—2020 年全国县域生态环境质量状况　　　　（单位：%）

年份	"优"和"良"等级占比	"一般"等级占比	"较差"和"差"等级占比
2014	45.1	24.3	30.6
2015	44.9	22.2	32.9
2016	42.0	24.5	33.5
2018	44.6	23.8	31.6
2019	44.7	22.7	32.6
2020	46.6	22.2	31.2

资料来源：生态环境部。

2015—2017 年,通过运用遥感等方法对国家重点生态功能区的 723 个县域进行考核。结果显示,与 2015 年相比,2017 年生态环境质量"变好"的县域有 57 个,占 7.9%;"基本稳定"的县域有 585 个,占 80.9%;"变差"的县域有 81 个,占 11.2%。2020 年与 2018 年相比,810 个开展生态环境动态变化评价的国家重点生态功能区县域中,生态环境质量"变好"的县域占 22.7%,"基本稳定"的占 71.7%,"变差"的占 5.6%。国家采取有力措施,促进生态环境质量"较差"的县域改善,但仍有 5.6% 的重点监测县域"变差",可见提高生态环境质量的难度。[①]

尽管近几年,我国生态环境质量有较大的改善,但是不少地区积累问题较多,需要较长的时间通过自然净化和人工治理才能恢复,一些地方环境脆弱,恢复生态平衡难度更大,只能逐步进行改善。而原本生态环境脆弱的地区,要增强其生态环境的承载能力,则需要花费更多的经济成本和时间成本。

2. 生态环境脆弱，容量十分有限

我国部分地区的大气、水体、土壤污染程度都已经较为严重,再进一步增加污染,可能会导致环境的崩溃。华北地区的空气污染已经使得大气环境质量与经济增长形成了尖锐矛盾,到了为了完成环境考评指标任务就必须关停企业,不关停企业就难以获得好的空气、完不成环境考评指标任务的程度。长江三角洲、珠江三角洲的重金属污染、水源安全和固体废弃物排放对各自环境造成了严重威胁。

---

① 资料来源：生态环境部。

水土流失、土地沙化、草原退化、湿地萎缩、雪线上移、冰川消融、海平面上升、海洋自然岸线减少等情况的发生，导致生态恶化，生物多样性降低、生态灾害频发，这些情况的出现将成为我国可持续发展的重要制约因素。

传统工业化在短期内还难以实现转型，与传统工业化的生产方式相适应的生活方式在短期内也难以实现转型，即便实现了生产方式和生活方式的转型，原已形成的污染和生态破坏还会存在较大的滞后效应和累积效应，加上人口压力和人们对于生活质量要求的提高等，这些都会在一个较长时期内构成严重的生态与环境压力。

3.1.3　资源承载力已近极限

1. 人口总量持续增长给资源需求带来持续压力

1978 年，我国人口总数为 9.625 9 亿（年末人数，不含香港、澳门和台湾的数据），自然增长率 12‰；到 2019 年末，人口总数达到 14.0 亿，自然增长率 3.34‰。为解决人口增长带来的消费需求压力，农作物播种面积保持了缓慢提高，粮食作物播种面积保持了稳中有升，二者的增长速度均低于人口自然增长率，势必要求农作物单位面积产量（简称单产）持续提高。如此，人地关系的紧张状况一时难以解决。由于人口基数大，人均占有耕地、森林、草地、水资源、水生资源、矿藏资源的水平大多低于世界平均水平，不容乐观。

遗憾的是，在老龄化、少子化带来的社会经济压力、市场可能萎缩等问题面前，人口控制的必要性被严重忽视了。需要以更长远的眼光来看待人口和资源、环境之间的关系，在努力解决当前和今后一个时期内的老龄化、少子化所带来的社会问题的同时，应当重视人口增多带来的资源、环境压力，保持合理的生育率和人口规模，努力实现人口高质量发展。

2. 不可再生资源人均占有量有限

据秦大河等的研究，尽管我国是世界上矿产资源比较丰富、矿种比较齐全的少数国家之一，但除有色金属的多数矿种的人均占有量水平高于世界平均水平外，其余均低于世界平均水平。我国矿产资源呈现出如下特点：①总量大，人均占有量小。45 种主要矿藏总价值，我国排第三，占世界矿产总值的 14.64%；人均潜在价值 1.19 万美元/人，为世界平均水平（1.77 万美元/人）的 67.23%，排世界第 80 位。②除煤以外，具有优势的是用量较小的有色金属和非金属矿；用量大、用途广的大宗矿产（铁、铜、石油、天然气等）不具有优势。③多数矿产贫矿多，共生、伴生矿多，开采、选矿、冶炼成本高。④矿产资源区域分布具有多重不均衡的特点，矿藏开采、冶炼运输和配套成本高[①]，且大多远离市场，形成矿产资源丰富地区发展的"资源诅咒"。

我国现有生产方式对于不可再生资源的依赖十分严重，能源结构、资源结构、产品结构和消费结构难以在短期内得到根本性的改变。经济的增长依赖于不可再生资源的消耗的增长，使得我国的资源压力在短期内难以得到缓解。

3.2　生态环境问题集中显现

工业化的不断发展，资源的急速耗竭，导致生态环境问题不断累积，各种生态环境问题不时集中爆发出来，2001 年 7 月淮河下游污染、2013 年北京严重雾霾就是代表事件，给社会带来了灾难性的后果。2019 年生态环境状况指数（EI）值为 51.3，2020 年上升到 51.7，均处于该评价所确定的评价等级的一般水平[②]；2021 年采用新的"全国生态质量指数"（EQI）进行评价，结果为 59.77，为二类水平[③]；生态环境质量的进一步提高任重而道远。

3.2.1　大气、水体、土壤污染严重

1. 大气污染情况及其变化

我国温室气体排放量已经位居全球第一，人均排放量也已超过欧盟水平。除我们亲身感受到的空气质量的变化外，统计数据更好地反映了我国大气环境的变化，我国大气环境总体处于较差的状态。我国大气污染物除二氧化碳（CO_2）外，还包括二氧化硫（SO_2）、二氧化氮（NO_2）、可吸入颗粒物（PM_{10}）、一氧化碳（CO）、臭氧（O_3）、细颗粒物（$PM_{2.5}$）。从生态环境部公布的各年度中国生态环境状况公报（2016 年及之前为环境保护部公布每年度中国环境状况公报）数据来看，我国近年来的大气治理效果较为明显，2014—2020 年空气质量达标城市比例持续上升，而空气质量未达标城市比例持续下降（图 3-1）。

《2019 中国生态环境状况公报》的数据显示，尽管大气治理有了明显的成效，但全国 337 个地级以上城市中，有超过一半的城市空气质量不达标，重度污染天数 1 666 天，比 2018 年增加 88 天，平均每个城市重度污染 4.94 天，$PM_{2.5}$ 和 O_3

① 秦大河、张坤民、牛文元：《中国人口资源环境与可持续发展》，新华出版社 2002 年 5 月第一版，第 57 页。
② 生态环境状况指数（EI）依据《生态环境状况评价技术规范》（HJ 192—2015）评价。EI≥75 为优，55≤EI<75 为良，35≤EI<55 为一般，20≤EI<35 为较差，EI<20 为差。参看《2018 中国生态环境状况公报》。
③ 2021 年开始，生态质量评价依据调整为《区域生态质量评价办法（试行）》，称为全国生态质量指数（EQI），EQI≥70 为一类，55≤EQI<70 为二类，40≤EQI<55 为三类，30≤EQI<40 为四类，EQI<30 为五类。参看《2021 中国生态环境状况公报》。

超标天数比例上升。

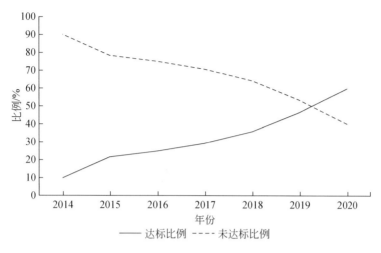

图 3-1　2014—2020 年空气质量达标与未达标城市比例变化情况

从工业气体的排放总量来看，排放量呈非常明显的增长态势，特别是 2000—2011 年工业气体的排放数据更是呈指数增长（图 3-2）。由于统计口径的变化，《中国环境统计年鉴 2021》未显示 2016 年后工业气体的排放总量，但列出了二氧化硫和氮氧化物的排放总量，总体呈较为明显的下降趋势（图 3-3）。

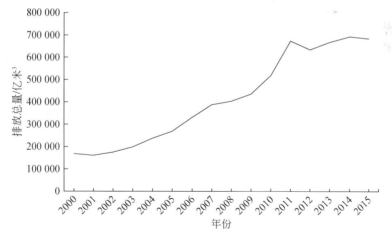

图 3-2　2000—2015 年工业气体排放情况

资料来源：国家统计局、环境保护部《中国环境统计年鉴 2017》，中国统计出版社 2018 年 3 月第一版。

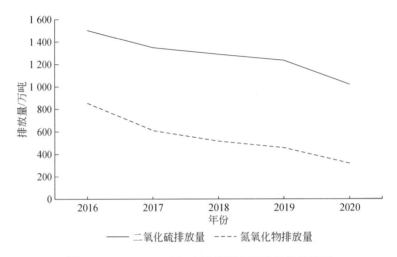

图 3-3 2016—2020 年二氧化硫和氮氧化物排放情况

资料来源：国家统计局、生态环境部《中国环境统计年鉴 2021》，中国统计出版社 2021 年 12 月第一版。

2. 水体污染情况及其变化

我们可以直观地看到水体颜色的不正常、富营养化带来的水底植物和河岸植物的疯长等。水体污染情况主要表现在以下几个方面。

水体质量持续改善但仍不乐观。2012—2016 年的中国环境状况公报和 2017—2021 年的中国生态环境状况公报数据显示，Ⅰ—Ⅲ类水质总体呈增长趋势，Ⅳ—Ⅴ类水质呈缓慢下降趋势，而劣Ⅴ类水质比例较为迅速地下降，表明水污染治理的累积效应在持续发生（图 3-4）。2021 年的数据显示，在全国 3 117 个地表水监测点中，Ⅰ类水质占 7.2%、Ⅱ类水质占 52.5%、Ⅲ类水质占 27.6%、Ⅳ类水质占 10.5%、Ⅴ类水质占 1.3%、劣Ⅴ类水质占 0.9%。

从 2019 年的情况看，河流水质好于地表水总体情况，Ⅰ类水质占 4.1%、Ⅱ类水质占 51.2%、Ⅲ类水质占 23.7%、Ⅳ类水质占 14.7%、Ⅴ类水质占 3.3%、劣Ⅴ类水质占 3.0%；湖泊水质明显差于地表水总体情况，但水质逐步改善。2016 年，112 个重要湖泊（水库）中，Ⅰ类水质占 7.1%、Ⅱ类水质占 25.0%、Ⅲ类水质占 33.9%、Ⅳ类水质占 20.5%、Ⅴ类水质占 5.5%、劣Ⅴ类水质占 8.0%，且Ⅰ、Ⅱ类水质湖泊全部集中在西部青海、西藏和云南。2021 年，开展水质监测的 210 个重要湖泊（水库）中，Ⅰ—Ⅲ类水质湖泊（水库）占 72.9%、Ⅳ类和Ⅴ的占 21.9%、劣Ⅴ类的占 5.2%。与 2016 年相比，Ⅰ—Ⅲ类水质湖泊（水库）占比明显提高，Ⅳ类、Ⅴ类和劣Ⅴ类水质湖泊（水库）占比明显下降。

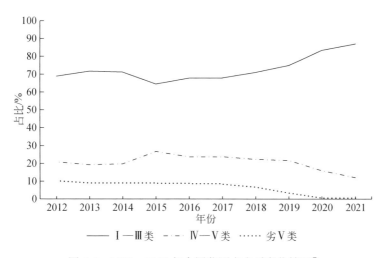

图 3-4　2012—2021 年全国监测点水质变化情况①

　　我国废水排放总量持续上升，2000—2015 年年均增长 3.88%；化学需氧量（COD）和氨氮的排放量相对平稳，且阶段性呈缓慢下降趋势。其中，2011 年环境保护部对统计制度中的指标体系、调查方法及相关技术规定进行了修订。②2011 年与 2010 年相比，统计数据变化较大。2016—2019 年化学需氧量和氨氮的排放量逐年下降，2019 年，化学需氧量排放下降至 567.1 万吨、氨氮排放量下降至 46.3 万吨。③

　　我国水体富营养化程度较高。2019 年的数据显示，开展营养状态检测的 107 个重要湖泊（水库）中，贫营养状态湖泊（水库）占 9.3%、中营养状态占 62.6%、轻度富营养状态占 22.4%、中度富营养状态占 5.7%。④出现富营养状态的湖泊（水库）占到 28.1%。流域、水域面积较大的湖泊（水库）的自净能力较强，其富营养化程度会相对较低；而那些流域面积小的河流、村庄周边的塘坝的富营养状况则非常严重。

　　我国海洋污染情况亦不容乐观，虽然全海域未达到一类海水水质标准的海域面积基本呈缩小趋势，但劣四类海水水质的海域面积处于波动状态，并没有明显减少（图 3-5）。劣四类海水水质的海域主要集中在工业发达的滨海城市附近，其中渤海湾、黄河口和闽江口水质差，长江口、杭州湾和珠江口水质极差。水体污染直接威胁了水生生物的多样性，近海海域捕捞产量也急剧减少。作者曾在海南省三亚市海棠湾海域亲眼目睹 30 位左右的渔民，花 3 小时，拉 800 米长的网，拉上来仅仅不到 30 斤小鱼（其中有 3 条约 3 斤的稍大点的鱼）。

---

① 国家地表水环境质量监测断面（点位）数量逐年增加，本图反映的是各年份各类水质比例。
② 国家统计局、环境保护部：《中国环境统计年鉴 2017》，中国统计出版社 2018 年 3 月第一版，第 35 页。
③ 资料来源：《2016—2019 年全国生态环境统计公报》。
④ 资料来源：生态环境部。

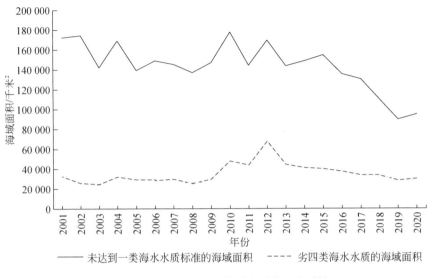

图 3-5　2001—2020 年我国管辖海域海水水质情况

资料来源：国家统计局、生态环境部《中国环境统计年鉴2021》，中国统计出版社 2021 年 12 月第一版。

3. 土壤污染情况及其变化

土壤污染是指侵入土壤的有毒、有害物质的量超出了土壤的自我净化能力，导致土壤物理、化学和生物学性质发生改变，农作物产量和质量降低或影响其他植物生长，并危害人和动物的健康。其类型主要包括水型污染（工业废水、生活污水）、气型污染（污染物沉降或伴随降雨进入土壤）和固体废弃物污染（垃圾、粪便、工业废渣、化肥、农药）。造成土壤污染的主要因素为化肥污染、农药污染、养殖业污染（粪便、养殖业使用药物）、工业废渣、各种废弃物污染等。

以袁隆平为代表的农业科学家、农艺师们对于提高农作物单产有着非常执着的追求[①]，袁院士表示，中国正加大力度改造中低良田，相信随着土壤条件的改善，水稻产量会大幅提升。这表明这些科学家对于不断提高单产具有充足的信心。尤泰媛和程文仕根据 2001—2019 年的数据研究认为，各影响因素与单产之间的关联顺序为：地均化肥投入、灌溉指数、农民人均农业产值、地均农业机械投入水平、单位面积农业产值、粮食安全系数、垦殖指数、地均劳动力投入、受灾面积、非农指数、万元产值能耗、人均耕地面积、地均科技投入。[②]

[①] 2000—2014 年，由袁隆平领衔的团队总共实现了亩产 700 公斤、800 公斤、900 公斤到 1000 公斤的超级稻攻关的四期目标；2015 年在位于湖南衡东县的超级水稻示范基地实现了每公顷 16 吨的产量，这是继云南个旧、河南信阳后，第三个每公顷产量达到 16 吨的百亩超级示范基地（成都日报：《袁隆平：90 岁前实现每公顷产量 17 吨》，http://hunan.sina.com.cn/news/2015-10-28/detail-ifxizwsm2447868-p3.shtml，2015 年 10 月 28 日）。

[②] 尤泰媛、程文仕：《基于随机森林的粮食单产预测研究》，《国土与自然资源研究》2022 年第 4 期，第 50-54 页。

人们对于粮食等农作物单产的不懈追求，使得化肥、农药的使用量不断上升，我国谷物单位面积产量由 1991 年的 4206 公斤/公顷提高到 2020 年 6296 公斤/公顷（图 3-6）。我国农作物播种面积相对稳定，农田化肥的单位面积施用量与化肥施用总量的变化基本一致，化肥施用量于 2015 年达到峰值后持续下降，但 2020 年的化肥施用量仍然接近 1991 年的两倍（图 3-7）；与化肥的施用量相似，由于缺乏农药施用的数据，以农药生产量替代施用量，农药生产量在 2014 年达到峰值后持续下降，2020 年的产量依然达到 1991 年的 8.42 倍（图 3-8）。尽管从数据来看，单位面积化肥施用量和农药使用量增量均有减少趋势，但巨大的总量对于土壤的威胁是持续增大的。土壤的肥力存在限度，在其他条件不变的情况下，高强度地挖掘潜力（如增加复种指数）之后，增加产量只能主要依靠化肥施用量的增加；在没有根本性的技术变革的情况下，为了避免农作物病虫害，只能依靠农药使用量的增加。单位面积产量的提高解决了人类对农产品不断增长的需要的同时，也产生了土地污染，污染程度会随着化肥施用量、农药使用量甚至农膜的使用量增加而持续增加。

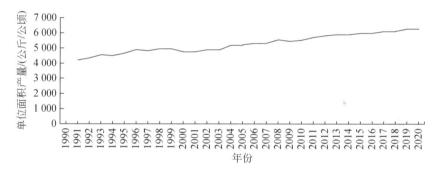

图 3-6　我国谷物单位面积产量情况

资料来源：根据相应年份中国统计年鉴汇总计算。

养殖业的过度发展也会对土壤产生严重污染，主要包括养殖业产生的粪便，以及养殖过程中为了控制牲畜、禽类疾病使用的药物等。除畜禽粪便中的有机质、氮、磷、钾、硫及一些致病菌进入水体、污染水体外，农田土壤中铜、锌等金属污染很多来自养殖业，其对土壤中铜和锌积累的年贡献率分别为 37%—40% 和 8%—17%；由于普遍使用砷作为家禽饲料添加剂，家禽粪便中的砷含量明显提高。这些都会通过作物吸收，由人体摄入后转移到人体内，对人类构成长期危害。畜禽养殖污染案件频繁发生，已经成为水体、土壤污染的重要来源。据生态环境部网站公布的数据，2015 年，对全国 31 个省（自治区、直辖市）及新疆生产建设兵团共 311 个地级市以上城市的 1 029 个畜禽养殖场周边 5 048 个土壤监测点检测结

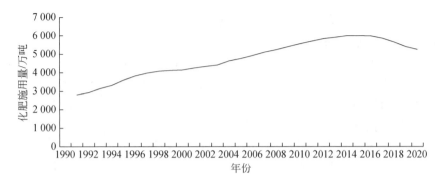

图 3-7　1991—2020 年我国化肥施用量变化情况

资料来源：根据相应年份中国统计年鉴汇总计算。

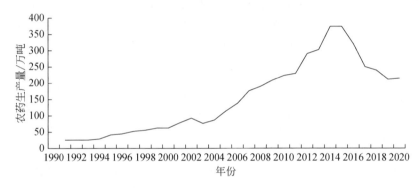

图 3-8　1991—2020 年我国农药生产量变化情况

资料来源：根据相应年份中国统计年鉴汇总计算。

果显示，检测到污染的监测点占 16.5%，其中轻微污染的占 11.0%、轻度污染的占 3.0%、中度污染的占 1.8%、重度污染的占 0.7%。[①]《第二次全国污染源普查公报》显示，2017 年畜禽规模养殖场水污染物排放量为化学需氧量 604.83 万吨、氨氮 7.5 万吨、总氮 37 万吨、总磷 8.04 万吨，水产养殖业水污染物排放量为化学需氧量 66.6 万吨、氨氮 2.23 万吨、总氮 9.91 万吨、总磷 1.61 万吨。这些部分随水流进入江河，部分则渗入土壤，对土壤产生了污染。

工业废渣是造成土壤污染的重要来源。2000—2015 年，我国工业固体废物综合利用率最高的年份为 2009 年（67.0%）、最低为 2000 年（45.9%），2011—2015 年的综合利用率均在 60% 左右。尽管工业固体废物排放量持续减少，但工业固体废物对土壤的污染是长期性的。另外，还有一些厂矿非法倾倒尾矿、废渣，造成了很大的污染，类似事件时常发生。如 2018 年 4 月 17 日，央视财经《经济半小时》曝

---

① 资料来源：生态环境部。

光山西省洪洞县山西三维集团违规倾倒工业废渣问题。山西三维集团违规倾倒工业废渣，污染农田，生产废水直接排入汾河，对沿途村庄造成严重威胁。

3.2.2　废弃物累积问题严重、处理难度大

1. 工业固体废物持续增长

2001—2015 年，工业固体废物产生量从 88 840 万吨增长到 331 055 万吨（图 3-9），年均增长 9.79%，超出同期 GDP 的增长速度（9.7%）；随着工业固体废物综合利用率的提高（由 2001 年的 45.9%提高到 2015 年的 60.2%，其间最高年份为 2009 年的 67.0%），工业固体废物排放量持续下降，但工业固体废物存储量持续上升，从 2001 年的 28 921 万吨增长到 2015 年的 59 175 万吨，年均增长 4.89%。其中，工业固体废物存储量最多的三个行业是黑色金属矿采选业、有色金属矿采选业和化学原料及化学制品制造业。[①]

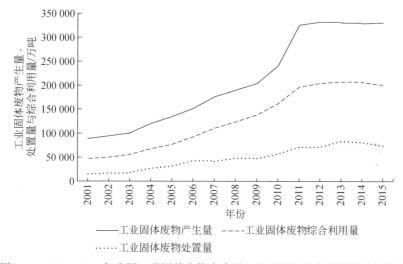

图 3-9　2001—2015 年我国工业固体废物产生量、处置量与综合利用量变化情况

由于统计口径的变化，2016 年之后数据与以前年份不可比，但 2016—2019 年工业固体废物产生量、处置量和综合利用量均处于上升态势（图 3-10），而 2020 年三项指标有明显下降。一个值得注意的现象是这 5 年的工业固体废物的综合利用率有所下降，工业固体废物产生量最大的 2019 年，综合利用率仅为 52.65%。

---

① 本节资料来源于《中国环境统计年鉴 2016》或据此计算。

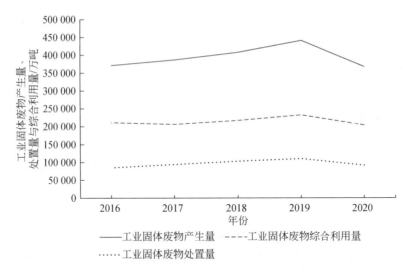

图 3-10　2016—2020 年我国工业固体废物产生、处置与综合利用量变化情况

资料来源：国家统计局、生态环境部《中国环境统计年鉴 2021》，中国统计出版社 2021 年 12 月第一版。

2. 多种多样的工业产品作为废弃物，占用空间、污染环境

工业产品改变了人们的生活方式，深入到了每一个层面、每一个环节、每一个角落。这显然是社会生活水平提高的表现，但是在现有的条件下，工业产品在使用完结后，作为废弃物对环境造成了严重的污染。无论是在城市还是农村，各种工业产品使用完结后，不少没有被回收，而是被废弃在路边、空地、房前屋后等地方。因此，我们经常可以看到被遗弃的各种机械、车辆、建筑材料等，这些遗弃的废弃物不仅占用了空间，有碍观瞻，还会通过长期的氧化反应，影响土壤、水体质量。处理集中堆放的各种废弃物相对容易，分散在不同地方的各种废弃物则在技术上、成本上都难以处理，这必然对我国环境造成长期影响。

3. 城市旧城改造及城市基础设施低质量重复建设产生大量浪费和污染

自工业化以来，大规模城市建设速度很快但质量不高，这是一个不争的事实。许多建筑物使用寿命不长，有资料显示，我国房屋建筑的平均寿命约为 30 年，只有英国房屋建筑平均寿命的 22.73%、法国房屋建筑平均寿命的 29.41%，仅仅稍长于库兹涅茨周期[1]。从国内许多城市可以看到，大量 20 世纪 80 年代的建筑已经

---

① 库兹涅茨周期是 S. 库兹涅茨提出的在主要工业国家存在的长度从 15 年到 25 年不等，平均周期为 20 年的长经济周期，这种周期与人口增长引起的建筑业增长与衰退相关，是由建筑业的周期性变动引起的。显然，20 世纪 80 年代以及以后的建筑的拆除不是因为人口变动，而是因为进一步节约城市空间、新建更高层建筑，或者建筑物质量不高成为危房，还有个别地方是为了维持特定地区的景观需要。

成为老旧建筑，已经或正在被拆毁；有的建筑的寿命周期更短，如 20 世纪 90 年代大量兴起的门面房，到现在有许多已经不再存在了；寿命更短的是各种违法建筑，建设前、建设过程中没有被有关部门及时阻止，建成后才拆毁；房屋的反复装修也产生了大量的建筑垃圾，一个店面更换一个招牌，大抵要重新装修一次，许多酒店也会时隔一定时间重新装修一次，如此，产生出大量的建筑垃圾，并且重新装修也需要耗费大量的建筑材料，生产这些建筑材料也会产生大量污染。这种"水泥丛林"不在少数，再过一段时间可能就成为危房；还有可能因为占用空间过大，为节约城市空间、新建更高层建筑而被拆除。这些建筑物的拆除和新的建筑物建起，还会对环境构成持续性压力。

城市道路等基础设施的反复修补，造成大量的污染和资源消耗。有些城市的部分道路，居民称其"挖了左边挖右边，挖了两边挖中间"，许多年不能走一条平整的路。每一次挖掘、修补，都会产生大量的垃圾，耗费许多新的建筑材料和其他材料。还有个别城市的园林树木修整，造成道路设施部分更换与大量植物废弃，消耗建筑材料、占用空间、堆放腐烂并排放出大量甲烷（CH_4）等温室气体、产生污水污染土壤和水体。

4. 追求方便、快捷、"卫生"的包装物成为重要的废弃物来源

人们为了追求方便、快捷、"卫生"的生活方式，产生对包装物的需求，使得包装物（特别是塑料制品——袋、瓶、盒）成为重要的废弃物来源。这类污染的分布十分广泛，只要在人类能够到达的地方几乎都有这类垃圾，有报道称珠穆朗玛峰顶都有这类垃圾。以塑料制品包装物、金属包装物、玻璃瓶、陶瓷瓶罐为主体的包装物，满足了人们对物品携带方便、包装精美、干净卫生的需要，这些包装物废弃物的数量难以计算，有报道称，全国每天用于买菜的塑料袋多达 10 亿个，其他用途的各种塑料袋多达 20 亿个。

许多人都有进入菜场买菜的经验，若不带菜篮子进菜场，买菜就需要塑料袋，例如，买 4 种菜会得到 5 个塑料袋，菜摊主会主动地将每种菜用一个塑料袋装好，装完 4 种菜，还可以获得一个大塑料袋将 4 个小袋装在一起，以方便提拿。从商场买回的饼干，有的每一块都进行了包装，一包饼干会有两层包装，不仅如此，还可能有一个内置的类似盘子的塑料辅助包装物，以使饼干在袋内摆放整齐美观。

在垃圾能够集中收集的地方，这些包装物可能被集中收集运输；而当一些垃圾难以集中收集或人们缺乏卫生意识、环保意识时，垃圾往往被随手扔掉，如塑料袋、小食品包装袋、槟榔小包装、烟盒、矿泉水瓶、冰激凌包装袋、酸奶杯等。

一些家庭举办大型聚会或餐馆为了方便，往往采用一次性塑料桌布、塑料餐具，待客人用完餐后，便将这些一次性用品一起扔掉。有的甚至为了追求"卫生"，在碗里放上一个塑料袋，用来盛装食物。新冠疫情暴发后，许多单位食堂使用一次性餐具和塑料袋包装物。

这些包装物、餐具堆弃在房前屋后、水塘道边，极大地影响了整体环境的美观程度和卫生水平，其中一些会随着降雨、刮大风等，进入沟渠、河流，形成集中污染。《2019 年海南省海洋生态环境状况公报》的数据显示：三亚市三亚湾海域的垃圾检测结果，海面漂浮垃圾主要为塑料类，占 62.5%，其他人造物品类和木制品类占 37.5%。其中大块和特大块漂浮垃圾平均个数为 19 块/千米^2，中块和小块漂浮垃圾平均个数为 4 194 块/千米^2。海滩垃圾主要为塑料类（占垃圾总个数的 81.8%，重量的 56.5%）、玻璃类（占重量的 19.1%）、纸类（占重量的 10.9%）、木制品类、金属类，平均个数为 326 720 个/千米^2。海底垃圾主要为塑料类，平均个数为 11 819 个/千米^2，平均重量为 3.2 千克/千米^2。在人口密集区，海边基本存在一条长长的可见污染带。塑料包装物、金属包装物、玻璃瓶、陶瓷瓶罐等都是难以降解的材料，特别是塑料的危害更大，其降解后形成的塑料微粒进入水体、土壤，被动物摄入，对动物造成伤害；通过食物链进入人体，对人体也会造成极大伤害。

5. 节约意识不强，造成食物等生活物资的过多浪费

随着人们经济收入的提高，生活水平也得到了大幅度的提高，讲面子、摆阔气在生活中比比皆是，这样造成了多方面的浪费。首先，餐桌上的浪费数量巨大。《中国城市餐饮食物浪费报告》的数据显示，我国城市餐饮业一年在餐桌上浪费的粮食达到 1700 万—1800 万吨，被倒掉的食物可供 3000 万—5000 万人一年的口粮。[①]一方面，农业科学家和技术人员不断开发粮食增产新技术，农民不断追加使用化肥和农药，促进粮食产量提高；另一方面，在粮食消费过程中浪费严重，对环境构成双重污染。其次，购买产品的浪费绝不小于前者。无论是购买食品还是其他生活用品，都存在盲目性，导致不少食品因过期、变质被丢弃，不少衣物买回来几乎只是占用空间（成柜的衣服找不出能穿的）、一些药品的作用就是备用等，这些都造成了严重的资源浪费，丢弃后还会造成环境污染。

3.2.3 新型污染物逐渐累积，问题逐渐显现

当前，研究者对人类活动产生的水体有毒污染物的关注不再局限于传统

---

① 资料来源：中国经济网（http://www.ce.cn），2020 年 8 月 12 日。

的重金属类、农药类的污染物，而是延伸到以与人类日常生活和旅游活动密切相关的药品及个人护理用品（pharmaceuticals and personal care products，PPCPs）为代表的新型污染物。PPCPs 的概念最早于 1999 年提出，大多数 PPCPs 具有易溶于水、弱挥发性、难降解和生物累积性的特点，在低剂量长期暴露下将对生物产生内分泌干扰效应、发育毒性和生殖毒性，对生态系统和人类健康形成威胁，如印度和巴基斯坦境内的秃鹫就因为双氯芬酸而面临种群灭绝的后果。

现阶段 PPCPs 的销售和使用量逐年增加，作为"新型污染物"正大量地、持续不断地进入水体、土壤等环境介质中，对生态系统和人类健康形成威胁。中国科学院文献情报中心和汤森路透联合发布的《2015 研究前沿》将"PPCPs 的环境危害性及其污染控制"列为生态与环境科学领域唯一的新兴前沿方向。

PPCPs 包括用于人类和兽类的药物（主要包括消炎止痛药、抗菌药、抗生素、抗癌药、咖啡因等）和个人护理用品（包括日常洗护用品如抗菌剂、昆虫驱避剂、香料、化妆品、香皂、洗发水、防晒霜等）。药物经人体或动物摄入后，只有少部分发生代谢，大部分以原形通过尿液或粪便进入生活污水；而个人护理用品伴随沐浴、游泳等活动进入排污管后汇入生活污水。

PPCPs 在环境中主要通过水相传递。[1]虽然半衰期较持久性有机污染物短，水环境中监测的浓度在纳克/升至微克/升的量级，但人类活动中大量频繁地使用，使水环境中 PPCPs 呈现出"持续存在"的状态。[2]PPCPs 进入环境的主要途径是污水处理厂出水排放到水体，其次包括废弃药品、吸附了 PPCPs 的污泥、畜禽和水产养殖排放等[3]，国际上，美国、英国、德国、法国、瑞士、荷兰、日本等均在污水处理厂出水、地表水、地下水、饮用水中检测出不同种类的 PPCPs。[4]我国环境中 PPCPs 的调查也主要围绕污水处理厂出水及受纳水体展开。研究集中于城镇化程度较高、人口密度较大的东部地区，包括长江、黄河、珠江、海河、辽河等中下游段和一些城市的内河。[5]

---

① 胡洪营、王超、郭美婷：《药品和个人护理用品(PPCPs)对环境的污染现状与研究进展》，《生态环境》2005 年第 6 期，第 947 页。

② 王丹、隋倩、赵文涛等：《中国地表水环境中药物和个人护理品的研究进展》，《科学通报》2014 年第 59 期，第 743-744 页。

③ 周海东、黄霞、文湘华：《城市污水中有关新型微污染物 PPCPs 归趋研究的进展》，《环境工程学报》2007 年第 12 期，第 1-2 页。

④ Heberer Th，Reddersen K，Mechlinski A. From municipal sewage to drinking water: fate and removal of pharmaceutical residues in the aquatic environment in urban areas. *Water Science & Technology*, Vol.46, No.3, p.81-88, 2002.

⑤ 同②第 745-746 页。

3.3　气候变化导致生态保护和修复难度加大

气候变化的影响主要呈现为负面影响，使得各种风险进一步加剧并出现新的风险和不确定性，给灾害和风险的防范带来了更大的困难。

3.3.1　气候变化的主要表现

1. 气温升高

2013 年，全球大气二氧化碳、甲烷和一氧化二氮（N_2O）平均浓度分别为工业革命前（1750 年前）的 1.42 倍、2.53 倍和 1.21 倍。2005—2013 年，全球大气中二氧化碳、甲烷和一氧化二氮浓度持续增大，平均增速分别约为 0.54%、0.29% 和 0.22%。[1]中国温室气体二氧化碳、甲烷和一氧化二氮平均浓度 2010—2019 年的年平均绝对增量分别为 2.40 毫克/升、7.7 微克/升和 0.95 微克/升。2019 年分别达到 411.4（±0.2）毫克/升、1 931（±0.3）微克/升和 332.6（±0.1）微克/升新高，高于全球平均水平。气温记录显示，1951 年以来，我国气温一直呈现波动上升态势。2021 年，全国平均气温 10.53℃，较常年偏高 1.0℃，为 1951 年以来历史最高。全年各月气温均偏高，其中 4 月偏高 1.8℃，为历史同期次高。[2]温室气体排放增加与气候变暖趋势一致。

2. 各类灾害增加

气候变暖会造成长时间持续干旱，进而使农田土壤退化加速，灾害和病虫害影响加重。进一步的后果第一是农作物减产，增产的边际成本迅速提高。第二个严重后果是极端暴雨、洪涝、干旱灾害增强、增多，区域灾害风险进一步增大。[3]第三个后果是河流径流量发生变化，一些河流径流量明显增大，而另一些河流径流量明显减少，甚至干涸；且径流量的季节差异变大，带来更为严重的水旱灾害，给人民生命财产和国民经济带来威胁和损失。

3. 海平面上升与海洋环境变化

我国沿海海平面总体呈波动上升趋势。1980—2019 年，我国沿海海平面上升

---

① 牛文元：《2015 世界可持续发展年度报告》，科学出版社 2015 年 8 月第一版，第 87 页。
② 资料来源：生态环境部《2021 中国生态环境状况公报》。
③ 吴绍洪、赵东升：《中国气候变化影响、风险与适应研究新进展》，《中国人口·资源与环境》2020 年第 6 期，第 2 页。

速率为 3.4 毫米/年。2019 年,我国沿海海平面比常年高 72 毫米,为 1980 年以来第三高。2010 年以来,我国沿海主要海洋站海平面处于 1980 年来高位。[①]海平面上升使得海岸被侵蚀,海水侵入土壤导致土壤盐渍化,红树林等滨海湿地面积减少,潮间带植物生境和生物多样性受到损失。海洋变暖影响海洋生物物候特征、地理分布、物种组成和生命过程的关键节点变异。[②]例如,导致珊瑚大量死亡、海水养殖受损等,还有可能使得有害赤潮、大型藻类和水母灾害频发。

4. 陆地生态系统受损

气温升高和极端天气的增多对于森林、草地、湿地和荒漠等各类型生态系统的地理空间分布、物候特征、结构和功能、生态服务功能都产生了明显的影响。气候变暖使得森林向高海拔、高纬度地区迁移,东部地区木本植物北移、西北地区木本植物西移,热带和暖温带森林面积呈增加趋势。这种情况对于青藏高原的植被也产生了明显的影响,近年来,三江源地区 40 种濒危保护草本植物中有 87.5%(35 种)的分布面积呈增长态势,只有 12.5%(5 种)分布面积呈减少态势。[③]这样发展下去,也会导致部分地区荒漠化明显加重、高寒区冻原高山草地面积缩小、多数地区湿地面积减少等情况发生,由此导致野生动植物生存环境受到威胁。

5. 人类健康受到威胁

气候变化导致温度、湿度、气压、日照强度和时长等因素对自然系统中的病原体、宿主和疾病传播媒介造成影响。例如,高温、寒潮、干旱、暴雨和洪涝灾害对人体造成危险性暴露伤害;高温热浪、沙尘暴等都会直接或间接导致人体伤害或疾病;高温、严寒对于部分患有相关病痛的居民健康造成明显的不利影响;等等。

3.3.2 适应气候变化需要付出极大努力

1. 应对气候变化需要采取一致行动的行政成本和交易成本高

应对气候变化,不仅要国内不同区域、不同行业间协调一致,积极应对,以改善气候变化带来的危害;而且要各个国家之间采取一致的行动,减少温室气体排放,以减缓气候变化的速率。协调区域之间、行业之间的行动要依靠法律手段、

---

① 蔡榕硕、刘克修、谭红建:《气候变化对中国海洋和海岸带的影响、风险与适应对策》,《中国人口·资源与环境》2020 年第 9 期,第 2 页。
② 同①第 5-6 页。
③ 武晓宇、董世魁、刘世梁等:《基于 MaxEnt 模型的三江源区草地濒危保护植物热点区识别》,《生物多样性》2018 年第 2 期,第 138-148 页。

行政手段和市场机制共同发挥作用；协调各个国家之间的行动则需要国家之间的有效协商、国际组织的有效协调。同时还要照顾欠发达国家谋求发展所需要的温室气体排放增量空间，这是客观需要。问题在于，美国减少温室气体排放会影响美国经济增长，发展中国家也要承担减少温室气体排放的义务。2001 年 3 月，时任总统乔治·沃克·布什宣布退出《京都议定书》，2017 年 6 月 1 日，时任总统唐纳德·特朗普又宣布退出应对全球气候变化的《巴黎协定》。要取得国际的一致行动，还需要进行长时间的国际谈判，为此国际组织、各国政府需付出高额的行政成本；同时，还需要国家之间信息搜索、监督、执行等交易成本。

2. 气候变化导致应对生态灾难的经济成本高

气候变化导致的变化中，较常见的是自然灾害的频次增加和危害程度加大，有些生态灾难造成不可逆的后果。灾害频次增加和危害程度加大都必然导致救灾成本及灾后恢复重建的成本大幅度提高；同时，国家应对各种灾害的储备水平、设施水平需要大幅度提高，这都使经济成本大幅增加。

3. 气候变化所产生的适应生态变化的时间成本高

无论是人类还是其他生物，对于气候变化的适应都需要较长的时间。一般来说，动物的生命周期与气候变化周期相比相对短暂，当生物生存的阳光、空气、水源和空间条件发生较大的变化时，生物已经适应的大气、水分、温度、光照、酸碱度、食物、栖息场所、物种之间的关系等要素会发生变化，导致生物的迁徙甚至消亡，一些能够在原有栖息场所留存的生物也将需要较长时间的适应并付出重大的代价，人类亦如此。

3.4 欠发达地区脱贫致富与生态环境保护之间的矛盾加剧

在传统生产方式和生活方式没有得到根本性改变的情况下，欠发达地区脱贫致富与生态环境保护之间事实上存在着一定的矛盾。因为实现对生产方式和生活方式的根本性变革需要一个较长的过程，欠发达地区脱贫致富与生态环境保护之间的矛盾也会在一个较长的时期内存在。虽然我国欠发达地区整体已经实现脱贫，但是"致富"还是一个较长的过程。

3.4.1 传统生产方式与生态环境保护之间的矛盾

欠发达地区的脱贫致富需要有产业的发展作为依托，正如《南方日报》评论员指出的那样，"产业扶贫是最直接、最有效的办法，也是增强贫困地区造血功能、帮助群众就地就业的长远之计"[①]。欠发达地区产业发展往往会选择类似"一村一品、一镇一业"的专业化、规模化、市场化和品牌化的发展路径，如果选择传统生产方式发展产业必然带来生态环境的污染，这就使得这些地区走上了"先污染后治理"的老路。在没有可资借鉴的技术和经验的情况下，往往找不到不同于传统生产方式的产业，而选择传统生产方式就会造成环境污染。由于采用规模化、专业化生产，污染物的处理会成为一个十分棘手的难题，一个乡或村没有处理相关污染物的能力，污染物的直接排放又会超过当地环境的自净能力。如大棚种植、畜禽养殖规模的不断扩大，生产中使用的化肥、农药、薄膜残余处理不当，导致水体、土壤污染；畜禽粪便和农产品废料的堆积，严重污染空气、水体和土壤；水产规模养殖、精饲料投放量的增加，导致水体氨氮含量超标，使得水质富营养化等问题愈来愈严重；等等。这可能使得原本就生态脆弱的欠发达地区的生态环境遭受难以修复的影响，欠发达地区往往在发展与环保中进行着艰难的选择。

3.4.2　欠发达地区选择绿色生产方式的困难

我国为保护欠发达地区生态环境，在一些地方实施欠发达地区生态保护项目，这些项目的落实无疑对生态保护是有很大裨益的。但是在实施过程中，怎样兼顾保护与发展、保护与居民增收，是需要认真解决的问题。特别是生态补偿与农民损失之间的平衡、失地农民的生计可持续性等问题需要认真加以解决。欠发达地区发展生态保护项目应当与生物质利用技术充分结合起来，通过逐步发展生物质利用技术，让农民获得生态补偿、生物质产品收入，就地实现就业，这是实现农民可持续生计的重要途径。

在欠发达地区谋求发展的过程中，不少地方为了选择环保型的产业，将产业发展定位于所谓"低污染"的旅游产业，把乡村旅游、生态旅游、红色旅游、体验式旅游、康养旅游等作为地方产业发展的目标。应该说，对于少部分资源具有特色的地方来说，不失为一种正确的选择。但是，旅游产业市场的需求取决于经济发展水平、人民收入水平等诸多因素，其市场需求存在某种极限，而且还极易受到政治、经济、交通、公共卫生等因素的影响。目前，旅游产业的利润率总体水平和旅游的"零负团费"等现象已经说明，总体上旅游供给大于旅游需求。当然，有人会以各个节假日期间景区景点的人头攒动、交通拥挤来说明供给的不足，其实，这是季节性的供求矛盾的凸显。况且，对于较大范围的欠

---

① 南方日报评论员：《立足产业，构筑脱贫致富长效机制》，《南方日报》2020 年 9 月 9 日，第 A07 版。

发达地区来说，以旅游产业作为所谓龙头产业发展，需要特别谨慎。在旅游产品质量没有得到根本性的提升的情况下，旅游产品的科学技术含量、文化含量不高，其总体价值不大；旅游产品种类单一，产品谱系狭窄，产品复杂性程度低；缺乏应有的竞争力，不能带动地方经济的发展，也不能通过发展旅游业来促进地方科学文化的进步。国内某些以旅游产业作为龙头产业以求促进社会经济文化全面进步的地区的不尽如人意已经证明了这一点。一厢情愿地发展旅游产业，可能使得本来资本匮乏的欠发达地区难以收回成本，白白丧失发展机遇，付出极高的机会成本。

3.5　环境改善与民众期盼落差加大

生态环境状况与民众的期盼存在较大的落差是一个不争的事实。民众通过不同的途径反映出普遍的意愿，甚至通过一些群体性事件反映出来，这些不满情绪和群体事件集中反映了环境的现状与民众对于环境要求之间的落差。

3.5.1　呼吸新鲜空气成为困难

2013 年，全国实施空气质量新标准监测的 74 个城市中，仅有拉萨市、海口市和舟山市完全达标，其余 71 个不达标，尤其是京津冀、珠江三角洲、长江三角洲、四川盆地地区，雾霾经常性笼罩。《大气污染防治行动计划》实施以来，空气污染治理成效较为显著，2020 年 1—8 月，全国 337 个地级及以上城市平均优良天数比例为 86.7%，同比 2019 年上升 5.0 个百分点，但京津冀及周边地区、汾渭平原的空气质量仍不乐观，特别是唐山市、石家庄市和太原市等空气质量仍然较差。

3.5.2　喝到符合卫生标准的生活饮用水的成本提高

经过不断地治理，地表水质量在持续提高，2020 年 1—8 月，1 940 个国家地表水考核断面中，水质优良（Ⅰ—Ⅲ类）断面比例为 81.0%，同比 2019 年上升 6.0 个百分点；劣Ⅴ类断面比例为 0.9%，同比下降 3.1 个百分点。对于城市来说，拥有一个干净、放心的自来水水源无疑是一件莫大的幸事。但一些城市地表水质量仍长期得不到有效改善，铜川市、沧州市和邢台市等 30 个城市国家地表水考核断面水质量相对较差。居民喝到符合卫生标准的生活饮用水的成本不断提高，矿泉水、纯净水的广泛销售和用量上升就是明证，一些收入水平较高的居民煮饭、喝茶不再使用自来水，而使用矿泉水。居民生活成本因为水质量的影响而提高。

3.5.3　吃到绿色食品还需要付出较高代价

食品安全已经是我国人民生活中的一件大事,人们经常对转基因食品、食品添加剂等提出各种质疑,媒体也不时报道出严重的食品安全问题,如三聚氰胺奶粉、地沟油、豆腐使用吊白块①、毒腐竹、大米镉超标等事件不胜枚举。食品安全问题引起了全社会的极大关注。于是,所谓的野生、纯天然食品成为高档食品,湖南原种的湘阴县樟树港辣椒一度被炒到近 200 元/斤,可谓天价。其实,这也显示了自然的、生态的产品在大量工业产品的包围之中的稀缺性价值。

3.5.4　公众对环境治理的认知水平差异悬殊

良好生态环境是最普惠的民生福祉,关注环境问题是生态民主的表现之一。一些学者研究了公众对环境问题的关注程度与行动,和政府环境治理力度之间的关系,认为公众对环境问题的关注有助于推动地方政府实施更多的环境治理行动,并会带来环境质量的改善。②唐啸等的研究进一步认为,地方政府在环境治理领域存在明显的回应性,民众对环境的不满意程度显著地提升了政府的环境治理投资。但是,这种回应性主要体现在空气治理领域,在水治理领域中并不显著,这在一定程度上表明地方政府在环境治理上需要根据轻重缓急进行谋划安排。③近年来,京津冀地区的严重雾霾引起了广泛的关注,为解决该问题,我国于2017年专门设立了总理基金项目,项目实施的成效较为显著,京津冀"2+26"城市实现了GDP稳步增长和空气质量改善。

但是,公众对环境治理的认知水平差异悬殊。部分公众存在有意或无意的破坏环境行为,这表现在如下方面:一是不少人在感知到环境污染(如空气不好、水体黑臭、满眼垃圾)时会有各种抱怨、指责,而在需要自己对环境保护作出贡献时无动于衷;二是明知哪些行为会造成严重的污染,却对自己所在的尚未被污染的地方不加以保护,重复着已经被污染的地方的悲剧;三是由于知识的匮乏,不了解哪些行为会对环境造成不利影响,只顾及眼前利益而对环境实施破坏;四是无视法律、禁令,故意破坏环境。

① 吊白块为一种有毒化学物质,高温下分解出二氧化硫和硫化氢等有毒气体,食用具有一定致癌风险。
② 郑思齐、万广华、孙伟增等:《公众诉求与城市环境治理》,《管理世界》2013 年第 6 期,第 72 页;于文超、高楠、龚强:《公众诉求、官员激励与地区环境治理》,《浙江社会科学》2014 年第 5 期,第 23 页。
③ 唐啸、周绍杰、赵鑫蕊等:《回应型外溢与央地关系:基于中国民众环境满意度的实证研究》,《管理世界》2020 年第 6 期,第 131 页。

3.6 国际地位提升要求我国承担的环境责任与义务

为了应对气候变化，我国积极参与相关国际谈判和签订相关条约，先后签订了《联合国气候变化框架公约》（1992 年 11 月 7 日经全国人大批准）、《京都议定书》（1998 年 5 月 29 日签署，2002 年 8 月批准实施）、《哥本哈根协议》（2010 年 3 月 9 日批准实施），以及与其他国家签订多个双边、多边协定或宣言，主动承担相应的国际义务。

3.6.1 我国应对气候变化应承担的国际义务

我国作为重要的发展中国家，在《联合国气候变化框架公约》《京都议定书》《哥本哈根协议》中承担的减少碳排放义务主要包括：①《联合国气候变化框架公约》第 4 条第 1 款规定的 8 项承诺；②编制应对气候变化的国家方案；③采取适当的减缓行动；④就减缓行动每两年进行一次报告；⑤所报告的结论应当是可测量、可报告和可核查的。[①]

3.6.2 国际地位提升要求我国承担的环境责任

我国作为世界工厂，在承接产业转移中承接了世界上大部分的碳转移，有数据表明，我国每年在承接产业转移中承接的碳转移占到碳排放总量的 20%。尽管根据相关国际条约，我国作为发展中国家可以减轻碳排放限制，但作为负责任的大国，我国主动承诺二氧化碳排放的自主减排。同时，我国的生态文明建设成就已经得到国际社会的高度肯定，我国生态文明建设的核心理念在《联合国 2030 年可持续发展议程》中得到很好体现；我国为《巴黎协定》的达成、签署和生效发挥了积极作用，并率先承诺，将在 2030 年左右达到二氧化碳排放峰值并尽早实现。

3.7 本章小结

本章归纳总结了我国实现绿色发展面临的主要挑战，包括生态承载力不能支撑原有发展模式持续高速增长、生态环境问题集中显现、气候变化导致生态保护和修复难度加大、欠发达地区脱贫致富与生态环境保护之间的矛盾加剧、环境改善与民众的期盼落差加大、国际地位提升要求我国承担的环境责任与义务增加共 6 个方面，并对各方面问题的具体表现和产生原因进行了分析。

---

① 参见《哥本哈根协议》第 5 条。

第4章 基于公平导向的绿色发展理论的现存生产方式变革路径

实现公平导向的绿色发展的最关键因素在于改变以传统工业化为基础的生产方式，建立绿色生产方式。绿色生产方式要求人力资本、资源基础、技术进步等要素的构成发生根本性变革，也要求投资结构、产业结构、交易方式和对象、消费结构等诸多方面发生根本性变革。

4.1 供给与需求的特征

新古典经济学的供求理论对供给与需求的特征的分析语焉不详，萨伊定律、凯恩斯有效需求理论对供给与需求的特征进行了初步的阐述，也没有详细地论述其特点。厘清供给与需求的特征，对于分析供给与需求、生产与消费的关系具有重要作用。

4.1.1 供给与需求的基本特点

1.供给的具象性和需求的抽象性

主流经济学只是关注供给与需求的价值形态，因而对供给与需求的性质缺乏深入的分析，对其使用价值（效用）的形态明显关注不足。马克思分析经济问题是从商品入手的，分析了商品的二重性即使用价值和价值，不仅阐述了价值的深刻意义，还深入地阐述了二者之间的使用价值（效用）的性质差别。在《〈政治经济学批判〉导言》中，马克思指出："消费在观念上提出生产的对象，把它作为内心的图像、作为需要、作为动力和目的提出来。消费创造出还是在主观形式上的生产对象。"①这里，消费与需求、生产与供给存在内涵上的一致性。这一点在主流经济学中也得到广泛认可，并认为是消费引导生产、需求引导供给；但是，"就生产方面来说：(1) 它为消费提供材料，对象。消费而无对象，不成其为消费；

---

① 中共中央马克思恩格斯列宁斯大林著作编译局：《马克思恩格斯选集》第二卷，人民出版社 2012 年 9 月第 3 版，第 691 页。

因而在这方面生产创造出、生产出消费。（2）但是，生产为消费创造的不只是对象。它也给予消费以消费的规定性、消费的性质，使消费得以完成。……因此，不仅消费的对象，而且消费的方式，不仅在客体方面，而且在主体方面，都是生产所生产的"。"因此，生产生产着消费：（1）是由于生产为消费创造材料；（2）是由于生产决定消费的方式；（3）是由于生产通过它起初当做对象生产出来的产品在消费者身上引起需要。因而，它生产出消费的对象，消费的方式，消费的动力。"①也就是说，生产为消费生产了具体的对象，这个对象是具体的、特定的。供给的具象性特点最为生动的体现是产品说明书和产品广告，产品说明书通过介绍产品的物理指标、化学指标、生物指标、性能与用途、操作方法等诸多内容，告知使用者如何具体地、正确地使用产品。在生产出具体的对象之前，消费只是一个观念的东西。对于一般消费者来说，不可能对产品事先提出各种指标、使用方法等。

　　由此，我们可以认为需求、消费具有抽象性的特点，而供给、生产具有具象性的特点。需求、消费可以用多个具体的产品来满足，产品之间的替代性说明了满足需求（消费）的供给是具体的，生产总是以具体的产品来满足消费需求。进一步地说，满足特定的需求，可以是一个产品谱系，或是一个效用集合。例如，对于一个饥饿的人来说，他的需求就是解决饥饿问题，而要解决他的饥饿不是用抽象的食品来满足他果腹的要求，他狼吞虎咽下去的是米饭、馒头、面条或者红薯等具体的食品。还有一个例子可以说明供给的具象性问题，在所有的生产中，经常会遇到对机器设备的性能不满意或者对原材料的品质不满意等现象，但事实上又别无选择，这里不能完全满足"观念上"的抽象需求，只能以具体的设施设备、原材料来进行生产。需求（消费）的抽象性特征表明，某种需求可以用特定的多种具体的产品来满足；供给（生产）的具象性特征表明，为了满足一种需求，总是生产具体的产品或提供具体的服务。在具体的生产方式中，总是生产主导着消费，供给主导着需求（这里和萨伊定律的含义存在区别）。只是在供给的产品谱系中，某种产品的需求量的多少会随着人们的偏好变化，可能进一步增加或者退出产品谱系；生产者所要做的事情是调查人们的偏好变化，作出预测分析，改进产品谱系，这就是需求引导供给。这并没有改变以具体的产品满足抽象的需求的事实。

2. 需求的可变性与供给的相对稳定性

　　需求的可变性主要表现为两个方面。一是需求者（消费者）在特定情境下产生了新的产品需求。例如，在新冠疫情暴发的情况下，产生了对新冠疫苗和治疗药品、治疗方法的需求；在此之前，恐怕绝大多数人对于这种疫苗是没有想过的，

---

① 中共中央马克思恩格斯列宁斯大林著作编译局：《马克思恩格斯选集》第二卷，人民出版社 2012 年 9 月第3 版，第 692 页。

更谈不上需要了。二是需求存在被诱导性，即产品在特定情况下其需求量会增加，新产品的市场的开拓就是例证。首先，最为普遍的是通过菜单陈列商品或橱窗、商品展示等方式，诱导消费者购买，逛街时的购物是最为生动的例证，很多人逛街时并没有明确的购买目标，往往是受商品的外观或者推销的刺激而进行购买；其次，通过广告和宣传对产品的功能等进行说明，为消费者提供某种预期，激发消费、诱导消费，在普遍使用 4G 手机的时候，人们对于 5G 手机的期盼也是一个例证；最后，一个产品的功能不断被消费者发现和利用，本就超出了消费者的预期，但通过发现或加载新的功能，又会引导出新的消费，最为典型的例子是手机，在作为电话的基本功能的基础上，不断加载新的功能，不断诱导新的需求。这些都体现为需求的可变性。

由于资源、技术、成本等因素的约束，供给不会随着需求的变化立即就能满足需求，而是存在相对稳定性的特征。首先，资源的约束影响甚至决定了这种相对稳定性，最为典型的例子就是一些地方的水资源缺乏，不会因为需求的存在而自动改变，在没有采取类似建设引滦入津、南水北调工程的措施的情况下，需求难以得到满足；其次，技术的约束也影响了这种相对稳定性，中美贸易关系紧张，中国芯片需求凸显，但正是因为技术原因导致需求不能立即得到满足；最后，还可能因为成本问题影响对需求的满足，生产者出于节约成本的考虑，其生产的产品的质量不能完全达到消费者的需要，并不会因为消费者提出了新的需求，而立即开发出满足消费需求的产品。这些因素决定了供给的相对稳定性。

3. 需求的无限性与供给的有限性

人们对于商品或金钱的无限欲求和总人口增长的难以预期，决定了总的需求的无限性。资本的扩张本性和市场的竞争机制鼓励着市场主体追求自身获得价值的无穷膨胀，竞争型社会也在鼓励着每个成员不停地追求更多的财富和价值。这些决定了需求的无限性。而资源的有限性、技术的限制等因素决定了供给的有限性。资源的有限性对供给的有限性的影响无须赘言，技术的限制对供给的有限性的影响有时甚至超过资源约束。因为，一个国家的技术水平对于整个国家经济、产品和服务供给的约束是广泛存在的，供给的有限性不仅表现在数量上，还表现在水平上和质量上。

4.1.2　供给与生产方式变革

1. 供给的具象性特征对生产方式变革的影响

传统工业化的生产方式的资源基础是各种化石能源。由于资本的扩张本性和技术条件的限制，化石能源的耗竭速度不断加快且利用水平不高，导致当下世界的资源迅速耗竭和环境严重污染。也就是说，传统的资源供给和技术手段构成了传统生产方式的基础。对传统生产方式的革命性变革一方面要求采用新的技术手段对不可再生资源进行高效率、绿色化利用，另一方面要求采用可再生资源作为资源基础。绿色生产方式就需要绿色的资源供给和技术供给。

绿色的可再生资源将构成可持续生产方式的主要资源基础，不可再生资源将退居次要地位。即便是在现有探明储量的化石能源耗竭的情况下，也并非完全没有化石能源可供利用，一是已经开采出来并已利用的产品作为回收资源，可以进一步加工使用；二是地表与地壳、地壳与地幔之间的地质运动并没有停止，还会有新的化石能源产生，只不过没有了工业革命过程中开采的资源的丰度和品位，也难以跟上社会生产对资源的耗竭速度。

2. 供给的相对稳定性特征对生产方式变革的影响

供给的相对稳定性特征决定了要在现实的供给（资源种类、技术水平）基础上实现生产方式的变革，由传统工业化的生产方式转向绿色生产方式。一方面在现有资源种类和供给量的基础上进行生产并努力实现保障不断增长的需求；另一方面需要从技术上谋求更快的进步，加快技术更新的频率，提高资源的利用效率。

还有一种可供选择的方式（后文将较为详细地阐述这种方式），就是将企业由生产商变革为服务提供商，将大量以满足服务为目标的商品交换变革为提供服务。这必然会使企业改变对于资源的使用思路：在以向市场提供商品为目标的生产方式中，企业期望的是销售更多的商品以获得更多的利润，消耗资源是企业生产更多商品的手段；而在以向市场提供服务为目标的生产方式中，企业必须通过提供服务来获得利润，这必然会促使企业更高水平、更高效率地利用资源，从而减缓对资源的耗竭速度。这也应该是供给侧结构性改革的一个重要方式。

3. 供给的有限性特征对生产方式变革的影响

供给的有限性特征要求在有限的资源条件下，更节约地实现生产方式的变革。克服事实上的资源无限、环境容量无限的思维，仍然有较长的路要走。一方面需要克服这种有害的思想，另一方面亟待建立资源有限、环境容量有限的生产、消费体系，把生产、消费的物质消耗总量控制在资源环境承载力的范围之内。

资源供给的有限的量取决于三个因素，一是自然储量，二是自然再生量（包括地壳与地幔的能量交换所产生的资源量），三是对于废弃物的利用量。在自然储量逐渐减少、自然再生量可能存在极限的情况下，充分利用废弃物是一个重要的方面。未来生产方式对资源的利用也就是要减少自然储量的消耗，充分利用可再生资源，提高对废弃物的利用水平。

4.2　绿色生产方式与要素供给

将传统工业化的生产方式变革为以生态文明为基础的绿色生产方式，需要实现资源开采、产品设计、生产、废弃物处理全过程的绿色化。具体来说，这个过程是生产、消费与碳排放和其他污染物排放脱钩的过程。

4.2.1　经济发展与资源环境负荷之间的关系

1. 脱钩理论

脱钩理论从物理学引入经济学，特别是在可持续发展经济学之中，已经产生了一批研究成果，至少在环境污染程度与经济增长、交通运输量与经济增长、能源消费量与经济增长、耕地占用量与经济增长、生态经济发展测度与评价等方面已经发挥了重要的作用。脱钩实际上是指两个变量之间的变化关系，二者变化方向相反表示"脱钩"，为了衡量的方便，根据计算结果数值的大小正负，设定了"脱钩"的几种水平。

脱钩水平的衡量公式也就是经济学中早已采用的弹性理论的一般公式：

$$e = \frac{\Delta P / P}{\Delta Y / Y} \tag{4-1}$$

式（4-1）中，e 为脱钩弹性系数；P 为环境污染、能源消费等环境资源负荷变量某个指标值，ΔP 为 P 的变化量；Y 为经济增长等变量某个指标值，ΔY 为 Y 的变化量。

脱钩弹性系数的建构者塔皮奥（Tapio）将脱钩状态区分为 8 种情形（表 4-1）。

单纯采用脱钩理论考察经济发展与资源环境负荷之间的关系，可能存在着不足：从时间逻辑上来说，没有"连结"，谈不上"脱钩"。当一个国家（地区）的经济发展与资源环境负荷之间没有"连结"，即经济增长带来的资源环境压力在资源可再生、环境自净能力范围之内，尽管可以计算出"脱钩"的状态，但与"脱钩"的本身含义不符。事实上，"连结"是工业文明的表现，"脱钩"是生态文明建设的成就。基于上述理由，单纯采用脱钩理论可能存在偏颇。也可能因为如此，不少学者联合运用脱钩理论和环境库兹涅茨曲线（environmental Kuznets curve，EKC）来分析经济发展与资源环境负荷之间的关系。[①]

---

① 夏勇、钟茂初：《经济发展与环境污染脱钩理论及 EKC 假说的关系：兼论中国地级城市的脱钩划分》，《中国人口·资源与环境》2016 年第 10 期，第 8-16 页；王星：《雾霾与经济发展：基于脱钩与 EKC 理论的实证分析》，《兰州学刊》2015 年第 12 期，第 157-164 页。

表 4-1　脱钩状态的 8 种情形

状态 I	状态 II	负荷指标	增长指标	脱钩弹性系数
脱钩	绝对脱钩	减少	增加	$e<0$
	相对脱钩	增加	增加	$0 \leq e < 0.8$
	衰退脱钩	减少	减少	$e>1.2$
负脱钩	强负脱钩	增加	减少	$e<0$
	弱负脱钩	减少	减少	$0 \leq e < 0.8$
	扩张负脱钩	增加	增加	$e>1.2$
连结	增长连结	增加	增加	$0.8 \leq e \leq 1.2$
	衰退连结	减少	减少	$0.8 \leq e \leq 1.2$

资料来源：根据夏勇、钟茂初《经济发展与环境污染脱钩理论及 EKC 假说的关系：兼论中国地级城市的脱钩划分》（《中国人口·资源与环境》2016 年第 10 期，第 9 页）、王星《雾霾与经济发展：基于脱钩与 EKC 理论的实证分析》（《兰州学刊》2015 年第 12 期，第 161 页）整理。

2. 环境库兹涅茨曲线

环境库兹涅茨曲线假定环境污染程度随人均 GDP 的不断增长而出现倒"U"曲线形态。即环境污染程度是人均 GDP 的二次函数，具体表述为

$$P_{it} = \alpha_1 y_{it}^2 + \alpha_2 y_{it} + c \qquad (4-2)$$

式（4-2）中，P_{it} 为国家（地区）i 第 t 年的污染物排放量；y_{it} 为国家（地区）i 第 t 年的人均 GDP；α_1、α_2 为人均 GDP 的二次项和一次项系数；c 为常数项，包含了除人均 GDP 以外的影响环境的因素，如产业结构、科技投入、环境保护制度等。

EKC 建立了环境污染程度与人均 GDP 的函数关系，直接反映了经济增长与资源环境之间的关系，克服了脱钩理论可能存在的问题。但是，EKC 是建立在传统工业化国家（地区）从传统工业化走向可持续发展的理论之上，对于欠发达国家（地区）来说，在发展之初，就制定绿色发展战略、建立绿色发展的相关规制、开始采用生态技术等措施，EKC 的形状可能会发生改变，这可能会形成这些欠发达国家（地区）的后发优势。

3. 基于脱钩理论和 EKC 的海南省碳排放与经济增长分析

运用脱钩理论，本节对海南省的经济增长（人均 GDP）与几种污染物［废水、二氧化硫、氮氧化物、烟（粉）尘］排放量之间的关系进行计算，由于数据获得

困难，能够获得的 5 个指标值的数据仅为 2011—2017 年的相关数据，相关数据计算结果见表 4-2、表 4-3、表 4-4。

表 4-2　2011—2017 年海南省人均 GDP 与几种污染物排放量

年份	人均 GDP/元	废水排放量/万吨	二氧化硫排放量/万吨	氮氧化物排放量/万吨	烟（粉）尘排放量/万吨
2011	20 502	35 725	3.26	9.54	1.58
2012	22 142	37 103	3.41	10.34	1.66
2013	24 069	36 156	3.24	10.02	1.80
2014	25 850	39 351	3.26	9.50	2.32
2015	27 634	39 123	3.23	8.95	2.04
2016	29 485	44 097	1.70	6.20	2.08
2017	31 313	44 081	1.43	6.01	2.09

资料来源：污染物排放量资料来源于相应年份海南省环境状况公报，GDP 数据根据相应年份海南统计年鉴按照不变价格计算。

表 4-3　海南省经济增长与几种污染物排放量之间的脱钩弹性系数

年份	废水	二氧化硫	氮氧化物	烟（粉）尘
2012	0.48	0.58	1.05	0.63
2013	-0.29	-0.57	-0.36	0.97
2014	1.19	0.08	-0.70	3.90
2015	-0.08	-0.13	-0.84	-1.75
2016	1.90	-7.07	-4.59	0.29
2017	-0.01	-2.56	-0.49	0.08

表 4-4　海南省经济增长与几种污染物排放量之间的脱钩状态

年份	废水	二氧化硫	氮氧化物	烟（粉）尘
2012	相对脱钩	相对脱钩	增长连结	相对脱钩
2013	绝对脱钩	绝对脱钩	绝对脱钩	增长连结
2014	增长连结	相对脱钩	绝对脱钩	扩张负脱钩
2015	绝对脱钩	绝对脱钩	绝对脱钩	绝对脱钩
2016	扩张负脱钩	绝对脱钩	绝对脱钩	相对脱钩
2017	绝对脱钩	绝对脱钩	绝对脱钩	相对脱钩

由于污染物排放量都为物理量，不受价格因素影响，因此对于人均 GDP 采用 1978 年不变价格计算，以避免价格变化带来的影响。

表 4-4 的结果显示，同一年份不同污染物排放量与人均 GDP 之间的脱钩状态不一致。合理的解释只能是，特定污染物的排放标准和管理措施特别有力，导致该污染物排放急速减少；或者是该方面技术手段迅速提高，导致该污染物急速减少；或者统计口径发生变化；如果是扩张负脱钩，则可能是由于该污染物的排放监管被放松。同一污染物，不同年份的脱钩状态处于明显波动状态，合理的解释是，对于特定污染物缺乏一贯的控制政策和手段。从具体污染物来看，二氧化硫、氮氧化物的排放量与人均 GDP 之间存在较为稳定的变化关系，表明在二氧化硫和氮氧化物的排放控制上，具有较为有效的政策和手段。

下面，试用 EKC 来分析海南省的脱钩状况。

运用 2011—2017 年的相关数据，计算人均 GDP（不变价格）增长与废水排放、二氧化硫排放、氮氧化物排放和烟（粉）尘排放之间的关系。其关系分别如图 4-1（a）、图 4-1（b）、图 4-1（c）、图 4-1（d）所示。

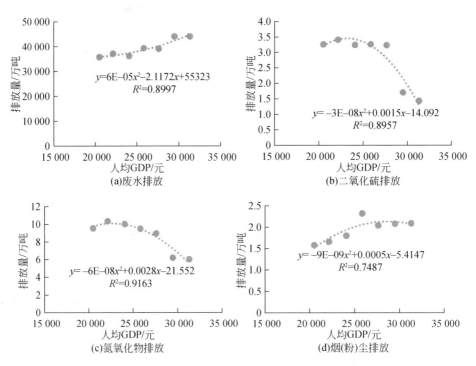

图 4-1　海南省人均 GDP 与几种污染物排放之间的关系

EKC 模拟的结果，也比较好地回应了脱钩弹性系数计算的结果，烟（粉）尘排放处于倒"U"曲线的上升阶段，而二氧化硫、氮氧化物排放趋于倒"U"曲线的下降阶段。脱钩弹性系数和 EKC 所显示的结果是海南省产业结构、消费结构变化的共同表现。

从对海南省的脱钩情况分析可以得出如下结论：①以一种污染物的排放量来衡量脱钩状态是不全面的，只有多种污染物（特别注意新型污染物）的同时脱钩才能算是真正脱钩；②一个区域的污染物的类型、排放量与产业结构、生活方式的构成存在密切关系，而产业结构、生活方式与消费的能源和资源种类密切相关，也就是说，资源和能源的供给类型决定了污染物的排放类型；③EKC 较好地反映了一个区域经济与环境关系发展的阶段，海南省的经济发展尽管不够充分，按照现有的生产方式也呈现了倒 "U" 特征；④海南省绿色经济的发展是否能够在提高速度和质量的前提下不增加污染物的排放，是海南省绿色经济发展的重大课题。

4.2.2 要素供给结构优化

1. 产业的资源基础与环境污染

从各种统计资料中可以看出，不同地区的产业结构不同、生产产品不同，所使用的资源不同，从而排放的污染物类型也不同（表 4-5）。污染物是生产过程中产出的废弃物，显然这些废弃物取决于生产过程投入的资源类型。海南省化工、炼油和硫酸企业少，二氧化硫排放占比较小；其他工业也不发达，烟（粉）尘排放比例也不高；海南省的废气主要来源是汽车尾气，所以氮氧化物比例最高，明显区别于其他省（自治区）。

表 4-5　2015 年中南地区各省（自治区）废气中主要污染物的排放　　　　（单位：%）

省（自治区）	二氧化硫	氮氧化物	烟（粉）尘
河南	35.18	38.81	26.01
湖北	36.45	34.01	29.54
湖南	38.50	32.12	29.38
广东	33.53	49.28	17.19
广西	36.61	32.46	30.93
海南	22.71	62.94	14.35

资料来源：根据《中国统计年鉴—2016》第 245 页数据计算。

如果从资源类型方面加以考虑，改变资源供给类型对于污染物的排放也会产生重要影响。其实，对于特定产品来说，并不存在一一对应的资源类型，而是存在一个对应的资源系列，例如，生产电力，现在可能的资源来源是煤炭、石油产品、天然气、重油、油页岩、核材料、生物质能、太阳能、波浪能、潮汐能等。

只是由于资源禀赋、生产成本、技术水平等原因，选择了某种特定的资源。而改变了这些条件，就可以实现资源类型的更迭，从而可能减少环境破坏。

环境污染程度可以部分地通过资源的替代来降低，如利用沼气替代煤炭、天然气替代煤炭、太阳能替代化石能源等。当然不是所有的资源替代都能够保证环境污染程度降低，例如，采用核能发电，如果技术达不到应有程度和水平，或者管理不到位，就可能出现类似切尔诺贝利核电站事故的灾难。因此，资源的利用技术是保障一种资源利用效率和安全，并实现资源替代的前提。很显然，生物质资源是未来重要的资源，生物质资源的利用技术将决定生物质资源的利用程度、水平和效率，后文将较详细地阐述。

2. 产业资源基础的优化

能源基础的优化。对化石能源的替换一直被生态经济学家认为是保护环境的根本性手段，赫尔曼·舍尔提出以可再生能源替代化石能源、以可再生原材料替代可耗竭原材料[①]，杰里米·里夫金提出以氢能源替代碳能源，实现"脱碳"[②]。戴利等更是提出投资自然资本的主张。

产业资源基础的优化，最具有普遍意义的是能源替代。首先是可再生能源对可耗竭能源的替代。从能源替代的历史来看，人类使用的单位能源总是朝着低碳化的方向发展的——木材、煤炭、石油、天然气（还有正在探索的可燃冰）逐步替代。尽管如此，随着实际消耗总量的增加，碳排放总量持续增加，使用更低碳的化石能源并没有减少碳排放。但是，一种化石能源对于另一种几近枯竭的化石能源的替代，并不能保证实现减少碳排放，还很可能是增加碳排放，如重油、油页岩对于石油、天然气的替代。现实的出路在于，一方面以更加低碳的能源替代高碳的能源，另一方面使用可再生能源替代日益耗竭的化石能源。有些能源资源可再生，如木材，但因为其为高碳能源，显然不是发展方向。因此，前述两个出路实际上最终是一条出路——寻求可再生的低碳能源资源。

氢浪漫主义者主张用氢替代其他能源，维泽罗格鲁说，"氢是彻底解决传统燃料日益耗尽的方法，（也是）彻底解决全球环境问题的方法"。[③]里夫金在历数了其他能源的利用的不可持续性之后，极力主张发展以氢为能源基础的经济，认为能源"脱碳"的过程，"不可避免地带领我们走进氢时代"[④]。里夫金还详细描述了

---

① 赫尔曼·舍尔：《阳光经济：生态的现代战略》，黄凤祝、巴黑译，生活·读书·新知三联书店 2000 年 12 月第一版。
② 杰瑞米·里夫金：《氢经济》，龚莺译，海南出版社 2003 年 10 月第一版。编者按：因人名翻译差别，此处杰瑞米·里夫金即为杰里米·里夫金，本书除参考文献外，均使用后者。后不再赘述。
③ 杰瑞米·里夫金：《氢经济》，龚莺译，海南出版社 2003 年 10 月第一版，第 196 页。
④ 同③第 191 页。

氢经济的基本图景。

《2019—2020 年氢能源行业深度报告》归纳了氢能源的发展作用和意义：氢能源可以通过煤炭、石油、天然气等化石能源重整、生物质资源热裂解、微生物发酵等途径制取，也可以是焦化、氯碱、钢铁等冶金工业的副产品，还可以通过电解水制取，来源十分广泛；无论是通过燃烧或是作为氢燃料电池使用，其产物都是水，极少产生甚至不产生其他污染物和碳排放，且其排出的水可以重新制氢，循环利用，为清洁低碳能源；氢热值高达 1.425×10^8 焦/千克，是同质量焦炭、汽油的热值的 3 倍以上，燃料电池的综合转化效率高达 90%以上，还可以直接连接其他能源形式，氢能源高效灵活；氢可以广泛应用于能源、交通、工业、建筑等领域，可以形成分布式发电，为家庭、商业建筑提供电力；氢气系密度最小的气体，扩散系数为汽油的 12 倍，不容易形成可爆炸气雾，在开放空间条件下安全可控。因此，氢能源是高效环保的能源，是未来主流能源的主要组成部分。

《新能源汽车产业发展规划（2021—2035 年）》中确定的发展愿景是：到 2025 年，我国新能源汽车市场竞争力明显增强，动力电池、驱动电机、车用操作系统等关键技术取得重大突破，安全水平全面提升。纯电动乘用车新车平均电耗降至 12.0 千瓦时/百公里，新能源汽车新车销售量达到汽车新车销售总量的 20%左右，高度自动驾驶汽车实现限定区域和特定场景商业化应用，充换电服务便利性显著提高。

力争经过 15 年的持续努力，我国新能源汽车核心技术达到国际先进水平，质量品牌具备较强国际竞争力。纯电动汽车成为新销售车辆的主流，公共领域用车全面电动化，燃料电池汽车实现商业化应用，高度自动驾驶汽车实现规模化应用，充换电服务网络便捷高效，氢燃料供给体系建设稳步推进，有效促进节能减排水平和社会运行效率的提升。[①]

20 世纪 20 年代，加拿大斯图亚特氧气公司生产了第一台商用电解器，用来把水分解成氢气和氧气；欧洲和北美开始商业化生产氢气，到 30—40 年代的德国和英国，氢作为实验燃料，在汽车、机车，甚至潜艇和鱼雷上使用。此后，氢能源技术不断发展；日本立志要成为第一个实现氢能社会的国家，并制定一系列政策措施，规划了实现氢能社会的战略和技术路线图；欧洲的氢能利用已经在建筑、工业、交通等领域稳步发展，计划到 2030 年以氢气取代 7%的天然气，2040 年这一比例达到 32%；德国政府专门成立国家氢能与燃料电池技术组织来促进相关领域工作的进步，其标志性成就之一是续航里程超过 1 000 千米的氢燃料电池列车投入商业运营。我国氢能源行业的发展尽管存在着成本、技术、基础设施方面的

---

① 资料来源：国新网（http://www.scio.gov.cn/ztk/38650/42385/44141/index.htm），2020 年 11 月 3 日。

诸多障碍，但其推进势在必行。随着技术的不断进步，成本、基础设施等方面的问题也会随之得到较好的解决。

舍尔则强调以可再生资源替代化石能源。舍尔提出了 4 个重要的观点：第一，世界文明要从已经存在的化石能源陷阱中逃离出来，必须转向采用可再生的、在自然承载力范围内的资源。第二，向可再生能源和资源基础的转型，对于保障全球社会的未来安全具有与工业革命同等的意义。第三，只有有目的地以可再生资源替代不可再生资源，世界才能承载经济全球化；只有通过经济结构与文化结构的变革，才能遏制被不可再生资源主宰的世界经济的破坏力，才能产生一个拥有未来的、多样化的，并符合人类公正价值的发展动力。第四，在可再生资源的基础上，实现经济发展对生态循环、区域经济、文化模式的回馈，以保障人类社会的存续。①舍尔明确界定了阳光经济的定义，"阳光型世界经济通过利用阳光型能源和阳光型原材料，可以满足对能源和原材料的总体需求。永不枯竭的阳光型和可再生能源包括太阳的光能和热能、热风和热波，水能，来自植物和其他有机物质的能量；来源于植物的原料也是阳光型的，是光合作用的产物。其他与此相关的概念有：生物所产生的有机物质总体，损耗再生原料，生物的或生物所产生的物质"②。他提出了两个基础性概念：阳光型能源、阳光型原材料。里夫金和舍尔提出的这两类主张都是可行的，而且在实践中二者也并行不悖。能源基础的替换具有基础性意义，能源不仅涉及生产方式的根本性变革，还涉及生活方式的根本性变革。正如煤炭、石油、天然气改变社会的生产方式和人们的生活方式一样，以可再生资源替代煤炭、石油等不可再生资源，必然会对社会的生产方式和人们的生活方式带来根本性变革。

工业所依赖资源的替换。工业的发展依赖能源和原材料，前文已经陈述能源替换问题，接下来应该陈述的是工业原材料的替换问题。当现有不可再生资源采掘殆尽，人们可以获得的矿物资源只能是通过原有生产方式生产的产品的废弃物，当然还会有一定量的矿物来自地壳与地幔的物质交换；主要的工业原材料依赖于可再生资源——各种生物质资源。

在许多金属和非金属矿物开采完毕后，人们获得金属和非金属的途径只能是在原来的产品成为废弃物后，再次对其进行加工提炼；而废旧物资回收也会成为将来的一个巨大的产业，因而完全摆脱当今社会对于废旧物资回收行业的偏见。废旧物资回收体系的建立和完善程度将是未来社会资源体系保障程度的重要体现之一。随着技术水平的不断提高，一切废弃物（包括排泄物）都有成为下一个周

---

① 赫尔曼·舍尔：《阳光经济：生态的现代战略》，黄凤祝、巴黑译，生活·读书·新知三联书店 2000 年 12 月第一版，第 7-26 页。

② 同①第 8 页。

期生产的资源的可能。当人类所使用的资源体系成为一个有效的循环体系（当然应该考虑到能量的耗散），才能建立起一个真正可持续的发展体系。

生物质资源是工业所依赖资源的重要来源。前文所述的舍尔的第 4 个观点清楚地告诉我们，在阳光型能源和阳光型原材料的基础上，不仅是原材料基础的替换，还因为这种替换使得生产对于原材料的利用在可再生的能力范围之内，社会生产的物质规模取决于资源的可再生能力，在这个规模范围之内，社会生产可持续；而且资源的所有者和提供者可能不再只是来源于一些垄断性企业或者达到一定规模的企业，资源的提供者可能是分散的、小规模的，这必然带来资源占有和收益分配上的变革。生物质资源的广泛、深入的运用，才能真正体现"绿水青山就是金山银山"。

农业所依赖的资源和产品的替换。传统工业产品对农业的影响之一是逐渐地摧毁农业长期发展的基础。以化学肥料替代农家肥等有机肥料，以农药替代病虫害的天敌，以除草剂替代人工除草，这些的确在短期内提高了效率，特别是节省了人力，但是，农药、化肥的大量使用，破坏了土壤的生态系统，使得农作物的生长依赖于前述工业产品，这大体也是工业主义生产方式扩张本性的表现之一。以生物有机肥料部分替代化学肥料，使化学肥料对土壤的影响弱于或持平土壤的恢复能力；以农作物的天敌部分替代农药，使农药的施用限制在土壤、水体的自净能力范围之内；以可以迅速降解的薄膜（不一定是塑料，只要强度、韧性达到要求即可）替代现有的塑料农膜。通过这些使得农作物的生产与化肥、农药、农膜实现脱钩，是实现可持续农业的基本方向和路径。

4.2.3　资源开发与利用的技术进步

1. 节约能源技术发展

日本在节约能源方面，尤其是工业节能是值得称道的。1979 年，日本政府制定了涉及工业企业、建筑物、运输业和机械器具的《关于合理使用能源的法律》，至今，日本已经建立了世界上能源效率最高的工业体系，火力发电厂供电煤耗、吨钢可比能耗、水泥综合能耗、纸和纸板综合能耗等指标达到了世界最低水平，领先于美国与欧洲地区。日本能够实现世界领先的节能技术的关键在于，以企业为主体，努力实现节能技术创新；大力完善节能激励-约束制度；根据能耗水平对企业进行分类，建立严格的能效管理制度。2019 年开始的德国弗莱堡气候中和社区项目的建设，建筑物用太阳能和废物产生的热源提供生活所需能源，充分利用绿色外墙，降低污染物排放水平[①]，也是一个可资借鉴的案例。

我国要实现节能水平的进一步提高，可以借鉴日本的经验。首先，变局部节能为系统节能。尽管《中国企业应对气候变化自主贡献研究报告（2017）》列举了国内一些大型企业节能减排的案例[②]，但在实践中需要在系统分析能源消耗水平、技术的基础上，脱离拘泥于个别节点节能的思维，对系统进行节能优化分析，找出节能的管理和技术瓶颈，系统解决问题，提高能源整体的使用效率。其次，以低能耗设备替代高能耗设备，在保证产品生产的情况下，降低单位产品的能耗水平。最后，建立能源管理师制度。山东省开始实行的能源管理师制度，对于提高企业的能源管理水平、节约能源起到了较好的作用，可以进一步总结经验并加以推广。

2. 减量化技术发展

减量化（reduce）是从生产的源头进行控制，减少进入生产和消费过程的物质的流量，也就是说，用更少的物质生产出相同的使用价值（效用），或者用更少的物质生产出相同的价值（增加值）。通常用下式来表达：

$$IU = \frac{x_i}{GDP} = \frac{x_i}{Y} \times \frac{Y}{GDP} \qquad (4\text{-}3)$$

式（4-3）中，IU 为物质利用强度；x_i 为物质消耗量；Y 为消耗物质 i 的工业产出。IU 越低，表明产出对于物质的依赖程度越低，越有利于节约资源。IU 指标的思维，有利于贯彻减量化的思维，在概念设想、产品设计、产品生产、工程设计、工程施工等全过程减少物质消耗。詹姆斯·P.沃麦克和丹尼尔·T.琼斯等主张的精益思想的基本价值观就是"消灭浪费，创造财富"。精益思想尽管没有突出强调减量化问题，但减量化是其题中之义。应该说，精益思想可以帮助我们从生产—分配—交换—消费各个环节思考更加符合人类需要发展的思路，对于我们改变生产方式和生活方式具有指导意义，将在后文进行必要的阐述。

我国对于能源消耗水平已经有了较高程度的关注，从新闻和统计指标设置就可以看出这一点。"十一五"以来，我国平均万元 GDP 能源消费量呈下降趋势。[③]在统计中，还经常使用能源消费弹性系数、电力消费弹性系数等指标来衡量减量化水平。当弹性系数大于 1，表明能源（电力）消耗的增长速度大于 GDP 的增长速度；当弹性系数小于 1，则表明能源（电力）消耗的增长速度小于 GDP 的增长

---

① 佚名：《21世纪城市注重于自然共生》，《参考消息》2020年11月10日第8版。
② 钟宏武、汪杰、赵思琪等：《中国企业应对气候变化自主贡献研究报告（2017）》，经济管理出版社2017年6月第一版。
③ http://www.stats.gov.cn/sj/zxfb/202302/t20230203_1900387.html。

速度。图 4-2 显示，海南省能源消费弹性系数、电力消费弹性系数基本走势是趋向走低，表明单位 GDP 能源（电力）的消耗有降低趋势。各年份（2002—2003 年数据缺失）中能源和电力的消费呈现不同的特点，能源消费弹性系数和电力消费弹性系数均小于 1 的有 8 个年份，能源消费弹性系数小于 1 而电力消费弹性系数大于 1 的有 11 个年份，能源消费弹性系数大于 1 而电力消费弹性系数小于 1 的有 2 个年份，能源消费弹性系数和电力消费弹性系数均大于 1 的有 5 个年份。该图还同时表明，海南省以电力替代其他能源是一个较为明显的趋势。

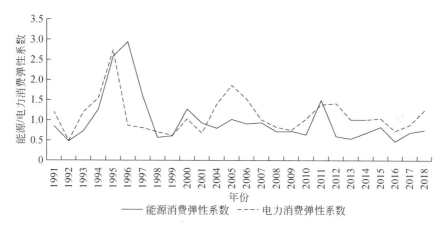

图 4-2 1991—2018 年海南省能源、电力消费弹性系数

资料来源：根据《海南统计年鉴 2019》计算。

此外，不应该仅仅关注能源消耗的降低，还应该充分关注其他原材料的消耗减量化问题。日本汽车节油是几乎所有汽车驾驶人的共识。日本的资源缺乏，日本汽车技术的发展方向之一是轻型化和环保化。1949 年制定的轻型汽车标准，排量小于 0.15 升；为了提高安全性和环保性，1976 年将发动机由二冲程改为四冲程，排量提高到小于 0.55 升；随着能效的提高，1998 年提高到小于 0.66 升。日本汽车购置税中包括汽车税、汽车重量税。对于轻型汽车，日本在汽车购置税、消费税和道路收费方面予以优惠。富士重工的小型特斯拉车重仅 1.01 吨（速度可达 100 千米/小时），三菱公司的 iMiEV 车重也仅为 1.08 吨（速度可达 130 千米/小时）。

丹麦卡伦堡生态工业园区模式是一个成功的案例，值得我们认真学习研究，在区域产业布局中注意原材料、产品、废弃物的内在关联，通过企业之间的物质联系，形成企业之间完全的物质、能量、信息关联，整个工业园将废弃物排放减少到最低甚至为零。

卡伦堡生态工业园是世界上最早和目前国际上运行最为成功的生态

工业园，截止到 2000 年已有五家大型企业与十余家小型企业通过废物联系在一起，形成一个举世瞩目的工业共生系统。卡伦堡模式的基本特征是：按照工业生态学的原理，通过企业间的物质集成、能量集成和信息集成，形成产业间的代谢和共生耦合关系，使一家工厂的废气、废水、废渣、废热成为另一家工厂的原料和能源，建立工业生态园区。[1]

我国应当更加重视其他各类原材料的减量化问题，从政府、学界、媒体到企业要充分认识原材料减量化对于可持续发展、绿色发展的意义和作用。政府应当对原材料减量化进行制度集成创新，鼓励并设置原材料减量化的创新研究项目；鼓励类似卡伦堡生态工业园区的建设。学界应当对减量化的价值、意义、技术进行深入研究。媒体应当对原材料减量化的意义和作用进行宣传，提高整个社会对原材料减量化的认知水平。企业应当从企业的长远发展角度认识原材料减量化的意义和作用，对原材料减量化进行前瞻性技术研究，谋求迅速降低成本，提高经济和生态效益。

3. 生活废弃物资源化（recycle 原则）

霍肯等指出，美国的生产方式和生活方式造成了每人每年约 100 万磅[2]的物质资源浪费。[3]其他国家以废弃物的形式浪费的物质资源同样触目惊心。当然，也有一些国家对一些种类的废弃物物质资源加以回收利用，取得了较好的经济和环境效益。

尽管美国造成的物质资源浪费严重，但在一些方面取得了不俗的成绩。电子产品废弃物是新型废弃物，随着电子产品的更新换代加快，电子产品废弃物加速产生。美国一些州已经出台电子产品废弃物收集和处理的法案。美国国家环境保护局发起的"电子产品的嵌入式循环利用"项目，促使制造商、零售商和消费者共同承担电子产品的回收责任。2005 年，戴尔公司回收了 8000 万磅电子设备；2007 年，制造商和零售商回收再利用的电子产品超过 4700 万磅。[4]

瑞士对多种材料分别建立回收体系，形成了一批回收特定废弃物的企业，如玻璃主要由 VETRO 公司回收、锡皮主要由 FERRO 公司回收、塑料饮料瓶主要由 PET 公司回收、铝制品主要由 IGORA 公司回收，并且成立了包括除前述废弃物类型在外的电池、纺织品共 6 种废弃物的"瑞士回收协会"。塑料制品的回收是当今的一个难题，其面广量大。为了提高塑料饮料瓶的回收率，瑞士颁布了《有关

① 中外生态文明建设 100 例编写组：《中外生态文明建设 100 例》，百花洲文艺出版社 2017 年 1 月第一版。

② 1 磅≈0.45 千克。

③ Paul Hawken、Amory Lovins、L. Hunter Lovins：《自然资本论：关于下一次工业革命》，王乃粒、诸大建、龚义台译，上海科学普及出版社 2000 年 7 月第一版，第 62 页。

④ 樊阳程、邬亮、陈佳等：《生态文明建设国际案例集》，中国林业出版社 2016 年 1 月第一版，第 51-56 页。

饮料包装的规定》，生产塑料饮料瓶的企业必须保证废弃瓶的回收率达到75%。塑料饮料瓶生产企业要么与 PET 公司合作，缴纳 0.04 瑞士法郎[①]/个的处理费，由 PET 公司回收；要么自己收集和回收处理塑料瓶。[②]

就国际成功经验和我国的实践来看，做好对于日常生活中废弃物的回收利用，首先，需要逐步探索建立生活废弃物的回收、处理、利用的法律法规体系。2002 年颁布的《中华人民共和国清洁生产促进法》应是我国相关法律的开端，2004 年颁布了《中华人民共和国固体废弃物污染环境防治法》，2008 年发布了《废弃电器电子产品回收处理管理条例》与《废弃电器电子产品处理目录》等，还需要进一步明确对于其他类型废弃物的回收、处理办法。更为重要的是，需要将相关法律、条例落实到位，明确政府、企业、消费者各自承担的责任和义务，建立政府、企业和消费者承担职责、履行义务的具体机制。其次，需要建立各种废弃物的分类体系、收集体系、运送体系，促进全体公民做好废弃物的分类、送交。大量的居民小区将垃圾桶分为四类——可回收物、有害垃圾、厨余垃圾、其他垃圾，而居民在放置垃圾时很多时候只是随手放入其中一个，并没有分类。需要通过多种宣传、教育手段，提高居民对垃圾分类的认识；建立诸如对垃圾分类居民进行鼓励的机制——如表扬、经济激励。例如，在特定的区域设立标准分类收集处，对于符合垃圾分类要求的，由社区予以公开表扬，对于具有回收价值的废弃物按照一定价值回收等。最后，引导居民和其他组织参与废弃物回收。学习瑞士征收"商品回收预付税"的办法，将征收的"商品回收预付税"转移支付给参与回收的企业、社区。

4. 生产过程废弃物的利用

在实现废弃物资源化利用中，日常生活消费废弃物的回收处理是一个重要方面，另一个更加重要也更难处理的方面是生产过程中产生的废弃物的回收处理和利用。如图 4-3，2006—2017 年我国房屋建筑过程中产生的废弃物一直保持在 0.114 5—0.120 9 吨/米^{2}水平，这表明，房屋建筑废弃物减量化的技术进步缓慢。建筑废弃物垃圾将在一个较长的时间内困扰许多城市，因为，新的房屋建筑面积在不断增加；一些已经建成的建筑在寿命周期未到的情况下，因为各种原因被拆除；加上各种地质灾害，使得我国大量建筑在未来几十年内会转化成为建筑垃圾。这确实应当引起充分重视，应当积极进行建筑行业的减量化，从设计理念、建筑设计、建筑施工等诸多方面进行技术创新。

---

① 1 瑞士法郎≈7.43 人民币。
② 樊阳程、郜亮、陈佳等：《生态文明建设国际案例集》，中国林业出版社 2016 年 1 月第一版，第51-56 页。

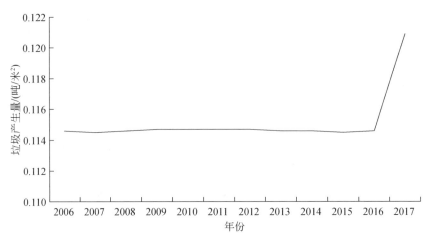

图 4-3　2006—2017 年我国房屋建筑单位面积垃圾产生量

资料来源：根据王璐、陈艳、伏凯《新加坡建筑垃圾管理经验研究及借鉴》（《中国环保产业》2020 年第 4 期第 41 页）数据计算。

在新型工业化过程中，应当谋求原材料减量化。图 4-4 显示，2000—2015 年，尽管我国的工业固体废物综合利用率有所上升，一些年份增加量呈现下降态势，但存量在不断累加，除个别年份外工业固体废物的存储量持续增长。2020 年工业固体废物存储量达到 80 798 万吨，为 2000 年的 2.79 倍。提高工业固体废物的综合利用率并逐步消化已有的工业固体废物，是我国环境保护工作的一个十分艰巨的任务。我们需要积极探索工业产品的减量化方法和技术，迅速提高工业固体废物综合利用率，降低工业固体废物的产生量、排放量，这也是实现新型工业化的一个必要条件。

图 4-4　2000—2015 年我国工业固体废物综合利用率和存储量

资料来源：根据《中国统计年鉴—2017》计算。

4.3　投资自然资本

戴利主张用投资自然资本的办法来实现可持续发展，并且认为，人造资本与自然资本之间的主要关系是互补性的，只是少部分具有可替代性，不可采用二者加总的方法来计算资本总量。

4.3.1　人造资本和自然资本的关系

1. 自然资本的价值谱系

对自然生态环境系统的价值分类有多种，最为详尽的恐怕莫过于罗尔斯顿总结的自然界的 14 种价值，包括生命支持价值、经济价值、消遣价值、科学价值、审美价值、基因多样性价值、历史价值、文化象征价值、塑造性格价值、辩证的价值、稳定性与开放性的价值、多样性与统一性的价值、生命价值、宗教价值。[①]

自然生态环境系统的多重性价值，可以从多个角度进行区分。

从对人类的直接有用性来看，可以区分为使用价值和非使用价值。这些非使用价值是支撑使用价值的存在条件或环境。自然生态环境系被破坏导致非使用价值的丧失，会直接导致使用价值失去存在条件。因而，不能因为自然的非使用价值对人类没有直接作用而忽视。在这个意义上，非使用价值实际上是间接的使用价值。A. 迈里克·弗里曼严肃地指出："许多经济学家都相信，非使用价值的总量可能是巨大的，至少在某些情况下是这样的。"[②]学者们对于非使用价值的强调，说明了资源的独特性或特殊性以及破坏的不可逆性。

从可否货币化呈现来看，可以区分为经济价值和非经济价值。单从经济学角度来看，凡属可以成为经济资源的对象都具有经济价值，显然，在不同的条件下，成为经济资源的对象是不同的。暂时不具备经济价值的对象在一定条件下可以转化成为经济资源。关于自然生态环境的各类经济价值（价格、成本、福利）评价，经济学家们已经作出了诸多努力，产生了不少相应的理论和模型，弗里曼作了详细的阐述。[②]资源的非经济价值可能蕴含着未来的经济价值。即便是在任何条件下都不能成为经济资源，但自然的这些要素依然构成能够成为经济资源的对象或要素的存在环境和条件。

[①] 徐朝旭、裴士军：《"绿水青山就是金山银山"理念的深刻内涵和价值观基础：基于中西生态哲学视野》，《东南学术》2019 年第 3 期，第 21 页。

[②] A. 迈里克·弗里曼：《环境与资源价值评估——理论与方法》，曾贤刚译，中国人民大学出版社 2002 年 8 月第一版，第 167 页。

从价值呈现是否可以被分割来看，可以分为整体呈现价值和个别呈现价值。自然的一些价值需要以对象或要素的整体来呈现，如森林的生态功能的体现；而另一些价值则是以对象或要素的个别部分就可以体现，如树木作为建筑材料的使用等。往往整体呈现的价值类型更加丰富，森林的多样性价值远多于一棵树所能发挥的作用。限于认知的水平，人类往往更加看重个别呈现的价值而忽视整体呈现的价值。于是，出现了众多类似于恩格斯批判过的西班牙种植主在古巴焚烧山林以获得肥料的事件。①人类应当充分认识以个别呈现的价值与以整体呈现的价值的联系，充分认识自然价值整体呈现的现实和未来意义。

从自然要素的存在意义角度来看，自然及其要素具有存在价值（在弗里曼的理论中，存在价值是非使用价值的一种，他称之为"纯存在价值"，并认为 "纯存在价值"体现的是一种资源不再存在时所带来的损失）。作为整体的存在和部分的存在均是有意义的。这也是世界各个国家建立动植物保护制度、设立自然保护区等的原因所在。外来物种入侵导致区域生态灾难的事例屡见不鲜，又说明自然及其要素存在原真性价值，现在的自然是人化的自然，其中受影响较小的原真性的物种、存在形态、区域环境等就显得弥足珍贵。保存、保护更多的具有原真性价值的自然因素存在所具有的意义可能超出我们当前的认知。

2. 人造资本的价值谱系

在戴利的分析中，人造资本实际上就是自然资本经过人类的加工转换所形成物品，也就是所有的产品。在市场经济体系中，产品大多转化成为商品，商品的价值谱系实际上较为简单。从经济价值角度来看，按照马克思主义的分析，商品具有价值，其大小取决于生产或再生产该商品的社会必要劳动时间；商品的价值受到供求关系的影响，产生了交换价值；交换价值的货币表现即为价格。按照效用价值论来看，商品具有价值，价值大小取决于其边际效用的大小。按照费用价值论来说，商品价值的大小取决于生产所耗费的成本大小。从商品本身的功能来看，其具有使用价值或称之为效用。

3. 自然资本和人造资本的关系

从价值来看，具有多样性价值的自然资本经过人类加工，转换成为单一形式价值的人造资本（有人会认为人造资本——产品——的某些精品具有文化价值、科学价值等，但至少价值类型少于自然资本）。为了获得燃料或造纸原料，人类毁掉了经过千百万年形成的大片森林；为了获得耕地，人们围湖造田、开垦草原、

---

① 中共中央马克思恩格斯列宁斯大林著作编译局：《马克思恩格斯选集》第三卷，人民出版社 2012 年 9 月第三版，第 1001 页。

排干湿地，这些都造成了不小的生态问题。类似这些以多样化的价值来换取单一化价值的实例不胜枚举。这种由自然资本转化为人造资本的过程存在不可逆性，因而，人造资本对于自然资本基本或大多数不具备替代性。但是，存在放弃对于某种特定的人造资本的追求，经过一定的时间和采取一定的方法、手段，自然资本在一定程度上可能可以得到恢复。这也为我们投资自然资本留下了发展空间。

4.3.2　投资自然资本的途径和方法

1. 投资自然资本，实现自然资本数量增长和质量提高

诚如谷树忠等指出的那样，资源、环境、生态对我国经济社会发展的约束，在时间上由短期制约转向长期制约，在空间上由局部制约转向全局制约，在种类上由少数制约转向多数制约，在强度上由弹性制约转向刚性制约，在表征上由隐性制约转向显性制约。[①]自然资本作为资源、环境、生态综合体，构成解决上述制约的基础。

"自然资本投资是指对土壤、森林、淡水、湿地等在内的生物多样性和生态系统存量作为固定资产来投资，以期现在或将来产出维护和提升人类福祉所需要的产品和服务。"[②]通过投资自然资本，首先，增强自然资本的增殖能力，实现资源数量的增加和质量的提高。一是可以获得更多的自然提供的生态服务，自然生态服务功能价值体现为多重性，也是经济功能和价值的增加；二是可以实现部分可再生资源替代不可再生资源，减少资源耗竭和生态破坏，维护自然的存在价值和原真性价值。其次，改善环境质量、更好地维持生态平衡和增强资源环境承载力。政府可以通过生态补偿、绿色信贷、碳排放交易等多种方式促进政府直接投资、引导企业部门投资、创建相关市场促进投资等投资渠道的建立和畅通。

2. 投资环境治理，恢复自然资本再生能力

造成我国现有的环境污染状况的根本原因，是现有的生产方式、生活方式排放的污染物超过了污染治理能力与环境自净能力之和。现有污染治理设施的普遍不足且分布极不平衡，使得大气、水体、土壤等污染严重，在部分地方特别严重。解决问题的办法不外乎改变生产方式和生活方式，减少污染物的排放量；投资环境设施，增强污染治理能力和水平。尽管前一种办法是最根本的办法，但在现实条件下，生产方式和生活方式的改变是一个相对较慢的过程，而环境污染已经较

---

① 谷树忠、胡咏君、周洪：《生态文明建设的科学内涵与基本路径》，《资源科学》2013 年第 1 期，第 3 页。
② 盛馥来、诸大建：《绿色经济：联合国视野中的理论、方法和案例》，中国财政经济出版社 2015 年 5 月第一版，第 135 页。

为严重，因此投资环境设施显得更为紧迫。通过大力投资环境设施，尽快恢复"绿水青山"，是十分迫切的任务。良好的生态环境所能给人带来的心理的欢悦难以估量，而带来的健康水平的提高已经被多种经济学模型所测算，由心理、身体健康带来的综合效应也是十分明显的，良好生态环境是最普惠的民生福祉。

在现实情况下，可见的污染可能更容易引起重视；而那些不可见的污染可能容易被忽视，情况也更加严重。一些表面上"蓝天白云""绿水青山"的区域，因为没有工业污染，空气污染程度也不高，但同样可能存在着严重的污染，如土壤的重金属污染、农药污染、化肥污染，又如水体的洗涤剂污染、化妆品污染、医药污染，还有几乎无处不在的废弃塑料污染，等等。因此，"绿水青山"不仅是表面上眼见的"绿水青山"，还必须有其"绿"和"青"的内涵，有符合环境要求的系列指标。大力投资环境设施，是打赢"蓝天保卫战"的基础，是保持"绿水青山"的基础。

3. 投资生态科学与技术，为自然资本和人造资本的可持续转换提供技术支撑

技术革命作为工业革命的重要组成部分，在工业革命造成的资源耗竭、环境破坏中发挥了重要作用，因而巴里·康芒纳说："新技术是一个经济上的胜利——但它也是一个生态学上的失败。"[1]技术具有两面性，已经是一个不争的结论，技术一方面提高生产效率、使商品更加丰富，另一方面提高资源耗竭和环境破坏速率，威胁人类的生存环境。技术伦理问题日益凸显，技术的提高能否既提高生产效率，又不污染或少污染环境并节约资源的使用？发展绿色技术是唯一的结论。

现有的一些技术的发展只考虑了生产过程的资源节约和使用过程的绿色环保，对产品使用完结后，作为废弃物的处理的难度和成本考虑不足，也就是恩格斯所说的，"在晚些时候才显现出来的、通过逐渐的重复和积累才产生效应的较远的结果，则完全被忽视了"[2]。塑料制品已经深入到了人类生产生活的方方面面，大量的塑料废弃物也已经构成了一个难以在短期内解决的环境难题；为了减少尾气的排放，人们生产了大量的动力电池以装备电动摩托车、电动汽车，动力电池被普遍使用之后如何处理，可能将是人类面临的又一难题。生产是否选用绿色技术，关涉资源开采、生产过程、使用过程、作为废弃物的处理、污染类型等多个方面。这就决定了产品能否成为绿色产品的问题。绿色产品应当是全生命周期的绿色，即

---

[1] 巴里·康芒纳：《封闭的循环：自然、人和技术》，侯文蕙译，吉林人民出版社 1997 年 12 月第一版，第 120 页。

[2] 中共中央马克思恩格斯列宁斯大林著作编译局：《马克思恩格斯选集》第三卷，人民出版社 2012 年 9 月第三版，第 1000 页。

生产过程资源消耗少、使用过程耗费资源少、作为废弃物处理成本低。投资绿色技术是节约资源、保护环境的最根本途径之一。只有绿色技术的普遍使用，才能保持自然资本总量的不减少，保持为人造资本和消费产品提供不竭的资源。

4. 我国的当代实践：践行"绿水青山就是金山银山"

自习近平提出"绿水青山就是金山银山"论断后，理论界对这一论断进行了较为深入的研究，实践中也产生了许多践行这一论断的成功案例。第一，环境问题得到较为迅速的缓解，包括京津冀、汾渭平原等区域在内的空气质量得到改善，包括淮河、辽河和海河流域在内的河流、水库水质得到提高，近岸海域海水质量得到提升等。第二，治理沙漠成效显著，生态整体改善，毛乌素沙地、浑善达克沙地、科尔沁沙地和呼伦贝尔沙地林草植被覆盖度分别达到 43.62%、42.68%、38.24%和 68.27%；石漠化土地年均减少 3860 千米 ^{2}，年均缩减率 3.45%。第三，森林覆盖率提高，第九次全国森林资源清查的结果显示，较第八次全国森林资源清查提高了 1.33 个百分点，达到 22.96%。第四，湿地保护修复得到有效加强，全国湿地总面积稳定在 0.53 亿公顷，湿地保护率达到了 52.19%。[①]第五，自然保护区体系建设、野生动植物保护体系建设持续加强。第六，以"绿水青山"为基础的绿色富民产业和生态扶贫的成效明显。

4.3.3　全面理解"绿水青山就是金山银山"

1. 对实现"绿水青山"与"金山银山"有机统一的理论和实践的认识

对于"绿水青山就是金山银山"的认识显然不能仅仅停留在字面上，作简单化、机械的、片面的理解，需要正确认识其深刻的理论内涵，认识其实践指导意义。对于"绿水青山就是金山银山"的理解，应当从习近平的相关系列论述中来全面理解。习近平在讲话中明确了"绿水青山"和"金山银山"的对应关系，"正确处理好生态环境保护和发展的关系，也就是我说的绿水青山和金山银山的关系"[②]。深入理解"绿水青山"和"金山银山"，一是理解"绿水青山"和"金山银山"的含义，二是理解二者的关系。学界对 "绿水青山"与"金山银山"的含义的理解存在不同的看法，有一种看法认为"绿水青山就是金山银山"是对"生态环境"与"经济发展"关系的形象概括[③]，又有一种认为是"资源环境"与"经济发展（资

---

① 数据来源：国家林业和草原局、国家公园管理局（http://www.forestry.gov.cn/）。
② 中共中央文献研究室：《习近平关于社会主义生态文明建设论述摘编》，中央文献出版社 2017 年 9 月第一版，第 22 页。
③ 王会、姜雪梅，陈建成等：《"绿水青山"与"金山银山"关系的经济理论解析》，《中国农村经济》2017 年第 4 期，第 2 页。

产)"的关系[①]，还有一种看法认为"绿水青山就是金山银山"是对"生态发展"与"经济建设"的辩证关系、阶段关系的宏观阐释[②]。这三类看法总结起来，"绿水青山"对应于"生态环境""资源环境""生态发展"，"金山银山"对应于"经济发展""经济发展（资产）""经济建设"。

生态环境是生物有机体在某一生存空间的各种自然条件的总和，生物与其区域环境条件所构成的整体称为"生态系统"。生态系统由某空间范围内的生物与非生物之间通过能量流动和物质循环共同结合而成。"资源"在这里则主要指自然资源，指自然环境中有价值并能用于生产商品或提供服务的部分。前述三类看法从总体上来说，只是表述上存在差异而不存在根本的分歧。特别是胡咏君等还提出了"阶段关系"，具有重要的学术价值。总结起来，"绿水青山"至少应是可持续的良好的生态环境、可持续的丰裕的自然资源，"金山银山"至少应是合理的经济结构、合意的经济增长和水平。"绿水青山"和"金山银山"各自都有丰富的内涵。

进一步地，"绿水青山就是金山银山"，显然不能反过来说"金山银山就是绿水青山"。因为，"绿水青山"的存在不仅是为了获得更多的"金山银山"，"绿水青山"体现为更加丰富的价值，包含但绝不仅用来产出"资产"。也就是说，不能只从经济意义上理解"绿水青山"，不能因为"绿水青山就是金山银山"就只看到"绿水青山"的经济意义、经济价值。比起"资产"，"绿水青山"对于人类具有更加重要的基础性意义和价值。这就是为什么在获得"金山银山"对"绿水青山"构成危害时，习近平强调"宁要绿水青山，不要金山银山"的道理所在。

2. 避免对"绿水青山就是金山银山"进行经济浪漫主义和生态浪漫主义的理解

"绿水青山就是金山银山"显然是与人类中心主义及由此产生的经济浪漫主义尖锐对立的。人类中心主义及由此产生的经济浪漫主义将人与自然的关系对立起来，强调人类（经济）而贬低自然。工业革命以来造成的生态灾难在很大程度上是这类思想的恶果。"零增长理论"等各种生态浪漫主义则强调自然而贬低人类，同样将自然与人类的关系对立起来，认为经济发展与环境保护二者是零和游戏，压制了经济的可能发展。"绿水青山就是金山银山"蕴含着对"GDP主义"的批判，但绝不是生态浪漫主义或者自然中心主义。正如俞可平教授所指出的那样，"人类既不能简单地去'主宰'或'统治'自然，也不能在自然面前消极地无所作为"[③]。

① 赵德余、朱勤：《资源-资产转换逻辑："绿水青山就是金山银山"的一种理论解释》，《探索与争鸣》2019年第6期，第102-106页。

② 胡咏君、吴剑、胡瑞山：《生态文明建设"两山"理论的内在逻辑与发展路径》，《中国工程科学》2019年第5期，第152页。

③ 俞可平：《科学发展观与生态文明》，《马克思主义与现实》，2005年第4期，第5页。

　　"绿水青山就是金山银山"的认知扬弃了经济浪漫主义和生态浪漫主义的错误,将自然资源环境系统与经济系统相结合,强调了两大系统之间应当建立一种稳定关系,体现了自然与经济、自然与人和谐发展的路径。只有把"绿水青山就是金山银山"当作一个生态文明语境下的认知,才不会被那些生态浪漫主义的认知所压制,才能做到"既要金山银山,更要绿水青山"。

3. "绿水青山就是金山银山"是基于生态文明语境的认知和科学命题

　　"绿水青山就是金山银山"是总结了世界发展进程所造成的不良后果后的一个正确认识,是对世界和我国工业文明进程的现实的科学认知,是对生态文明建设路径的具体化。"绿水青山就是金山银山"是基于生态文明语境的认知。俞可平教授指出:"生态文明就是人类在改造自然以造福自身的过程中为实现人与自然之间的和谐所做的全部努力和所取得的全部成果,它表征着人与自然相互关系的进步状态。"在建设生态文明的过程中,我们应当注意不要重犯经济浪漫主义的错误,也不能被生态浪漫主义捆住手脚。"在建设生态文明的过程中,人类自身是生态文明的主体,处于主动而不是被动的地位。建设生态文明,绝不是人类消极地向自然回归,而是人类积极地与自然实现和谐。"[1]"绿水青山就是金山银山"包含着我国古代哲学"天人合一"的思想智慧。这种自觉的"天人合一",是"实现植根于现代文明之上的'天人合一'"[2]。洛杉矶《每日新闻》在评价比尔·麦克基本的《自然的终结》时指出,一种原初的人与自然的关系已经终结[3],一种新的建立在人类自觉基础上的人与自然的关系逐步建立。

　　"绿水青山就是金山银山"的命题是对自然资本(生态资本)认知的升华。徐磊、曹孟勤认为,生态资本不仅能够实现利润增值,按照一般经济规律运行,具有其作为经济资本的内在价值;而且具有生态的基本属性,遵循人与自然和谐共处的生态规律,具有广泛意义的外在价值。[4]明显地,从经济上来说投资生态、投资自然,其直接效益是增加单位面积的物质量,改善单位物质质量,改变有效成分比例、浓度或密度,其间接效益则是整个资源环境的改善、人与自然关系的改善,具有生态学、社会学的意义。浙江省安吉县美丽乡村建设的案例[5]、福建省南平市"生态银行"的案例[6]都解释了投资自然资本的直接效益及其间接效益。这种

　　① 俞可平:《科学发展观与生态文明》,《马克思主义与现实》,2005 年第 4 期,第 5 页。
　　② 同①第 4 页。
　　③ 比尔·麦克基本:《自然的终结》,孙晓春、马树林译,吉林人民出版社 2000 年 1 月第一版,第 1 页。
　　④ 徐磊、曹孟勤:《试论生态资本何以可能:基于习近平"两山论"的视阈》,《广西社会科学》2018 年第 10 期,第 2-3 页。
　　⑤ 曾贤刚、秦颖:《"两山论"的发展模式及实践路径》,《教学与研究》2018 年第 10 期,第 17-24 页。
　　⑥ 崔莉、厉新建、程哲:《自然资源资本化实现机制研究:以南平市"生态银行"为例》,《管理世界》2019 年第 9 期,第 95-100 页。

对自然资本的直接投资是生态文明建设的最直接体现。

4. "绿水青山就是金山银山"是生态文明实践行动准则

"绿水青山就是金山银山"是一个政策目标导向和具有资源与环保教育功能的口号，也是一个简洁明了、具有中国理论特色、富有政策效率的实践行为准则。"习近平'绿水青山就是金山银山'论的提出，在一定程度上找到了一条适合当前我国社会文化形势的理论体系和话语体系的创新路径，充分证明用本土话语和本土理论解释和指导本土实践的'文化自觉'之路是可行的。"[①]

马克思在《〈黑格尔法哲学批判〉导言》中指出："理论一经掌握群众，也会变成物质力量。理论只要说服人，就能掌握群众；而理论只有彻底，就能说服人。所谓彻底，就是抓住事物的根本。"[②]这是理论掌握群众的重要方法，是我党让群众遵循党所指引的道路前进的成功方法。把马克思主义原理和科学理论，运用中国化、通俗化、具体化的形式表达出来，各个历史时期都有类似的表达。

古今中外，符合历史发展规律、契合时代需要的口号，在经济社会发展过程中发挥了极其重要的作用，它是理论掌握群众的最直接、最便捷、最有效的方法之一。口号与格言一样，其作用就是指引人们向特定的目标行动。正如朱自清所说的那样，口号"不但要唤醒集体的人群或民众起来行动，并且要帮助他们组织起来。标语口号往往就是这种集体运动的纲领"[③]。口号作为群众易于接受的方式，能够较好地被群众所了解。明显地，一个理论缺乏被群众掌握或者了解的方式和途径，基本只能束之高阁，发挥不了效能。而一个理论可以以广大群众能够接受的方式进行传播，无论群众的理解会出现怎样的偏差，也要强于束之高阁；况且对于同一个理论，专家们也难以达成一致，不可能等到所有的人都能全部理解才应用于实践。"绿水青山就是金山银山"的论断集中体现了习近平生态文明思想，被广大群众所接受，成为党和政府以及人民群众的行动指南，也是将制度优势转化为生态环境治理效能的具体方法之一。

5. 充分认识"绿水青山"的多重性价值，放弃将其完全市场化

卡尔·波拉尼曾对于一个全部社会关系都隶属于市场的"市场社会"感到痛惜，"绿水青山"与"金山银山"的关系又何尝不是如此。较之于"金山银山"，"绿水青山"具有更加广泛的价值意义，不能因为市场经济作为基本经济制度而使

---

① 杨美勤、唐鸣：《习近平"两山"论的四重逻辑》，《科学社会主义》2019 年第 6 期，第 91 页。
② 中共中央马克思恩格斯列宁斯大林著作编译局：《马克思恩格斯选集》第一卷，人民出版社 2012 年 9 月第三版，第 9-10 页。
③ 朱自清：《论标语口号》，《出版参考》2004 年第 35 期。

价值全部市场化，正如阿瑟·奥肯所指出的那样，"市场价值的这种扩张不仅说明了市场的功劳，同时还暴露了它对其他社会领域的威胁。它可能毁坏除市场价值之外的所有其他价值"[1]。因而企图将"绿水青山"彻底市场化、资本化的思路是有害的，其各种努力也可能将是徒劳。"绿水青山"能够成为"金山银山"，但"金山银山"在大多数情况下不会成为"绿水青山"。

价值体现是关系，是人与人之间、人与自然之间的关系。当人类进入工业社会，人类活动将自然作为劳动对象，产生了劳动价值与自然价值的对立状态，"从而赋予了自然价值'被劳动范畴'的两重性特点：一是当它作为自然价值本身独立存在时，是劳动价值的存在前提；二是当它被劳动价值视为转化对象时，是劳动价值的直接来源"[2]。循着资本的逻辑，工业社会试图将一切纳入自己的生产要素，只要求自然的一切成为其生产的资源，产生了一系列难以挽回甚至不可弥补的损失；同时，导致学界不断付出将自然价值纳入市场价值、经济价值的努力。当然，如联合国《环境经济综合核算体系（2003）》（SEEA 2003）以及我国试图建立的中国环境经济核算体系（CSEEA）的努力是有益的，特别是将资源环境的存流量、经济活动的外在成本、社会成本、灾难和环境损失等纳入核算体系是必要的。SEEA 是在国民经济核算体系（SNA）基础上建立的卫星账户[3]，其基本思路是对工业文明的核算体系的修改。建设生态文明需要放弃工业社会的思路，可能需要建立基于生态文明逻辑的核算体系，充分认可自然资源和环境的多重性价值而放弃将自然的多重性价值全部纳入市场价值、经济价值的努力。

4.4　由售卖产品转向提供服务

尽管环境保护技术、资源节约技术在不断进步，但按照现存生产方式（传统工业化的生产方式），不可能实现可持续发展；需要走上以新型工业化为主导的道路，才能真正实现可持续发展。以新型工业化为主导的生产方式的一个重要方面是在保持社会所能获得福利（服务）总水平的前提下，实现资源总耗费的减量化；另一个重要方面是交易的对象应当从售卖产品转向提供服务。由售卖产品转向提供服务将是实现供给侧结构性改革的重要内容和方式。

---

①阿瑟·奥肯：《平等与效率：重大的权衡》，王忠民、黄清译，四川人民出版社 1988 年 5 月第一版，第 16 页。

②曹家宁、刘吉发：《论"金山银山"与"绿水青山"的价值统一：基于马克思主义劳动价值与自然价值的视角》，《理论导刊》2018 年第 6 期，第 71 页。

③李金华：《中国环境经济核算体系范式的设计与阐释》，《中国社会科学》2009 年第 1 期，第 84-98 页。

4.4.1 单纯以 GDP 衡量一个国家或地区发展的错误

1. 片面追求 GDP 的错误

GDP 指标是一个流量指标，作为政府、社会评价和衡量一个国家或地区经济发展总量和水平的指标，发挥了较大的作用。在工业化发展的初期乃至中期阶段，资源环境压力还没有显现出来，社会财富可以迅速地通过流量的产生而积累，GDP 指标可以很好地发挥其衡量、评价作用。但是，当资源环境压力开始显现出来，单纯地只看到作为流量的 GDP 带来的财富的增加，看不到片面追求经济流量带来的资源环境损失，给资源和环境带来了深重的危机。

$$GDP=C+I+G+X-M \tag{4-4}$$

式（4-4）中，C 为消费；I 为投资；G 为政府购买；$X-M$ 为净出口。都为流量指标。因为 C 是流量指标，于是人们可以看到，产品在以极短的周期更新换代——手机就是一个典型，前一种型号还没有真正普及，后一种型号就开始推广，成为追捧者的期待。现在难以看到一种产品是在其使用寿命周期完结时成为废弃物的。在追求 GDP 的竞赛中，I 作为流量指标，更是一个好用的政策手段，"翻烧饼"式的张书记开沟、李书记填沟的项目投资，都促进了 GDP 增长。在政府购买行为中的短期行为、浪费行为亦是不可小觑。GDP 作为流量指标，总是追求在短期内的数值，难以顾及长远，造成了自然资源、社会资源的浪费。

2. 销售产品的局限

在现有的市场交易中，大量的交易对象是物质商品。按照马克思主义政治经济学的分析，在物质商品的交易过程中，实现的是 $G—W—G'$，其中 $G'=G+w$。G 指货币，W 指商品，利润 w 是商家追求的目标，每一件商品都是 W 的载体，获得更多的利润只有两个途径，一是提高单位产品的利润，二是增加产品的生产进而销售更多的产品。一般情况下，第一个途径在垄断和存在超额利润时可以实现；大量的情况是通过第二种途径来实现的，即依靠增加产品的生产来销售。

在以物质产品为交换对象的市场交易中，消费者往往受制于销售者，表面上是消费引导生产（需求引导供给），实际上是生产引导消费，前文对于供给与需求的特性的分析表明，消费者在购买过程中，受商品的直接感官刺激；在信息获取过程中，受广告和产品介绍或者是他人影响。许多情况下，消费者和销售者接收的商品信息是极不对称的。

自资本来到世间，商品拜物教的影响深远，无论是消费者还是生产者、销售者，都有着对商品不同价值的不懈追求，消费者追求使用价值或效用（尽管使用价值或效用经常发生异化），生产者和销售者追求价值和利润。很显然，每生产一件产品都要消耗一定量的资源，一件商品不能发挥其全部使用价值（在其使用寿命周期内发挥作用），即商品使用寿命尚未完结就抛弃商品就是浪费；而为了短期的目的去故意损毁产品则是更大的浪费，既是对自然资源的浪费，也是对社会劳动的浪费。对于利润的无休止的追求，必须要以无穷的资源消耗为前提。

4.4.2　单位产品的减量化与总体减量化

1. 产品生产的资源消耗的边际量与总量

当边际量为正，边际量总是总量的增量；而没有生产产品不消耗资源反而增加资源的可能，所以，不存在边际量为负的情况。因此，尽管随着生产技术水平的提高，单位产品或单位价值的物质资源消耗水平、能源消耗水平都在降低，但现存生产方式对产品量和价值量的追求，导致的只能是资源总量消耗的增加，到现在为止还没有看到减缓的趋势。单位产品的减量化、环保化并不一定意味着资源消耗量的减少、环境保护程度的提高，边际量的减少并不意味着总量的较少。

2. 资源消耗总量水平减量化举步艰难

仅从能源来看，尽管我国单位 GDP 能源消耗量呈走低趋势，但消费总量却持续增长。1978 年消费 57 144 万吨标准煤，到 1991 年提高到 103 783 万吨标准煤，2004 年提高到 230 281 万吨标准煤，2007 年提高到 311 442 万吨标准煤，2012 年提高到 402 138 万吨标准煤。[①]能源消耗从 5 亿吨级上升到 10 亿吨级用时 13 年，从 10 亿吨级上升到 20 亿吨级用时 13 年，从 20 亿吨级上升到 30 亿吨级用时 3 年，从 30 亿吨级上升到 40 亿吨级用时 5 年。世界能源消耗总水平指标也显示，单位 GDP 一次能源供应量由 1971 年的 0.343 吨标准煤/10^3 美元（按照 2005 年不变价格计算）下降到 2011 年的 0.250 吨标准煤/10^3 美元；但世界能源生产量由 1971 年的 5 654.6 百万吨标准油上升到 2011 年的 13 201.8 百万吨标准油，增长 133.47%；一次能源供应总量由 1971 年的 5 530.6 百万吨标准油上升到 2011 年的 13 113.4 百万吨标准油，增长 137.11%。[②]

由此可以看出，仅仅考虑单位产品或单位价值的资源消耗量减少，不能解决资源的耗竭和环境的污染问题，关键在于减少资源消耗的总量和减少对环境排放

---

① 数据来源：《中国统计年鉴—2019》。
② 中华人民共和国国家统计局：《国外资源、能源和环境统计资料汇编.2013》，中国统计出版社 2014 年 8 月第一版。

污染物的总量。以传统生产方式生产传统产品、以传统市场交易方式交易传统产品，只能以更多的产品售卖来实现社会福利的增加。如果以减少人们对于产品的获得的方式来增加社会总福利，除了那些第欧根尼式的"圣人"之外，恐怕无法被社会认可。

4.4.3 以服务为交易对象的生产方式

1. 以服务为交易对象的生产方式的形成

丹尼尔·贝尔《后工业社会的来临》一书第二章的标题为"从商品到服务：不断变化的经济形态"，在这一章中，他分析了不同产业就业人口的变化等问题，说明了各种专业化的服务将会深入社会的各个层面，以服务为主要就业形势的社会即将来临；他进一步说明了维克托·R.富克斯所论证的，服务业已经成为越来越重要的行业，将吸收越来越多的就业人口。尽管他没有像沃麦克和琼斯一样提出后来的以服务为交易对象的主张，但是，贝尔已经意识到服务对于后工业社会的经济形态的影响。①

服务业进一步发展的一个必然结果是交易对象从商品变化为服务。在现实的以产品为交易对象的生产方式中，"设计窗时，不考虑到建筑物；设计灯时，不考虑到房间；设计发动机时，不考虑到它所驱动的机器。这样的设计理念就像设计一只塘鹅而忽略了鱼那样糟糕。孤立地对个别元件进行优化往往使整个系统趋于不良运行……"②因此，"我们需要一种全新的、最优关系模式，这一模式以伙伴关系模式为基础，但更能适应全球化经营的需要"③。沃麦克和琼斯根据日本丰田公司的经验，总结了以"价值的持续流动"为目标的精益思想，这种思想不同于大批生产的思想，精益思想主张"只有下游需要它，上游才会生产它"的由消费者拉动的生产方式。

沃麦克和琼斯强调："精益思想的关键出发点是价值。价值只能由最终用户来确定；而价值也只有由具有特定价格、能在特定时间内满足用户需求的特定产品（商品或服务，而经常是既是商品又是服务的产品）来表达时才有意义。"④"精益

① 丹尼尔·贝尔：《后工业社会的来临》，高铦、王宏周、魏章玲译，商务印书馆 1984 年 12 月第一版；维克托·R. 富克斯：《服务经济学》，许微云、万慧芬、孙光德译，商务印书馆 1987 年 10 月第一版。《服务经济学》第二章标题为"日益重要的服务业就业"；第八章标题为"服务经济增长的若干影响"。
② Paul Hawken、Amory Lovins、L. Hunter Lovins：《自然资本论：关于下一次工业革命》，王乃粒、诸大建、龚义台译，上海科学普及出版社 2000 年 7 月第一版，第 143 页。
③ 理查德·拉明：《精益供应：创新与供应商关系战略》，高文海译，商务印书馆 2003 年 3 月第一版，第262 页。
④ 詹姆斯 P. 沃麦克、丹尼尔 T. 琼斯：《精益思想：消灭浪费，创造财富》，沈希瑾、张文杰、李京生译，商务印书馆 1999 年 1 月第一版，第 11 页。

思想是精益的，因为它提供了以越来越少的投入——较少的人力、较少的设备、较短的时间和较小的场地——获取越来越多产出的方法,同时也越来越接近用户,提供出他们确实要的东西。"①

　　沿着精益思想强调"价值的持续流动"的思路,"精益企业确实需要用新的方法去思考企业与企业间的关系,需要一些简单原则来规范企业间的行为,以及沿价值流的所有步骤的透明度"②。霍肯提出以"服务和流动"来实现"更好的、更长期的服务"以减少原材料的使用、总成本和交易费用,即"以消费者所要求的速度和方式直接向其提供所需要的服务"。③

　　这样,消费者只提出效用需求,如在寒冷的冬天的"温暖"、在炎热的夏天的"凉爽"、在长短途交通中的"乘坐"等。为了获得"温暖",人们使用壁炉、炭盆和炭、空调、电取暖器;为了获得"凉爽",人们使用扇子、电风扇、空调;为了代步,人们使用汽车、轮船、火车、飞机;等等。这些产品如空调在销售后,的确给用户带来了诸如温暖、凉爽,但还伴随着空调病、顾客与商家之间因使用过程中的故障而产生的摩擦等。其实人们在寒冷中需要的是"温暖",而不在乎使用什么方式;在炎热的夏天需要的是"凉爽",不在意采用什么设备;在长短途交通中,关键的是速度和安全,而不在意运用什么工具。企业生产各种类型的产品不过是为了满足这些需要。如果企业的生产方式由生产模糊的、市场可能需要的、需要花费大量广告费用推销的产品,转向直接向顾客提供特定类型的服务——温暖、凉爽、乘坐、采光等,企业的生产方式、产品的设计思路、企业的获利途径以及对于资源的使用都会发生根本性的变革。

　　从提供"凉爽"开始,美国 Carrier 公司与其他公司形成联盟,为顾客提供照明改进、采光改进、客户住宅改进等,从提供单纯的凉爽到提供舒适;英国 Cookson 集团为钢铁厂提供炼钢熔炉耐火层隔热服务,使隔热材料得以循环利用;德国 Dow 化学公司为客户提供溶剂服务,将某些溶剂实现多次重复使用,使用寿命提高到 100 次以上;等等。这些公司开创了以"价值的持续流动"为手段的以"服务"为交易对象的新的路径,为生产方式的根本性变革奠定了现实基础,实现"增加财富,但并不扩大生产"④。实践的发展和理论的进步发展了富克斯和贝尔的理论分析。

---

　　① 詹姆斯 P. 沃麦克、丹尼尔 T. 琼斯:《精益思想:消灭浪费,创造财富》,沈希瑾、张文杰、李京生译,商务印书馆 1999 年 1 月第一版,第 10 页。
　　② 同①第 19 页。
　　③ Paul Hawken、Amory Lovins、L. Hunter Lovins:《自然资本论:关于下一次工业革命》,王乃粒、诸大建、龚义台译,上海科学普及出版社 2000 年 7 月第一版,第 162 页。
　　④ 苏伦·埃尔克曼:《工业生态学》,徐兴元译,经济日报出版社 1999 年 4 月第一版,第 131 页。

2. 以服务为交易对象的生产方式的发展

随着物联网、大数据、云计算等信息技术的发展，以及数字制造、3D打印及人工智能等制造技术的发展，柔性制造成为可能。柔性制造的发展促进了大规模定制化的兴起，大规模定制化的发展为以服务为交易对象的生产方式的发展奠定了基础。大规模定制化还是以产品为交易对象的生产，只不过在柔性制造的前提下，可以根据客户需要或者客户参与产品设计来为客户提供产品。进一步的发展应该是定制化服务，客户只是提出自己的需求，由供应商提供服务，无论是一次性的服务还是持续性的服务。

现今生产性服务业的发展是这种定制化服务的重要表现之一，而生产性服务业是为产品生产、技术研发、运输和金融支持过程等提供保障的配套行业。一个基本的趋势是生产性服务业与制造业的关系日益紧密，其服务方式呈现出虚拟化、网络化、外包化的发展趋势，并且正在形成完整的产业链条。生产性服务业在农业生产过程中也呈现出迅速发展的态势。闫晗和乔均的研究表明，由于农业生产性服务业的发展促进了农业生产劳动的再分工，专业化程度得到进一步提高，使得农业生产总体效率提高；由于农业生产性服务业对原有低水平和低技术的环节进行了替代或产生影响，也促进了农业生产总体效率的提高。因此，农业生产性服务业的发展对农业生产水平的提高具有正向效应。[1]现有的生产性服务业还只是为制造业、农业提供生产过程中的服务，而且主要是辅助性的服务，而被服务的制造业等企业还只是提供产品作为交易对象。但是，毕竟已经开始有一批企业以提供服务的方式来获得自己的利润。[2]生产性服务业的发展为整个社会以"服务"为交易对象的发展开启了新的阶段。

3. 以服务为交易对象的生产方式的未来

以"工业互联网"为基础的生产制造业的生产组织方式的基本特征是：定制化、分散化、服务化。"使用者从此成为中心经济人，而不仅是一个购买消费者。使用者无须购买和拥有物质的设备，他只需在一个为满足其需求而组织起来的体系中支付费用就可以了。在这种体制下，服务质量达到最优，因而是向真正的服务经济过渡。"[3]在这种服务经济形态中，企业为客户、消费者提供特定的服务，

---

① 闫晗、乔均：《农业生产性服务业对粮食生产的影响：基于2008—2017年中国省级面板数据的实证研究》，《商业研究》2020年第8期，第116页。

② 2017年我国制造业中间投入品中有16.5%来自服务业。数据来源：中国社会科学院工业经济研究所课题组、史丹：《新工业化与"十四五"时期中国制造业发展方向选择》，*China Economist*，Vol.15，No4，2020，第38-63页。

③ 苏伦·埃尔克曼：《工业生态学》，徐兴元译，经济日报出版社1999年4月第一版，第132页。

企业与客户之间建立起供给-需求双方之间的直接联系,最大限度地减少了信息不对称,供给的具象性与需求的抽象性在一定技术和资源条件下实现统一,客户所需要的效用得到最大的满足,服务提供商也可以获得持续的利润或收益,还可以获得相对稳定的市场份额(这当然会增加新服务提供商进入特定市场的困难,但并不影响竞争)。当服务提供商提供的服务不能满足客户的需要时,客户可以选择新的服务提供商。这迫使服务提供商不断改进服务和技术,以保证提供的服务质量的高品质和高技术,保持自身的竞争力和市场。

在这种以提供服务为交易对象的经济市场上,服务提供商的着力点不是销售更多的产品,而是提供更多的服务;出于成本的考虑,减少对物质资源的消耗是一个最基本的选择。减少原材料的消耗,伴随着的必然是能源的消耗,这样就能够实现减少资源消耗,增加价值产出,改善整体经济的物质和能源的效率。从生产与消费的关系角度看,依然是生产(供给)方式引导消费(需求)方式,当社会的交易对象由物质产品转变成为服务,消费者也只能接受这样的客观现实。这种转变是由工业文明转向生态文明的表现,这种接受是对于生态文明的接受。从供给角度来看,这是实现绿色发展路径的最根本性途径。

为了更加清楚地说明这种以服务为交易对象的经济,本节以汽车为例来作说明。在许多城市,堵车和找停车位是令汽车驾驶人头疼的事情,其根本原因似乎是路太窄、停车场太少和空间太小。但是,现代城市社会几乎已经成了汽车社会,汽车是必不可少的交通工具,家庭用小汽车尽管受到一定程度的限制,但其数量仍然以较快的速度增长。2018 年,我国汽车生产量达到 2 781.90 万辆(其中轿车 1 160.07 万辆)、新注册民用汽车 2 652.10 万辆(其中小型、微型民用载客车 2 294.42 万辆),民用载客汽车拥有量 20 555.40 万辆(其中小型、微型 20 321.68 万辆,私人拥有小型、微型汽车 18 905.42 万辆)。[①]汽车从制造到使用再到废弃,都会产生不少的污染。20 世纪 90 年代,德国每制造 1 吨重的汽车(物质量,一辆汽车往往不止 1 吨重),会产生约 29 吨的废弃物;而制造一辆汽车所产生的空气污染,则相当于汽车运行 10 年所产生的污染量。[②]每增加 10 万辆轿车,需要提供交通建筑面积1 300 万—2 000 万米^2,其中 1/3 为停泊位、2/3 为道路[③];约翰·R.麦克尼尔提供的数据表明,1990 年的北美、欧洲和日本,汽车所需的交通建筑面积已经占到其各自国土(地区)面积的 5%—10%。[②]随着我国经济的持续增长,石油的消费增速尽管呈现出减缓的趋势(图 4-5),但要实现负增长可能还需要一个较长时期。这取决于其他能源对于石油的替代程度与速度,但即便是所谓清洁能源也会对资

---

① 资料来源:《中国统计年鉴 2019》。
② 约翰·R.麦克尼尔:《太阳底下的新鲜事》,李芬芳译,中信出版社 2017 年 7 月第一版,第 289 页。
③ 刘少康:《论汽车占用空间与道路设施的关系》《湖北汽车工业学院学报》1995 年第 2 期,第 66 页。

源环境造成直接或间接的影响。

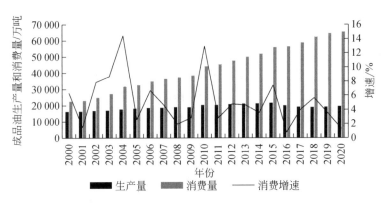

图 4-5　2000—2020 年我国成品油产销情况

资料来源：根据相应年份中国统计年鉴汇总计算。

我国汽车拥有量数量巨大，呈现出如下问题：①需要消耗大量燃料油，造成空气污染；②随着拥有量的不断增加，需要建设更多的交通基础设施，特别是道路和停车场，造成过多的空间占用，进一步挤占动植物的生存空间，特别是道路的修建，进一步分割动物的活动范围，对生物多样性造成进一步威胁；③在道路等交通基础设施增加速度与汽车拥有量增长速度不一致的情况下，交通拥堵现象将进一步加剧（近年来节假日期间的交通拥堵已经在说明问题）；④各种新能源汽车数量的急剧上升，对其可能带来的新的形式的污染估计不足，可能又走上"先污染，后治理"的老路；⑤家用小汽车使用效率极低；⑥汽车生产企业的销售增长将越来越困难。这些问题集中形成了原有以汽车为交易对象的难以逾越的障碍，并进一步扩大了销售的障碍和保护生态环境的障碍。这两个障碍一个是企业本身遇到的障碍，另一个是社会遇到的障碍。

解决上述问题的一个途径是改变交易对象，消费者由向汽车生产商/销售商/服务商购买汽车转变为购买"乘坐服务"。汽车生产商或汽车服务商同时成为"乘坐服务"商，当然，不排除部分顾客购买汽车。现有的神州租车、滴滴出行等平台提供租车服务实际上是"乘坐服务"发展的一个良好开端。2018 年初，我国打车服务公司滴滴出行与吉利、长安、比亚迪、起亚、雷诺、日产等 12 家公司签署协议，帮助它们推销汽车共享服务和电动汽车；此后，滴滴出行又与大众、丰田、广汽埃安等合作设计更适合拼车和汽车共享的车辆。[①]汽车"新四化"（电气化、智能化、网联化、共享化）发展体现的正是这种发展趋势。在互联网已经发展到

① https://www.didiglobal.com/news/newsDetail?id=1025&type=news。

当下水平的基础上，消费者通过手机 APP 可以非常方便地获得"乘坐服务"，而随着 5G 通信技术的普及和无人驾驶汽车的发展，这种服务将更加完善。如果使汽车的"乘坐服务"购买更加普及，将会产生良好的经济、生态和社会效益。[①]如果购买"乘坐服务"替代购买家用汽车量的水平达到 30%，这部分汽车使用效率提高 30%，假设原有这部分汽车的使用效率为 20%，则可以减少汽车 2 268.65 万辆，但消费者所获得的服务不减少，汽车生产商/服务商也仍然可以通过获得服务费保持其长期收益水平。由此可以减少至少 30 亿米^2 的空间占用，2 268.65 万辆汽车的生产原材料和能源，为动物留下更多的生存空间和迁徙通道，等等。

以服务作为交易对象，生产商/服务商必然推进服务总量的增加来满足其对于利润的追求，更加注重为提供服务的物质资本的存量，而不是流量；客户则追求自身所需要的效用的满足，而不是获得产品；并以此节约对于自然资本的使用，从单项服务和总体上实现减量化。还应当注意的是，生产性服务业不是仅仅停留在为生产企业提供金融、物流、信息等服务，而是参与到生产的过程之中。由提供产品（商品）的厂商到提供服务的服务商的转变，使得供给的内容和方式、途径发生变化，实现供给的革命性变化，实现生产方式的绿色化。

4.5　产业转型升级与三次产业结构优化

产业的转型升级既是技术升级的结果，同时又是绿色化的升级。产业之间的关联方式、企业获得利润的方式、客户获得服务的方式等方面都会发生根本性的变革。

4.5.1　产业转型升级的内容

我国产业转型升级的方向主要包括三个方面，一是战略性新兴产业、先进制造业的发展，二是传统产业的转型升级，三是服务业特别是现代服务业的发展。[②]近年来中国与美国在制造业方面的摩擦，表明了促进战略性新兴产业和先进制造业的发展的重大意义。中美关于芯片产品贸易的摩擦，逼迫中国必须加速芯片、光刻机等制造业的发展。中国以传统工业为基础，建立了全球最完整的工业体系，完成对于这一工业体系的转型升级，是一个极其艰难的过程，其经济、社会乃至环境成本都会较高。服务业的发展也不是轻而易举的事情，首先以传统工业、传

---

① 杰里米·里夫金写道："根据估算，汽车共享网络中每辆汽车的使用可以减少 20 辆汽车的上路……而欧洲的一项研究表明通过汽车共享，碳排放可以减少 50%。"（《第三次工业革命：新经济模式如何改变世界》，张体伟、孙豫宁译，中信出版社 2012 年 6 月第一版，第 126 页）。
② 洪银兴：《产业结构转型升级的方向和动力》，《求是学刊》2014 年第 1 期，第 58 页。

统生活方式为基础的传统服务业的升级转型，就需要克服已经存在的高成本、高能耗、高污染问题，而在现代新兴工业、现代生活方式尚待建立的过程中，传统服务业只能逐步被替代，实现这个转变的经济成本和环境成本不能小觑；其次，现代服务业特别是生产性服务业的发展，也必须随着以新型工业化为基础的现代生产方式和建立在现代生产方式基础上的生活方式的确立而逐步迭代实现。在战略性新兴产业和先进制造业的发展、传统产业转型升级和服务业发展过程中，技术的升级、建立在技术升级基础上的产品的价值和效能升级换代是基本要求，另一个基本要求则是技术升级包含绿色化技术要素而实现绿色化生产，这两个基本要求是统一发展过程的要求。也就是说，只有能够提高产品价值和效能、实现绿色化，才是符合产业转型升级的技术。

产业转型升级不仅是产品价值的升级、技术的升级，更应该是从工业文明阶段的产业升华到生态文明阶段的产业。战略性新兴产业和先进制造业以其前瞻性、先进性与生态文明相适应；传统产业通过一次次迭代，不断积累从而实现质的变化而与生态文明相适应。

4.5.2 资本结构优化与绿色发展

1. 资本有机构成或资本-劳动比对于绿色发展的影响

在传统产业/工业中，产业的资本有机构成对环境产生重要影响。美国产业转移主要转移的是重化工工业，而重化工工业的有机构成均较高。涂正革的研究也说明，资本密集型企业与劳动密集型企业对环境的污染存在较大差别，前者较大而后者相对较小。[①] 一般来说，资本密集型企业的技术水平和生产率水平更高，单位时间内耗费的能源、原材料、辅助材料等均较多，自然产出更多的废气、废水、固体废弃物乃至噪声；劳动密集型企业的技术水平和生产率水平较低，单位时间内耗费的能源、原材料、辅助材料等较少，从而产生的废气、废水和固体废弃物会相对较少。

但是，在实现产业转型升级之后，情况可能会发生逆转。资本密集型企业正是由于具有更高的技术水平，具备更高的绿色化生产技术，可以实现从资源到产品的全过程污染物的无害化处理和零污染排放；而劳动密集型企业则由于技术水平达不到更高的高度，难以实现更高水平的绿色化生产，难以实现从资源到产品的全过程污染物的无害化处理，存在一定的污染排放。从这个意义上说，企业有机构成提高、技术水平（包含绿色技术要素在内）提升，是实现绿色发展的必要

---

① 涂正革：《环境、资源与工业增长的协调性》，《经济研究》2008年第2期，第93-104页。

条件。

2. 资本结构对于绿色发展的影响

资本结构在不同的条件下对于资源破坏和环境污染带来不同的影响,其关键在于用制度约束和技术手段来解决其带来的不利影响。从产业的国际转移的历史来看,跨国资本的流动是影响资源环境的重要外部因素。由于资本的本性,资本输出国相关企业将资源消耗大、环境污染重的产业转移到其他国家,甚至将废弃物直接转移到其他国家,将资本输入国作为"污染天堂",此类事例大量存在。

随着资本输入国环境保护意识的觉醒和环境保护法治的完善,资本输出国相关企业要么将企业转移到其他国家,要么提高环境治理水平或者采用技术手段降低资源消耗和环境污染水平,但这样也会给资本输入国带来某种资源利用水平的提高和环境治理水平的提高的正外部效应,即生态创新溢出,从而产生"污染光环"现象。①但是,随着全球环境保护意识的提高和环境保护法治的完善,单纯转移污染的现象越来越少,企业不得不通过更新技术来降低资源消耗、减少污染环境的生产。

即便企业资本全部来自本国,也不一定能够保证实现资源节约和环境保护,因为资本的逐利性没有国别差异。我国工业化以来形成的各种污染显然不都是外资企业的杰作,大量污染主要还是本土企业造成的。国有企业与私有制企业在资源节约和环境保护方面,也不一定存在着大的差别。国有企业在环境意识不强、追求产值/利润的情况下,也曾造成巨大的环境污染。只有通过严格而健全的法制和不断提高的绿色技术来克服资本逐利性所可能产生的资源破坏和环境污染,才能保证资源消耗水平的降低和环境污染的减少。

4.6　人力资本与绿色就业

绿色发展要求人力资本随之发生适应性变化,只有适应绿色发展要求的人力资本才能促进绿色发展,促进绿色生产方式的形成,并以绿色生产方式的逐步建立实现就业的绿色化。

4.6.1　绿色发展与资本的全面增长

高质量增长首先要求考虑物质资本(包括金融资本)、人力资本和自然资本的全面增长,同时,各种资本合理的比例结构有利于促进整个社会的可持续发展。

---

① 霍伟东、李杰锋、陈若愚:《绿色发展与 FDI 环境效应:从"污染天堂"到"污染光环"的数据实证》,《财经科学》2019 年第 4 期,第 106 页。

绿色发展需要高质量的增长，物质资本（更加准确地说是"人工资本"）和自然资本都必须通过人力资本的作用才能转化成为社会财富，人力资本的质和量的不足，将极大地影响两类资本向社会财富的转化。物质资本和自然资本的增加很容易用形式的表征体现，而人力资本的增加难以用形式的表征加以体现，因而最容易被忽视的是人力资本的增长。

"劳动首先是人与自然之间的过程，是人以自身的活动来中介、调整和控制人和自然之间的物质变换的过程。"[①]人力资本发挥作用的过程就是劳动过程。没有劳动和劳动过程，物质资本和自然资本只能保持其原有的状态，不能转化为符合社会需要的产品状态，而且物质资本还会存在折旧问题。只有三种资本的合理耦合才能生产出符合社会需要的产品，也只有三种资本的合理耦合才能不对环境产生威胁而实现绿色发展。只有三种资本的全面增长才能保证社会经济的可持续发展需要。

4.6.2　绿色发展与人力资本增长

人是社会生产中最根本的因素，在整个社会生产中，"一边是人及其劳动，另一边是自然及其物质"[②]，"人及其劳动"作用发挥的大小、程度和水平都取决于人自身的知识和能力，也就是人力资本的大小。一些区域的发展经验（教训）表明，人力资本的不足，导致了几次战略机遇的丧失。首先，长期处于农耕文化，甚至狩猎采集文化的思维水准，与扑面而来的商品经济、市场经济思维存在层次差异，社会文化落后于发展需要；其次，农耕文化，甚至狩猎采集文化的自然的思想意识，与商品经济、市场经济所要求的规则、法治、时间等观念不一致，形成企业在本地难以录取到合格的雇员等系列问题；最后，教育的相对落后使得广大民众的受教育程度较低，本地大量人口难以适应企业所需要的文化水准的要求，企业没有足够多的劳动后备军。

加快这些地区发展、实现高质量发展的一个关键是迅速增加人力资本，通过"资本集中"的方式引进人才当然是重要的途径，但是更为重要的是迅速提高本地的人力资本积累。提高人力资本存量，是让当地居民更多地进入现代产业就业，也是提高当地民众收入水平的根本途径。教育是促进一个国家或地区人力资本增加的最基础途径，加大教育投入是促进人力资本、社会资本迅速增长的根本性措施（表4-6），人力资本的增长是实现绿色、包容性发展的重要途径，也是促进公平的重要途径。

---

① 中共中央马克思恩格斯列宁斯大林著作编译局：《马克思恩格斯全集》第四十四卷，人民出版社2001年6月第二版，第207-208页。
② 同①第215页。

表 4-6　教育投入增加的效应

效益类型	具体效益		目标
人力资本增加	居民选择能力提高	就业能力增强、收入水平提升	促进社会机会公平、分配公平
	整体学习能力提高	提高资源环境技术接受能力	促进资源节约、环境保护，促进公平利用资源环境
	整体创新能力增强	提高资源环境运用的创新能力	
	区域总资本增加	资本可替代性能力增强，促进资源环境的科学利用	
社会资本增加	服务型社会体系建立	生产方式和生活方式变革	实现包容性增长、促进公平、保护环境、节约资源
	提高居民对资源环境的认知		
	增强居民对资源环境管理的相互监督		
	提高社会进行资源环境管理的有效性		

　　资料来源：根据维诺德·托马斯、王燕《增长的质量》（张绘、唐仲、林渊译，中国财政经济出版社 2017 年 8 月第二版）相关内容整理。

4.6.3　绿色发展与绿色就业、就业绿色化

1. 绿色就业的定义

　　绿色就业是实现绿色发展的题中之义，但定义，特别是从外延上廓清绿色就业是较为困难的，尽管联合国环境规划署、国际劳工组织、国际工会联盟发起绿色就业倡议（2007 年），而且国际雇主组织也于 2008 年加入了该倡议，期望通过倡议来评价、分析和促进就业对于气候变化的影响，并且给出了定义。一些学者也都根据自己的理解给出了一些定义。就其核心含义来看，从事的工作或职业能够减少对环境的副作用，从总体效用上能够帮助社会实现可持续发展目标，这类就业可以被称为绿色就业。[1]我国人力资源和社会保障部的绿色就业发展战略研究课题组将绿色就业区分为狭义和广义两个层面：从狭义上即工作本身来看，不直接对环境产生负面影响以及对环境产生有利影响的工作，包括提供产品和服务、生产工具及生产过程均为绿色的；从广义上来看，凡是符合节能减排和保护生态环境的标准的产业、行业、职业和企业的就业均为绿色的。[2]

　　周亚敏等对绿色就业的内涵和外延进行了界定。从内涵来说，"绿色就业是对

---

[1] 杨伟国、叶曼：《绿色就业的测量和容量》，《新视野》2010 年第 4 期，第 18 页。

[2] 绿色就业发展战略研究课题组、张丽宾：《绿色就业发展战略研究》，《中国劳动》2013 年第 2 期，第 4 页。

环境具有正向效应，能促进能源节约与污染减少的工作，其单位产出的污染物影响及负荷较小，同时这些绿色岗位能够提供体面的工作。"[①] 理解绿色就业的含义，需要从环境、社会和经济三个维度来进行。[①]从环境维度看，绿色就业是环境友好型的、环境可持续的和节约资源的就业；从社会维度看，绿色就业是有尊严的和有相关保障的就业；从经济维度看，绿色就业是具有合意的附加值、能够创造收益的就业。从外延来说，可以将绿色就业分为原生、过程与终端绿色就业三类。周亚敏等认为，原生绿色就业是从事本来对环境有利、节约能源的就业，如传统农业、城市绿化、可再生能源利用、清洁能源技术利用等行业的就业；过程绿色就业是在生产过程中，通过提高能效、减少排放而改善生产过程的就业；终端绿色就业则是废旧物资回收、生态修复等针对环境破坏、恶化采取的措施而产生的就业。[①]

2. 绿色就业的发展

随着"绿水青山就是金山银山"理念的贯彻，原生绿色就业会得到较快的发展，"大众创业、万众创新"形成多样化的生产方式，充分利用特色资源和人文资源，实现区域文化的有效传承和发展；并以此形成"大众创业、万众创新"的活跃局面，形成经济的包容性增长。舒马赫主张大力发展的是"大众生产而不是大量生产"，他写道：

> 在农业和园艺方面，我们可以把注意力放在使合乎生物学要求的生产方法完善化上，放在增加土地肥力及提供健康、美好与安定的环境上。到那时，生产率会自行提高。在工业方面，我们可以把注意力放在发展小型技术、比较非暴力性的技术、"具有人性的技术"上，使人们在工作的同时也有机会享受乐趣，而不是单纯地为工资袋工作，而只把微弱的希望寄托在工作之余享受一点生活乐趣。工业当然是现代生活的带路人，在工业方面我们还可以把注意力放在劳资间的新型合作形式上，甚至共同所有权的形式上。[②]

过程绿色就业则会随着生产技术的绿色化而不断扩大，各个生产行业都在不断地投入资金进行绿色化技术改造。2019 年，我国北方地区清洁取暖试点城市实现了京津冀及周边地区与汾渭平原的全覆盖，完成了散煤治理 700 余万户；实现超低排放的煤电机组累计达到约 8.9 亿千瓦，占总装机容量的 86%；5.5 亿吨粗钢产能开展了超低排放改造。此外，还推进了工业炉窑、重点行业挥发性有机物治

---

① 周亚敏、潘家华、冯永晟：《绿色就业：理论含义与政策效应》，《中国人口·资源与环境》2014 年第 1 期，第 22 页。

② E. F. 舒马赫：《小的是美好的》，虞鸿钧、郑关林译，刘静华校，商务印书馆 1984 年 5 月第一版，第 7-8 页。

理,加强了"散乱污"企业及集群的综合整治。[①]这种持续的技术更新改造将使得过程绿色就业得到迅速发展。

随着互联网技术的发展,人们的通信联络方式更加便捷,办公的形式和地点也发生了较大的变化,一些从事内容生产的工作者在一定程度上实现了"在家上班",又实现了生产场所与生活场所的合一。这种情况的出现和进一步发展,还有助于减少城市拥堵、汽车尾气排放等现象,是绿色就业的重要方式。

随着原生绿色就业和过程绿色就业的发展,生产过程产生的废弃物会越来越少,因而终端绿色就业将会逐渐萎缩。

3.通过政策、社会措施实现整体就业绿色化

现代大生产的生产方式要求生产场所与生活场所的分离,但是生产场所与生活场所之间的距离与占用人们时间和交通问题密切关联。城市最为拥堵的时间就是上下班时间,而像北京、上海、广州等超大城市上下班的拥堵、拥挤,都给人们的生活造成了诸多不便和闲暇时间损失。生产场所与生活场所之间的平均距离与城市大小、产业布局、基础设施建设等诸多因素相关,生产场所与生活场所之间应该有一个合理的距离,如果能够缩短这个距离,既能够缓解城市拥堵问题,也能减少汽车尾气排放,还能增加人们的闲暇时间。因此,整体就业绿色化的一个重要方面是生产场所与生活场所之间距离的合理化。

4.7　本　章　小　结

本章提出了供给与需求的特征,认为供给具有具象性、稳定性、有限性的特征,而需求则具有抽象性、可变性、无限性的特征,并论述了供给与需求之间的关系。一般认为,需求引导供给,但是在具体的应用领域,却是供给引导需求,不然广告就没有意义。在此基础上阐述了供给的上述特征对生产方式变革的影响,实现生产方式绿色化的资源基础,以及增加资源供给的具体路径,提出了实现生产方式绿色化的市场机制变革路径——实现交易对象由产品转化为服务的主张,进而阐述了产业转型升级与三次产业结构优化的关系和路径。

---

① 资料来源:生态环境部《2019 中国生态环境状况公报》。

第5章　基于公平导向的绿色发展理论的现存生活方式变革路径

杰里米·里夫金指出："从热力学的角度来说，我们要学习的应该是如何设定、调整自己的消费模式，适应自然界循环的客观要求，以可持续的方式在地球上繁衍生息。"[①]对我们的生活方式作适应性改变，即建立绿色的生活方式是实现可持续发展的现实选择。从广义上来看，绿色生活方式是以人与自然的和谐共生为价值观的现实生活过程所呈现的状态、方式和文化；从狭义上来看，绿色生活方式是以绿色消费方式为主体的生活行为、状态。

5.1　从高碳污染的"殖民生活方式"到低碳环保的"极点生活方式"

消费者在无限时域的效用取决于物质消费和环境质量。在环境问题尚未凸显的情况下，人们只是通过追求物质消费来满足自己的需要；当环境问题显现出来，人们不得不开始在物质消费和环境质量之间作出选择，以维持一种平衡。一方面维持一定量的物质消费，另一方面通过减少不必要的物质消耗或者改变消费方式来实现物质消耗的减少，以实现这种平衡。只有在这种平衡条件下，消费者才能实现可持续消费。

5.1.1　生活方式的绿色化

里夫金指出："我们终于要达到地球的最终极限了。在熙熙攘攘的人群深处，我们终于听到了一个新的声音。这个声音越来越响亮，它告诫我们必须学会'根据条件许可来生活'。人类殖民阶段的丧钟终于敲响了。"[②]因此，"从殖民生活方式到极点生活方式的过渡是人类迄今为止所经历的意义最深远的过渡。我们正站

---

① 杰里米·里夫金：《第三次工业革命：新经济模式如何改变世界》，张体伟、孙豫宁译，中信出版社 2012 年 6 月第一版，第 218 页。

② 杰里米·里夫金、特德·霍华德：《熵：一种新的世界观》，吕明、袁舟译，上海译文出版社 1987 年 2 月第一版，第 60 页。

在这个十字路口"[①]。实现从"殖民生活方式"向"极点生活方式"的转变，从一定意义上说，就是要实现生活方式的绿色化。

"殖民生活方式"即是用殖民主义的方式来占有、使用资源及其产品。商品拜物教在消费领域的影响就是这种"殖民生活方式"中最主要的价值观。"消费在观念上提出生产的对象，把它作为内心的图像、作为需要、作为动力和目的提出来。消费创造出还是在主观形式上的生产对象。没有需要，就没有生产。而消费则把需要再生产出来。"[②]正是由于生产与消费的这种直接的关系，消费的规模、速度、质量就直接关系着生产的规模、速度、质量；消费是实现商品使用价值的过程，而消费之前的环节的交换，则是商品价值实现的过程。生产者"实际关心的问题，首先是他用自己的产品能够换取多少别人的产品"[③]，也就是首先关心的是自己的产品的价值实现问题。那么，生产者最为关心的是生产产品的规模、速度、质量，工业革命以来的生产方式从市场和技术两个角度进行的无穷的扩展行动，就说明了这一点。工业革命以来，产业结构调整的过程，在很大程度上是产业产能调整的过程。由于市场需求的限制，一种产品的产能过剩了，就不得不进行缩减或者转移；其实，生产者并不愿意进行缩减或者转移，只是不得已而为之。当一种产品的市场潜能较大时，资本很快投向该种产品，又很可能在较短的时间内使得生产该种产品的产能实现饱和乃至过剩。在这种情况下，往往一种产品还没有生产出来，就开始向市场灌输相关的信息，以形成市场期待，而在产品生产出来之后，则更是不遗余力地推销——充斥在各种媒体、公共空间，以及不断侵入个人手机、电脑的广告已经证实了这一切。而从技术角度来看，以科学的名义、技术的名义绑架消费者，不断地推出新产品，使得一件产品的使用价值并未完结前，就已经因为无形磨损被淘汰。所有的手段和方法只有一个目的，让消费者更多地购买商品、更快地更新商品，以获得更多的利润。消费者在被生产者推动着进行消费，消费者也就成为一种生产者获得利润的工具。从政府到企业各个层面，都在通过自己的手段，促进消费、扩大消费。在这样一种情况下，生产者以"殖民生产方式"进行着生产，消费者以"殖民生活方式"进行消费。

然而，资源的耗竭、环境的污染已经不能承受这种以"殖民生产方式"为主导的"殖民生活方式"了，资源的耗竭和环境的污染都指向了一个极值，一个以资源再生能力和环境自净能力为界限的极值。人们只能在这样一个极值、一个飞

---

① 杰里米·里夫金、特德·霍华德：《熵：一种新的世界观》，吕明、袁舟译，上海译文出版社 1987 年 2 月第一版，第 61 页。
② 中共中央马克思恩格斯列宁斯大林著作编译局：《马克思恩格斯选集》第二卷，人民出版社 2012 年 9 月第三版，第 691 页。
③ 中共中央马克思恩格斯列宁斯大林著作编译局：《马克思恩格斯全集》第四十四卷，人民出版社 2001 年 6 月第二版，第 92 页。

行在宇宙中的"飞船"的有限资源、有限环境容量的条件下生产和生活。严酷的现实要求我们改变生产方式及由生产方式决定的生活方式，实现生活方式的绿色化。生活方式的绿色化就是倡导人们只消费自己必要的产品和服务，杜绝对于商品和服务的浪费，杜绝通过各种废弃物污染环境。

在追逐 GDP 的竞赛中，特别是在 GDP 增速下行的情况下，政府往往需要根据情势通过货币政策、财政政策等手段对构成 GDP 的组成部分进行调节。一般来说，GDP 的计算可以用式（4-4）来表示。

在 GDP 的构成部分中，消费 C 是直接关系人们生活的部分。显然，采用原有的生产方式生产的产品来满足生活的需要，只能是刺激市场对于各种产品的数量的需求，以求得商品价值的迅速实现，让企业的生产能够更快地增长，以使 GDP 下行的速度减缓或者促进 GDP 的增速加快。在国际贸易关系恶化和政府购买紧缩的情况下，国内消费 C 和投资 I 承担着 GDP 正向增长的主要功能。由于此处讨论的是生活方式的变革问题，撇开投资 I 不谈。政府通过各种政策措施促进消费的力度必然加大，容易忽视对于资源的节约、环境的保护，更容易忽视生产方式绿色化的推进。怎样化危为机，在消费增长受到阻力的情况下，"广泛形成绿色生产生活方式"[①]，以新的生活方式来逐步替代传统生活方式，实现生活方式的绿色化，是一个必要的、必需的选择。

5.1.2　生活方式绿色化的现实选择

建立生活方式绿色化的道德和价值观。甘地曾说，"大自然所提供的一切，足以满足人类的需要，却满足不了人类的贪婪"。他进一步指出："文明的精髓不在于需求的增长，而在于有目的地、自觉自愿地放弃它们。"从释迦牟尼、穆罕默德到我国的古代先贤，大多主张节约，认为节约是人类的美德；而第欧根尼关于节约的思想和行为更是达到极致；经济学家保罗·A. 萨缪尔森提出的幸福方程式（幸福=效用/欲望）也可以推演出节约的思想。里夫金、戴利等学者则主张节制消费/占有欲望，通过"必要的消费"来保证公平或者"低熵"生活，以实现社会或人类的可持续发展。但现实的问题在于，这种节制至少暂时没有看到明显的希望，而我们却已经站在了"十字路口"！正如加勒特·哈丁所说："鼓舞人心的学者喜欢说，只有当我们达到更高的道德水准时，我们的文明才会被挽救。他们很正确，但是'更高的道德水准'之类的短语过于含糊而无甚帮助。我们最需要的是一份

---

① 习近平：《高举中国特色社会主义伟大旗帜 为全面建设社会主义现代化国家而团结奋斗——在中国共产党第二十次全国代表大会上的报告》，人民出版社 2022 年 10 月第一版，第 24 页。

简明的、如果我们打算活下来就必须放弃的具体做法的日程表。"①

建立以科学和技术为支撑的生活方式绿色化体系。从贝尔纳德·曼德维尔《蜜蜂的寓言》的思想主张到商品拜物教的泛滥，大多是主张以更多的挥霍来增加消费，以促进生产进而获得更多的利润/剩余价值。在这样的现实背景下，实现全民的普遍平均的"节约"不可能实现，一些生活水准在贫困线之下的人，再降低生活水准，不是社会进步的表现，也不能促进可持续发展的实现。可能的途径之一是在一定意义上实现"总量控制"，即以"零和游戏"的方式来控制总量，但这必然涉及资源和产品分配结构的调整、福利的调整，关乎许多既得利益者的利益，也难以真正实现。

从价值观的角度倡导节约需要付出艰苦的努力，社会的节约价值观与厂商的逐利价值观的对立决定了这种倡导过程的艰辛。在现有消费对象主要为产品的情况下，通过"零和游戏"方式节约基本不可行。如果要实现节约，只能通过普遍的宣传教育来说明现有部分产品过多使用对人体自身的不利，从健康的角度倡导节约是实现节约最有效的途径。如人们经常使用的一次性餐具不少是价值低廉的塑料制品，一次性餐具给人们心理上带来的安全感是未被其他人使用过，但是一次性餐具存放环境的卫生状况决定着其实际的卫生状况，其真实的卫生情况很难说好于重复使用的餐具；况且一个更重要的问题是，一次性塑料餐具在遇到高温时所迅速释放的有毒有害物质对人体可能造成的危害往往被人们所忽视。通过宣传教育来普及类似的知识，可以促进人们减少对于这样一类产品的使用，给环境保护带来一些有利影响，但是这样并不能解决根本问题。解决问题的出路一方面在于通过技术的进步，实现产品的替代，即以新的符合需要的产品替代原有产品，如低毒农药对于剧毒农药的替代、有机肥料对于无机肥料的替代，等等；另一方面则是从生产方式的变革出发，改变供给与需求的满足方式——变革交易对象，来全面减少资源的消耗和污染物的排放。后一种方式在后文阐述。

更大限度地公平享受资源及其产品是实现生活方式绿色化的重要路径。从地球的物理界限来看，似乎只需控制污染总量，使之限定在自然环境的自净能力范围之内即可。但是，地球的物理界限的基础是空间分布的广泛性，不同地区自然条件存在着空间差异，即不同区域的环境自净能力存在较大差异，各地区的承载能力（自净能力加上污染处理能力）存在较大差异，因而要求各地区根据承载能力排放污染物，实际上也就是根据对污染物的承载能力决定消费总水平。另外，控制污染存在着社会界限，这个社会界限是由消费的公平性所决定的。

---

① 加勒特·哈丁：《生活在极限之内：生态学、经济学和人口禁忌》，戴星翼、张真译，上海译文出版社2001年9月第一版，第174页。

5.2　生活方式绿色化的具体路径

《中共中央关于制定国民经济和社会发展第十四个五年规划和二〇三五年远景目标的建议》指出要"培育新型消费","促进消费向绿色、健康、安全发展，鼓励消费新模式新业态发展"[1]。生活方式绿色化的实现是一个长期而又艰难的过程。需要克服许多与绿色化思想相悖的思想和价值观、改变人们的许多消费行为和习惯，需要提高人们的精神文化素养，需要探索绿色生活方式的实现的具体途径，还需要与强大的资本的逐利行为进行斗争。

5.2.1　建立"粗放消费+精致消费"的理性消费模式

1. 理性的消费的产品构成模式

泰勒·考恩将消费区分为精致消费和粗放消费两类，"如果消费者将时间、精力和注意力都集中在商品上，我就称之为精致（intensive）消费。相反，如果消费者的注意力分散，那就是粗放（extensive）消费"[2]。当一个人某方面的消费偏爱某个品牌或者某个产地的产品，其消费就是精致消费；当一个人某方面的消费不在意品牌或产地，其消费就是粗放消费。

表面上来看，一个人每个方面的消费都是精致消费，其消费的水平必然很高，而为实现其消费所需要的其他成本必然也很高，必然消耗更多的资源；一个人每个方面的消费都是粗放消费，其消费水平可能不高，实现其消费所需要的其他成本也不高，消耗的资源不多。其实，精致消费并不等于高消费、粗放消费并不等于低消费，这完全取决于消费者的偏好与商品产地、运输方式等的组合。一个工作生活在长沙，要吃日本牛排、喝新西兰奶粉、饮法国红酒的精致消费者，其消耗资源必然很多；而同样工作生活在长沙，偏爱吃宁乡花猪肉、喝安化擂茶、饮白沙液的精致消费者，其消耗的资源就比较少。

一个人的消费所需要的商品和服务种类很多，可以形成多样化的组合形态，需要形成既有自己偏爱的商品的精致消费，也要有比较随意选择的粗放消费。没有精致消费，消费谈不上品质，生活也就过于随意；没有粗放消费，一切都是刻意选择的质量、品牌，则消费成本必然很高。社会的理性消费应当是精致消费加

---

① 中国共产党第十九届中央委员会：《中共中央关于制定国民经济和社会发展第十四个五年规划和二〇三五年远景目标的建议》，人民出版社 2020 年 11 月第一版。
② 泰勒·考恩：《创造性破坏：全球化与文化多样性》，王志毅译，上海人民出版社 2007 年 1 月第一版，第 120 页。

上粗放消费。

2. 精致消费群体的培养与绿色消费

通过本土产品的精致消费群体的培养,可以降低产品的运输成本和资源消耗,保障产品的绿色品质。培养本土产品的精致消费群体,从生产者角度来说,可以形成相对稳定的需求,不会产生"一窝蜂"的生产状况,也就基本不会产生大量产品滞销的情况,保障了生产者的利益;从消费者角度来说,可以实现对产品生产的有效监督,可以购买到可信任的产品,产品信息基本对称,保障了消费者的权益。例如,如果消费者偏爱桥头地瓜(产于海南省澄迈县桥头镇),而且吃地瓜主要吃桥头地瓜,那么,可以和相关企业或者农户建立长期购销关系,监督地瓜的生产过程,以保障地瓜的"绿色生产",进而保障地瓜的绿色品质。这也是舒马赫所提倡的"大众生产"的具体形式之一,也是"大众创业、万众创新"的实现途径之一。这种状况的出现,会更进一步体现社会在生产、分配上的公平性。

培养更多的文化产品的精致消费者,更是一种促进绿色消费的路径。文化消费或者精神消费是人们消费的重要组成部分。在一定程度上,文化消费可以替代物质消费,在消费的时间上、空间上,都存在一定程度的替代关系,从消费支出来说更是如此。一个人专注于歌剧、芭蕾舞或者摇滚乐、街舞,就必然会在这些方面花费更多的时间、精力和支出,而不是将这些时间、精力和支出用于烧烤、豪饮。显然,相对于烧烤、豪饮,欣赏歌剧、芭蕾舞是更为绿色的生活方式,也是更高生活品质的表现。此外,由于文化产品的可分享性,更多的人通过较低的成本来享受同样的产品,提高了享受相同产品的公平性。

5.2.2 减少直至杜绝浪费

1. 以供给侧结构性改革引领生活方式的绿色化

《环境保护部关于加快推动生活方式绿色化的实施意见》(2015年10月21日)中列举了促进生产、流通、回收等环节绿色化和推进衣、食、住、行等领域绿色化两个方面的具体途径。这份文件列出了改变当前在生活中存在的资源过多消耗、环境污染严重的多种行为的具体途径。[①]

由于供给的具象性特点,消费者总是消费由生产商/服务商提供的具体产品/服务。消费的绿色程度在很大程度上取决于所供给的产品的绿色化程度。我国消费中的过多资源消耗、浪费和造成较大的环境污染都与产品/服务的供给有极大的

---

① 《环境保护部关于加快推进生活方式绿色化的实施意见》(环发〔2015〕135号)。

关系。正因为商场/菜市场提供或售卖大量难以降解的塑料袋，使得塑料袋成了随处可见的污染物；正因为过度包装的存在，使得各种包装物在商品拆装后变成随处可见的废弃物（至少包括木板、胶合板、泡沫塑料、塑料薄膜、防水纸袋等）；正因为多种化学洗涤剂的生产，使得消费过程中使用了这些洗涤剂，造成了水体的严重污染。推进绿色消费的关键在于提供全过程的绿色的消费产品/服务，即从产品设计、生产、包装、使用到废弃的全过程的绿色化。

2. 推进绿色饮食发展

绿色饮食是以满足自身饮食需求为基本条件，符合人体健康需要和环境保护的饮食方式。从食品供给来说，确保食品的质量是首要因素，一种质量达不到标准的食品，不能保证饮食健康。保证食品质量的合格，也是保证人们公平地获得食品的前提；让每一个人获得健康的食物，这是一种最基本的公平。但是，这种最基本的公平，经常因为资本的逐利行为被打破，从 2006 年揭露出来的"苏丹红"鸭蛋、2008 年的"三聚氰胺"奶粉到 2018 年再度揭露的"放光的猪肉"，以及地沟油等，都导致了严重的食品安全问题。加强食品质量的监测和管理，堵住食品安全的漏洞，关涉民众最关心、最直接、最现实的利益，是一项紧迫而又长远的工作。

联合国粮食及农业组织的统计数据显示，全球每年浪费粮食达到 13 亿—15 亿吨，约 30%的粮食被浪费[1]，其中消费环节浪费量不可小觑。我国餐饮粮食浪费也非常惊人，据调查，2018 年我国餐饮业人均食物浪费率达 11.7%[2]。另有资料显示，我国食物浪费率约为 12%。[3]尤其在宴请时，以及在学校与机关食堂就餐时的浪费现象更为严重。[4]制止餐桌浪费需要通过多个途径才能实现，至少包括以下这些方面：一是通过教育宣传，特别是健康饮食宣传教育，引导人们树立起节约意识，使节约粮食成为自觉行为。二是建立餐馆引导适度点餐制度，将引导适度点餐列为餐馆服务程序，包括二维码点菜时，通过手机进行必要提醒，引导合理、适度消费。三是在有条件的情况下，推行自助分餐制。四是对浪费征收特别税费。如餐馆点菜时，根据人数和份量设置上限，对浪费率高于一定比例的征收特别税费。五是针对餐馆、企业、机关食堂、学校的餐余垃圾排放制定标准并进行监督，对于超标的单位予以处罚。

其次是食品制作和饮食过程的绿色化。我国在食品制作和饮食过程中的资源

---

① 陈健：《餐饮浪费与我国粮食安全》，《生态经济》2020 年第 10 期，第 12 页。
② 彭颜红：《坚决制止餐饮浪费行为》，《红旗文稿》2020 年第 18 期，第 48 页。
③ 国合会"绿色转型与可持续社会治理专题政策研究"课题组、任勇：《"十四五"推动绿色消费和生活方式的政策研究》，《中国环境管理》2020 年第 5 期，第 7 页。
④ 张奕：《山西："餐桌革命"迫在眉睫，遏制浪费仍有三难》，《四川省情》2020 年第 10 期，第 52 页。

浪费和环境破坏也是较为严重的，主要表现在以下几个方面：一是食品制作过程中的浪费现象。我国部分传统著名菜肴有制作过程大量使用食用油、盐、糖等，以及各种辅助材料的特点；时至今日，这类传统名菜（如各种腌制品、油炸食品）有的已经对人们的健康造成部分不良影响。从保护人们的健康出发，应当减少食用油、盐、糖的使用。另外，在这类菜品做好后，还有大量的食用油等被浪费，成了地沟油的主要来源。同时，这些餐余的油、盐、糖及其他辅助材料都对水体、土壤造成了比较严重的污染。二是一次性餐具使用过多，如一次性筷子、碗、杯子、勺子、饮料吸管及一次性桌布等。不少经济型餐馆和农村举办宴席时，这种一次性餐具和桌布的使用量很大；快餐行业使用的餐具大部分都是一次性餐具。三是塑料包装物的使用量甚多。个别情况下为了"卫生"，在可重复使用的碗中铺上一个塑料袋用来盛放面条、米粉等食品。

减少食品制作过程的浪费和饮食过程的浪费，需要从以下两方面入手：一是革新人们的饮食习惯，改变多油、多糖、多盐的食用习惯；研发少油、少糖、少盐的新型菜品，引导人们的消费，以维护自身的健康。二是减少一次性餐具的使用，鼓励使用可重复使用的餐具，对于在单位食堂就餐的人员，鼓励自带餐具；改革快餐业的餐具，更多使用可降解材料。

最后是饮食结构的绿色化，拒绝食用野生动物。食用野生动物已经给人类带来了多次灾难（从 2003 年的严重急性呼吸综合征到 2019 年起的新冠感染都可能与野生动物的贩卖和食用有关联），改变我们的饮食结构，禁止捕杀、食用野生动物是饮食结构绿色化的表现。禁止捕杀、食用野生动物，不仅是保护生物多样性、维护生态的表现，也是保护人类自身健康的需要。

3. 推进绿色家用发展

推进绿色家用发展是消费绿色化的重要方面。当今人们生活水平已经达到一定程度，追求"方便""效率"是日常家用的基本要求。正是因为追求"方便""效率"，人们使用日化产品的数量和种类越来越多，造成了更多的水体和土壤污染；使用越来越多的一次性用品，造成如塑料袋包装物等使用过后形成的废弃物的广泛污染；使用的电器种类越来越多，尽管每种电器都在提高效率，但总用电量不断增加；经常性购买实际上不必要的产品，一些人在购买家用产品时，容易产生不理性购买行为，许多产品买回家后并没有被使用，往往在产品使用期限到期后被丢弃，这样就造成了不少产品的浪费；等等。

推进绿色家用，至少可以从以下方面入手：一是减少一次性用品使用。对于可以使用可重复使用产品的活动，尽量选用可重复使用产品，尽量少使用一次性用品。二是节约、合理使用日化用品。日化用品对环境的污染最为严重，特别是化妆品、洗涤用品对环境的污染尤为突出，选用对环境污染小的日化用品是一个可行的选择；另一个可行的选择是科学合理地使用日化用品，不过量使用日化用品。在洗涤过程中多用物理方法，少用化学方法。三是选用节水、节电、高效照明、绿色建材。选用更加节水的水龙头、热水器、冲便厕所，采用必要的设计促进水的二次利用；选用更加节电的家用电器并掌握节电方法；选用高效的照明灯具。四是适量、适时购买家用产品，根据实际需要购买家用产品。

4. 推进绿色穿衣

推进绿色穿衣是生活方式绿色化的重要方面。穿衣方面存在的问题比较多，产生的生态环境问题也比较严重。为了获得高质量皮革而猎杀珍稀动物，造成多种珍稀动物灭绝，破坏生态平衡。大量尚未破旧的衣物因为不时尚而被丢弃，而回收利用率相当低，有资料显示，我国废旧纺织品再生利用率仅 30%左右。[①]一些"购物狂""剁手党"热衷于购买根本穿不完的衣物、鞋帽乃至皮带等。

实现绿色穿衣可以从如下方面入手：一是抵制珍稀动物皮毛制品。曾有一句公益广告语说："没有买卖，就没有杀害。"抵制珍稀动物皮毛制品，有利于保护生物多样性，维护生态平衡。二是理性购买衣物。培养消费理性，购买自己必要的衣物，减少甚至杜绝不必要的购买。三是努力实现旧衣物"零抛弃"。建立旧衣物的回收体系，使旧衣物经过分类，部分捐赠给需要的人群，部分通过加工用于建筑、建材、家居装潢等。四是强化纺织品和衣物的环境标志认证，提高绿色纺织品和衣物的高品质供给，保障人民健康。

5. 推进包装物绿色化

包装物已经成为当今生活废弃物的重要来源，解决好包装物污染问题是实现生活方式绿色化的重要方面。在日常生活中，包装物来源于购买的各种商品、网络购物的增加包装物等。我们经常可以见到各种各样的包装物被随意地丢弃在路边、水中，既影响美观，又污染环境。应当从下面几个方面着手解决问题：一是加强绿色包装材料的研发，鼓励采用可降解、无污染和可循环利用的包装材料。二是提升印刷过程中挥发性有机物（VOCs）的治理水平和效率，加强包装印刷废弃物无害化处理。三是迅速解决网络购物包装材料的可回收问题，实现网络购物包装材料的循环利用。四是减少不必要的包装，杜绝过度包装。

---

① 国合会"绿色转型与可持续社会治理专题政策研究"课题组、任勇：《"十四五"推动绿色消费和生活方式的政策研究》，《中国环境管理》2020 年第 5 期，第 7 页。

5.2.3　实现绿色出行

1. 短距离交通采用步行和自行车骑行

如前文所述，我国家用汽车的保有量已经达到一个非常大的数量，道路拥堵已经成为城市和高速公路交通的重大问题，汽车尾气也已经成为城市空气污染的重要来源。减少这些问题的产生，需要提高汽车的利用水平，减少汽车的数量，对于短距离的交通来说，最好选用步行和自行车骑行。这两种方式不仅低碳环保，还可以锻炼身体。

2. 乘用公共交通工具

随着城市基础设施的不断完善，城市公共交通更加便利，城市居民出行可以更多地选用公共交通工具。随着城乡一体化的不断发展，城乡融合发展已经成为一个基本趋势，村民进城也可以更多地选用公共交通工具，既节约交通成本、避免自行驾车停车难的麻烦，又有利于减少尾气排放、缓解道路拥堵。

3. 采用租车服务

《中共中央关于制定国民经济和社会发展第十四个五年规划和二〇三五年远景目标的建议》在论述"全面促进消费"时指出，要"推动汽车等消费品由购买管理向使用管理转变"①。出租车和类似于滴滴出行、神州租车等平台提供的租车服务，是典型的"使用"而不是"购买"，其汽车使用效率要远高于家用小汽车数倍，且在城市叫车等待的时间一般会在 10 分钟以内，十分方便；另外，不少租车平台调配的汽车是新能源汽车，这不仅提高了汽车的使用效率，还减少了尾气排放，节约了使用成本（购买并使用车辆的总成本——汽车购买价格+每年保险费用+汽油消耗+保养及修理费用，远高于租车总成本——租车平均费用×租车次数）。而且，"使用"而不是"购买"，不仅带来汽车使用效率的提高，而且还能减少汽车的生产，本身就是减少物质消耗和排放。

4. 购买清洁能源和新能源汽车

在确实需要购买家用汽车时，可以选用清洁能源和新能源汽车。清洁能源和新能源汽车尽管在技术上还有所欠缺，保障设施设备还不够齐全，但是，就作者的租车体验和调查来看，大多数使用了一年左右的电动汽车在充满电的情况下，

---

① 中国共产党第十九届中央委员会：《中共中央关于制定国民经济和社会发展第十四个五年规划和二〇三五年远景目标的建议》，人民出版社 2020 年 11 月第一版。

实际行驶里程可以达到设计里程的 80%（400 千米）以上，电池充电时间也在不断缩短（较快的可在一个半小时基本充满电）。一般城市家用汽车使用率较低，每天行驶距离不长，停放时间长，不存在没有时间充电的问题。就目前的新能源汽车来说，其技术性能可以满足大部分家用需求。

5.2.4　推动绿色建筑

1. 引导新建建筑全面执行绿色建筑标准

我国不少建筑的设计缺乏绿色环保理念，主要考虑形状的"新奇"（主要是模仿），对于是否节能环保、节约其他资源考虑甚少，造成了在建筑物建设和使用过程中的能源资源过多消耗等问题。

应当引导甚至在符合条件的地区强制执行绿色建筑标准。在土地使用、能源利用、水资源利用、材料资源利用等方面充分节约；通过优化设计和优化技术，在通风、采光、保暖等方面充分利用当地环境条件，实现建筑建设和资源使用的节约。

2. 在老旧小区改造过程中采用绿色化措施

我国改革开放以来，建设了不少急于满足居民居住需要的小区（包括大量的单位小区），这些小区已经到了需要改造的时间。在这些老旧小区的改造中，应当采用绿色化措施。在房屋改造、管网改造、电路改造等多方面采用新型设计、新兴技术，提高老旧小区的绿色化水平。

3. 在有条件的地区建立分布式能源系统

在有条件的地区建立分布式太阳能光伏发电系统是实现绿色居住的重要方面和途径。我国不少地区具备发展分布式太阳能的条件[①]，在这些地区以建筑物作为载体，使太阳能光伏发电系统与电网相连接，实现"互联网+分布式太阳能光伏发电"，建立低损耗、低成本、低污染的输变电系统，一方面使居民用户可以独立地使用自己拥有的太阳能光伏发电系统发出的电能，提高能源使用效率，减少碳排放；另一方面可以使居民在自己用电富余时向电网供电并获取相应收益，促进居民收入水平的提高，促进资源使用和社会收入分配的公平。

---

① 我国甘肃北部、宁夏北部和新疆南部等地，年日照时数为 3200—3300 小时，年辐射量在 6700—8370 兆焦/米²；京津地区、河北西北部、山西北部、内蒙古南部、宁夏南部、甘肃中部、青海东部、西藏东南部、新疆南部、海南西南部等地年日照时数为 3000—3200 小时，年辐射量在 5860—6700 兆焦/米²；为我国太阳能资源较丰富的地区。即便是四川和重庆、福建、浙江、广东的部分地区春夏多阴雨，但秋冬季太阳能资源仍可利用。参看张中青：《分布式光伏发电并网与运维管理》，中国电力出版社 2014 年 12 月第一版，第 7 页。

5.2.5　做到垃圾分类投放

1. 制定严格、精确、详细的废弃物分类标准

尽管废旧物资回收、垃圾分类处理已经做了很多年，也取得了一些成绩，在一定程度上减少了污染，提高了资源回收使用效率，2018 年，我国城乡生活垃圾回收利用率仅为 15%左右[①]，而美国在 2007 年的垃圾回收利用率就达到了 33.4%[②]，如果统计口径基本一致，则我国垃圾回收利用率不到美国的一半。我国在废旧物资回收方面存在的问题至少包括：物资回收利用意识淡薄、宣传教育不力，缺乏严格、精确的废弃物分类标准，废旧物资回收体系不健全，一些单位、小区把废旧物资回收投放设备看作一笔不必要的投资等。应当学习日本、德国的经验，建立一个严格、精确、详尽细致的分类标准，而且根据不同地区的特点，制定差异化的分类标准，以便于居民和回收系统更高效率地区分、投放、收集。

2. 进行细致的废弃物分类投放宣传教育

针对我国大部分城市居民尚未形成良好的垃圾分类意识和客观上的混合收集方式，以及居民生活习惯的实际情况，运用各类公共媒体、教育平台、学校、幼儿园、机关事业单位的各种宣传教育渠道和手段，广泛、深入、持续、细致地开展废弃物分类投放宣传教育，特别是对于具有较大危害的农药瓶、农膜、废旧电池等物品可能带来的危害的宣传教育，以减少分类错误带来的成本和污染。提高居民对资源回收利用的认知水平和意识，促进资源回收率的大幅度提高。

3. 健全废旧物资回收体系

尽管我国废旧物资回收行业一直存在，但收集的废旧物资的范围小、渠道窄，体系不健全。需要健全废旧物资的回收体系，做到应回收尽可能回收。一是健全回收体系的设施设备，以便废弃生活用品较为准确地分类投放、废旧电器电子产品精确地分类投放和废旧机械、农膜、农药瓶精确分类回收；没有较为完善的分类投放设施设备，居民在投放时就不会分类，不少居民也根本分不清哪些垃圾可以回收、哪些不可回收。二是健全各类回收利用体系，提高废旧物资回收的水平、速度，提高回收物资的利用水平和程度。三是建立健全废旧物资回收投放的管理机制，对于大型废弃物、电子产品、电器产品、污染大的物品等建立单独的投放

---

① 国合会"绿色转型与可持续社会治理专题政策研究"课题组、任勇：《"十四五"推动绿色消费和生活方式的政策研究》，《中国环境管理》2020 年第 5 期，第 7 页。

② 樊阳程、邬亮、陈佳等：《生态文明建设国际案例集》，中国林业出版社 2016 年 1 月第一版，第 205 页。

区域、设置单独的设施设备，以保证这些废弃物得到更为妥善的处置。四是建立废旧物资的清运体系，针对废旧物资的分散、移动的特征，建立高效、及时的收集、运输、中转体系，保证废旧物资的及时清运、中转，以及后一步加工利用或处置。

4. 建立废旧物资分类投放激励机制

在对居民进行废旧物资分类宣传教育的同时，建立废旧物资分类投放激励机制，对于将废旧物资特别是可能危害环境的物资按照分类要求进行投放的，给予一定的奖励。有的地方建立的分类投放垃圾赢积分，以积分换取部分生活用品的方式就是一个有效的方法。随着老龄化社会的到来，居家老年人越来越多，充分发挥这些老年人的作用，让他们做好废旧物资分类，然后按照要求投放到指定地方，换取一定的环保积分，环保积分达到一定的量可以用来换取生活用品，既发挥了部分老年人的作用，又较好地解决了废旧物资分类回收的问题。城市社区、农村村组完全可以做好此项工作，政府只需要安排少量资金支持即可；或者将城市社区、农村村组的相关人员、机构与废旧物资回收企业直接联系起来，也可以解决相关经费问题。

5.3 以服务为交易对象的生活方式

生活方式绿色化的一个基本价值观是以尽可能少的物质消耗满足相同的需要，或者说以相同的物质消耗满足更多的需要。依靠消费者的努力是一个重要方面，更为重要的是改变产品和服务的供给方式，以供给方式的改变来主导、带动生活方式的绿色化。

5.3.1 以产品为交易对象的效用损失

1. 产品交易过程中的欺诈行为

每年 3 月 15 日，中央电视台大抵都会举办一个 3·15 晚会，每年这个晚会都会揭露一批产品投诉问题。2020 年 3·15 晚会网页"专题首页"上揭露了包括"海参水'深'！养海参整箱放敌敌畏，南方海参冒充北方海参""汉堡王用过期面包做汉堡，鸡腿排保质期随意改""毛巾生产线的黑暗面：旧袜子旧内衣竟是毛巾生产原料""'神车'让人费神：宝骏 560 高速上突然失去动力故障没完没了投诉无处可去""万科尚城精装修房漏成水帘洞，春秋华庭问题房被强制收房，如此精装修'万万不可'！"等问题。而每年通过中国消费者协会所反映的产品和服务质量问题更是难以计数。

　　根据全国消协组织受理投诉情况统计，2019 年全国消协组织共受理消费者投诉 821 377 件，同比增长 7.76%，解决 614 246 件，投诉解决率 75%，为消费者挽回经济损失 117 722 万元。其中，因经营者有欺诈行为得到加倍赔偿的投诉 3 160 件，加倍赔偿金额 1 607 万元。全年接待消费者来访和咨询 140 万人次。根据投诉性质，售后服务问题占 29.09%，质量问题占 25.13%，合同问题占 18.31%，虚假宣传问题占 7.15%，价格问题占 5.13%，安全问题占 5.09%，假冒问题占 3.06%，人格尊严问题占 1.43%，计量问题占 0.85%，其他问题占 4.76%。[1]
在产品交换完结之后，交易基本终结，这为产品欺诈行为的产生带来了可能。生产商对产品的原材料、辅助材料、生产过程，产品物理性质、化学性质、生物性质，产品的实际功能与作用信息十分了解；而消费者在一般情况下依靠说明书或产品包装上的产品信息来了解相关信息，生产商与消费者信息不对称。在一般情况下，消费者是以个体与作为组织的生产商相对立，在交易过程中处于的实际地位不对等。生产商可以运用这种信息不对称、地位不对等进行欺诈。

2. 产品质量达不到使用要求的损失

　　在以产品为交换对象的交换过程中，实现产品的交换，双方的关系就已完结。即便是产品有质量承诺，但因为生产者和消费者之间的产品信息不对称，消费者往往受到损失。《经济日报》的数据显示，我国制造业每年因为产品质量问题造成的直接经济损失达到 1 700 亿元以上，造成的间接损失（市场份额损失、环境破坏等）超过 10 000 亿元。[2]产品质量问题给普通消费者造成的损失难以计算，但其损失绝不在此之下。产品达不到使用要求，造成的损失是多方面的：首先，使用不符合质量要求的原材料、辅助材料，导致产品不合格，使得标定的使用价值无法实现；其次，在生产不合格产品的过程中，消耗的物质、能源、人力，是纯粹的无用消耗；再次，在使用不合格产品的过程中，造成事故、伤害，如驾驶故障汽车出现意外，食用有毒食品、过期食品导致疾病等问题，给社会、家庭造成巨大伤害；最后，不合格产品在生产过程中、被使用时或被销毁时都可能产生污染。

3. 产品使用价值的发挥不够

　　产品功能闲置，其实际使用价值的发挥不够，或者消费者只需要某种功能，

---

① 资料来源：新浪财经（https://finance.sina.com.cn）2020 年 1 月 17 日。
② 韩霁：《要中国制造 更要"中国质造"》，《经济日报》2015 年 11 月 24 日，第 11 版。

但产品因为具有更多的功能而迫使消费者支付更高的购买价格，造成浪费。

最为典型的莫过于智能手机，恐怕99%的智能手机使用者用不全手机的全部功能，对绝大多数消费者来说，手机的一些功能完全是多余的。有一些功能还会"绑架"消费者使用另外的功能，而使消费者额外付出费用。其实，手机应该只是一个平台，使用什么功能、加载什么软件，都应该由消费者自己决定，而不应该过多地预加载功能，特别是那些使消费者额外付费的功能。手机预加载过多的功能，大多数消费者并未使用，至少造成手机存储空间的浪费。这种情况大量存在，生产商对产品加载的功能越多，就越有提高价格的理由。而对于消费者来说，不管自己是否需要这么多的功能，都付出了包含所有功能的价格。这类似于马克思分析的资本家购买的是"劳动"还是"劳动力"的差别。

可能的发展方向是，以特定的需要满足为基本目标，通过特定的物质载体来满足特定的需要；而不是"使用价值是价值的物质承担者"，即为了满足某种需要，消费者必须接受/购买某种产品。将生产商转变为服务提供商，将消费者转变为服务购买者。一个已经成为现实的事例是，以前出售磁带、CD碟片等给消费者，往往是多首音乐联结在一起，而消费者听取其中的某一首，需要加以选择（尤其是磁带更难）；而以网络（付费）下载的方式获得同一首音乐，消费者既可以少付费，又可以不用花费更多时间进行选择。

5.3.2 以服务为交易对象的消费的适恰性

1. 以服务为交易对象的消费的必要性

人们究竟需要什么？汽车、火车、飞机、共享汽车、共享单车都只是满足出行服务的交通工具。对于出行，除了满足所谓尊重的需要之外，人们剩下的只是乘坐了。安全、舒适、快捷地从出发地到达目的地，是人们的目标。至于乘坐什么交通工具更加能够显示自己的修养、身份，基于不同的价值观和认识，不同人的看法会存在巨大的差别。乘坐兰博基尼去两千米外的小店购买蛋糕，喜欢炫富的公子哥儿会认为是脸上有光的事情，而第欧根尼式的人则会对此嗤之以鼻。对于更多的人来说，能够去这家店购买蛋糕即可。其实人们即便是自己购买了汽车也不能解决所有的交通问题，把不同的交通需要交给不同的交通服务提供商可能会比自己购买交通工具更方便。杰里米·里夫金详细阐述了汽车共享所产生的变化，这些变化至少包括：

①越来越多的人在"拥有汽车"和"使用汽车"的选择之间更倾向于后者；
②享受共享汽车的人数不断增加，服务机构的收入不断提升；
③加入汽车共享俱乐部的成员中自己拥有汽车的会员越来越少；

④共享汽车的发展极大地减少了碳排放；

⑤汽车共享带来了其他出行方式的发展，如骑自行车、步行或乘坐公共汽车等；

⑥社会公共交通服务更加便利；

⑦一些大型汽车制造商已经成为汽车共享服务的引领者；

⑧享受汽车共享服务的成本远远低于自己拥有私家车；

⑨无人驾驶汽车的出现，意味着"私有权向使用权、市场机制向共享机制转变的过程可能进一步加速"。①

共享汽车的发展证明，人们需要的是乘坐服务，而不是汽车。由此推展，其实人们大多数时候需要的不是特定的产品，而是需要满足特定的需要。唐奈勒·H.梅多斯等也写道：

> 人们并不需要大量的汽车，他们需要的是尊重。他们不需要整柜的衣服，他们需要的是感觉到自己有吸引力，另外，他们需要刺激、多样化和美丽。人们也不需要电子娱乐；他们需要的是做一些值得去做的事情；等等。人们需要认同、团体、挑战、被承认、爱和欢乐。如果想用物质的东西来填补这些需要，那就无异于对真实的和从未被解决的问题提出一大堆错误的解决办法。在对物质增长的渴望背后有一项主要的推动力就是心理上的空虚。一个社会如果能够承认并明确指出其非物质需要，并找到非物质的方法来满足它们，那么这个社会将会只需要低得多的物质和能量产出，并且可以提供更高层次的人类满足。②

既然人们实际需要的不是特定的物质产品，而是为了满足特定的需要，那么就可以将市场的交换由商品的交换变革为服务的交换，也就是按照杰里米·里夫金所说的，"在一个使用权大于所有权，财产仍然掌握在供应者手中并通过租借、分时共享、定金以及其他临时安排分时段出租的世界之中，可持续这一概念越发深入人心，并内嵌于社会生活之中，而不是简单的社会责任行为"③。这种变革的必要性至少体现在如下 4 个方面。

第一，实现消费者增权，保障消费者利益。如选用滴滴出行，上车之后，司机询问清楚是否是预约人，平台系统会告知注意事项，开启录像/录音，保障乘客的安全；提醒卫生防疫问题；等等。而且对于司机是否偏离最佳路线、是否等待

---

① 杰里米·里夫金：《零边际成本社会：一个物联网、合作共赢的新经济时代》，赛迪研究院专家组译，中信出版社 2014 年 11 月第二版，第 234-240 页。

② 唐奈勒·H. 梅多斯、丹尼斯·L. 梅多斯、约恩·兰德斯：《超越极限：正视全球性崩溃，展望可持续的未来》，赵旭、周欣华、张仁俐译，上海译文出版社 2001 年 9 月第一版，第 224-225 页。

③ 杰里米·里夫金：《第三次工业革命：新经济模式如何改变世界》，张体伟、孙豫宁译，中信出版社 2012 年 6 月第一版，第 231 页。

时间过长等问题，都会及时提醒。结算可以通过网上结算。同时，由于叫车平台有多种可供选择的车型，消费者可以根据自己的偏好进行选择。通过这种服务的提供，保障了消费者的权益。

第二，增加社会公平感，减少社会矛盾。以服务为交易对象，将通过占用物质产品改变为通过获得服务来满足需要的方式，无论是通过购买/订购还是救济来获得服务，每个人所需要占用的物质产品数量就会相对平均。这种相对平均化的服务的获得感，必然减少人与人之间的差异感，增加社会的公平感，从而减少因为公平问题产生的社会矛盾。

第三，提高资源利用效率，减少物质消耗。正如里夫金、梅多斯等指出的那样，以服务为交易对象，人们以获得服务来满足自己的需要，这样一种生活的方式因为不以占用物质产品为生活基础，必然会大幅度减少物质消耗，从而提高资源利用效率。

第四，提高生态效益，减少环境污染。由于以服务的购买来满足需要的生活方式，减少了对物质资源的消耗和对空间的占用（如拥有更多的汽车保有量，就必然需要更多的道路和停车场；物质资源消耗的减少也必然减少废弃物的产生，使得废弃物占用的空间也得到节约；等等）。提高物质资源的利用率，必然提高生态效益，减少环境污染。

2. 以服务为交易对象的消费的可能性

"经济是技术的一种表达，并随这些技术的进化而进化。"[①]科学发展和技术进步为交易对象由产品转化为服务奠定了坚实基础。互联网、无线通信的几乎全覆盖为服务交易提供了最为坚实的信息沟通基础，没有及时的信息沟通，以服务为交易对象的消费需求大多不能得到满足；公路网络和交通设施的逐步齐全为服务交易提供了实现基础，没有公路网络和交通设施的相对完备，服务提供不能保证及时性；而类似无人机作为运载工具提供的服务也将会随着技术的进一步发展而更加完善。网络带来的扁平化的市场结构，使得服务购买者和服务提供者之间交流更加便捷、关系更加对等。

服务网络的建立为以服务为交易对象的消费提供了保障。以服务为交易对象的服务网络正在逐步建立，一些原来以产品为交易对象的企业也正在转向以服务为交易对象。一些企业的全国性、区域性服务网络已经建立，还有一些企业原有的维修服务网络十分便利地实现转型。服务网络的建立是以服务为交易对象的生活方式能够实现的基本保障。

---

① 布莱恩·阿瑟：《技术的本质》，曹东溟、王健译，浙江人民出版社 2014 年 4 月第一版，第 214 页。

在生活服务中，已经有许多领域呈现了实现的场景。前文多次提到的滴滴出行是一例，互联网服务也是一例。目前，有一些企业开始尝试为客户提供设施设备和特定的服务（如水净化），按时收取服务费的方式。目前主要是以"产品+服务"并存的方式存在，即类似于无线通信服务的方式，消费者购买手机，移动通信服务商通过消费者购买的手机提供服务。这种"产品+服务"并存的方式是一个过渡性的方式，未来必然过渡到大量的可以通过服务来满足消费者需要的方式。

3. 以服务为交易对象的消费的经济性

增加消费者的效用。以满足消费者需要的服务为交易对象，消费者与服务提供商之间具有更加对称的信息，欺诈行为会更少；消费者具有更多的选择权利，服务提供商以服务质量的提高来保障自己的客户和市场份额，其理性的选择是最大限度地满足消费者的需要，在支付相同价格的情况下，购买服务与传统的购买产品相比，消费者的效用更大。

稳定服务提供商的市场份额。以服务为交易对象，服务提供商必然谋求长期目标，其根本目标是通过广告、公关，更重要的是通过服务质量来赢得持久的客户，建立起偏爱自己服务的"精致消费者"群体。服务提供商的收益则来自服务对象缴纳的服务费，在自己的市场份额相对稳定的情况下，收益也自然稳定。服务提供商要增加自己的收益，只有提高服务质量、增加新的服务项目、努力提高自己的市场份额、开辟新的市场。也就是说，这种情况下的市场竞争主要体现在市场份额的竞争，其基本手段是提高服务质量、开辟新市场、提供新服务。新的服务提供商要进入市场，必须提供新的服务来满足消费者的需要，或者以更高的服务质量来替代原有服务提供商。

提升生态效益。前文已述，以服务为交易对象的生活方式能够减少物质消耗、提高消费者的效用、促进社会公平，还能保证服务提供商的收益。其结果是提升生态效益，实现社会经济可持续发展。

4. 服务型社会的价值观、财富观

越来越多的以服务为交易对象的交易活动发展和深入，不仅是一场经济革命，还是一场社会变革。如果我们把以购买并获得服务为主要生活方式的社会称为服务型社会，那么服务型社会的价值观会迥异于产品型社会，同时其财富观也会迥异于产品型社会。

社会贡献。一个服务提供商如果要获得合意的收益，必须提供为社会所接受的服务。信息对称和社会的持续了解使得广告宣传基本丧失作用，至少其性质会

朝着服务说明书的方向改变。服务提供商获得收益的唯一方式和途径在于为客户提供的服务，收益的多少在于其提供的服务的质量和竞争力。

能力与智力成果。物质产品（成果）只是服务提供商向社会提供服务的工具，向社会提供新的服务或升级自己的服务，需要的是通过新的智力成果将物质产品重新组合或者创造出更高水平的物质产品，整个社会更强调能力和智力成果的作用。"能力不仅仅与可实现个体福利的自由有关，也会影响到已实现的个体福利水平。"[1]人类真正的财富是共有的物质产品和自己的智力成果。追求对物质资本的占用的价值观将成为过去。

诚实服务。诚实服务是服务型社会的唯一选择，服务提供商的全部服务信息向消费者提供并解释清楚，也只有在向消费者解释清楚自己的服务的功能的情况下，才能获得消费者的认可，从而稳定自己的市场份额。

共享。包括社会公共资源的利用、基础设施建设水平的提高，以及免费共享知识的迅速增加在内，各种共享的平台和途径不断增加。获得共享服务是服务型社会的一个基本现象，人们对此的认知水平也会逐步提高。

平等。扁平化的市场结构、对称的信息使得服务提供商与消费者进行交易时处于基本对等的地位，在市场上实现现实的平等，而没有欺诈、欺压；社会服务的均质化使得消费者之间的消费差距缩小，增进社会平等。

5.3.3 产品数量的减少与服务量的增加

1. 产品数量的减少与服务量的增加的可能性

当交易对象主要由产品转化为服务，消费者关注的是自己的消费需求是否能够更好地被满足，服务提供商关注的是自己的利润是否能够保持合意的水平，社会关注的是能否用更少的产品满足更多的消费需要。消费者在以产品为交易对象的交易中购买的产品数量经常超出自己的需求，或者产品使用率较低，这都造成了严重的资源占用和浪费；当交易对象大部分改变为服务，消费者以实际需求订购服务，可以减少大量的资源占用和浪费。

里夫金提供的数据表明，汽车共享的成本只有私家车成本的20%，也就是说，要达到现有水平的乘坐服务，只需要现有数量的20%就可以满足需要。[2]对于共享型的产品来说，可以通过提高使用效率来减少产品量而保持服务水平不变。至少对于消费者来说，只是消费的方式稍稍作了一些调整，而且改变了原来因为一次

---

① 阿马蒂亚·森：《再论不平等》，王利文、于占杰译，中国人民大学出版社 2016 年 4 月第一版，第 56 页。
② 杰里米·里夫金：《零边际成本社会：一个物联网、合作共赢的新经济时代》，赛迪研究院专家组译，中信出版社 2014 年 11 月第二版，第 238 页。

性支付商品价格过高放弃使用产品的行为，因为只是支付服务费而可以获得服务，使得消费者所获得服务的增加、社会价值提高。对于社会来说，可以大幅度减少资源消耗、资源占用和废弃物，生态效益十分明显。唯一可能受到影响的是生产商/服务提供商，生产商在转变为服务提供商的过程中，由于每个时间周期的服务费肯定远小于出售产品所回收的资金，其回收生产成本的周期可能延长；但是，由于提供服务所带来的客户的稳定性有可能为企业抗击市场供求风险提供了机会。对于独占型的产品来说，可以根据企业获得的服务订单来生产产品，减少盲目生产带来的损失。对于消费者来说，由于只需要向服务提供商按期缴纳服务费，克服了一次性购买产品可能带来的经济支付压力，这有利于扩大消费者对于一些所需要的产品的使用，其潜在需求得到现实的满足。对于企业来说，一方面企业更着眼于提高服务质量和水平来吸引客户；另一方面由于只向客户收取服务费而使客户免除了一次性支付产品购买价格的困扰，可能会将潜在客户迅速地变为现实的客户，增加市场份额。对于社会来说，社会服务满足程度更高，也更加平均，促进经济发展的同时，也提高了社会公平程度；由于企业更加注重产品为客户服务的持续时间长短，而不是像以产品为交易对象时那样希望客户迅速地更换产品，对于资源的耗费减少，其生态效益不言而喻。

2. 企业的转型问题，交易对象变革带来的成本问题

在实现交易对象由产品转化为服务的过程中，最主要的动力应该是企业。企业需要充分认识这种趋势带来的"危"和"机"，并化"危"为"机"。很显然，企业之间的产品竞争已经呈现出一种焦灼的状态，许多有远见的企业已经从产品的竞争转向服务的竞争，这已经成为一种基本趋势，企业只有顺应这种趋势才能化"危"为"机"。先转型的企业就可以占到更多的市场份额，这仍然是企业获得利润的最基本途径。在以产品为交易对象的情况下，企业的收益看产品的市场占有率；在以服务为交易对象的情况下，企业的收益看服务的客户份额和产品的服务时长。在这种转变中，企业可能出现暂时性收入水平下降，所需要付出的成本可能会增加（特别是独占型产品的生产商/服务提供商）。这就迫使企业更加要着眼于长远，以更加长远的规划来运营企业。

5.4　本　章　小　结

本章在分析生活方式绿色化的必要性的基础上，提出了实现生活方式绿色化的现实选择路径，包括建立"粗放消费+精致消费"的理性消费模式、减少直至消灭浪费、倡导绿色出行、推动绿色建筑发展、做好垃圾等废弃物的分类投放等，

主张交易对象的改变，即从购买产品转向购买服务，以服务-效用来满足市场/消费者的需要，进而认为交易对象的改变是实现绿色生活方式的一个根本性途径。不仅如此，这种改变还会使社会的价值观发生根本性改变。

第6章 实现绿色发展的保障条件

实现绿色发展需要有一系列条件作为保障，这些条件至少包括：技术基础、信息传递方式、资源能源体系和社会组织结构的变革等。尽管这些条件并不一定构成实现绿色发展的充分条件，但是一定是实现绿色发展的必要条件。

6.1 技术基础的变革

从人类科学和技术发展的角度来看，世界历史实际上也是科学和技术不断变革、进步的历史。传统工业技术使得世界的发展变得不可持续，需要依靠新的技术革命来实现可持续发展。实现可持续发展的技术不仅有技术的水平问题，还有技术的伦理问题。

6.1.1 经济伦理与技术伦理

按照布莱恩·阿瑟的说法，经济是技术的一种表达。就经济发展的水平来说，其与技术发展的速度密切相关；对于欠发达国家或地区来说，经济发展的速度（增速）与技术发展的速度也密切相关。"技术创造了经济的结构，经济调节着新技术的创造（因而也是它自身的创造）。"[1]在工业革命的经济伦理和技术伦理的基础上，技术的发展造就了当今的技术格局和资源环境破坏，对此 E.F. 舒马赫写道：

> 现代技术塑造的现代世界发觉自己同时陷入三个危机之中。首先，人性反抗非人性的技术形式、组织形式和政治形式，感到这些形式使它窒息和衰弱；其次，维持人类生命的现存环境发出痛楚的呻吟，呈现出部分破坏的征兆；第三，对充分熟悉这个课题的任何人来说很明确，世界非再生资源，特别是矿物燃料受到侵蚀的程度达到了隐约可以看到严重短缺与实际枯竭的阴影笼罩着不远的将来。[2]

对于现有的经济与技术的发展方向和目标需要重新认识。经济的增长在一定

---

① 布莱恩·阿瑟：《技术的本质》，曹东溟、王健译，浙江人民出版社 2014 年 4 月第一版，第 216 页。
② E.F. 舒马赫：《小的是美好的》，虞鸿钧、郑关林译，刘静华校，商务印书馆 1984 年 5 月第一版，第 98-99 页。

意义上是一个相对抽象的目标，通过什么途径实现经济的增长并不具有唯一性，这也是存在着不同的发展模式的原因。只要是运用了适当的政策、技术和资源的合理组合，就可以实现经济在一个较长时期内的快速增长。政策、技术和资源在经济的快速增长过程中是具体的，这与需求的抽象性和供给的具象性有一致的地方。各个国家的经济结构的最主要差异体现在其产业结构上，产业结构的差异实际上由其技术结构支持，经济复杂性指数的差异体现了技术在整个国家经济发展中技术的水平，也形塑了其科学技术水平的世界形象。

作为具有具象性特征的技术，其发展的方向因资源的利用效率而存在差别，日本和美国汽车的差异就体现了这一点。资源的日渐枯竭和环境的日益恶化，使得技术必须向节约资源和保护环境的方向发展。在这样一类技术的发展方向上，经济同样可以实现增长，正如梅多斯等指出的那样："可持续性并不意味着没有增长。"[①]具体说来，应当注重"具有人性的技术"（舒马赫语）发展，是人类劳动在满足人的基本生存需要的基础上，实现人的全面自由的发展。

6.1.2 技术水平与绿色发展

从里夫金的《氢经济》，到布朗的《B 模式 3.0：紧急动员，拯救文明》，其中提出的各种实现可持续发展的主张，都依赖于技术的发展。从布朗所列举的 B 模式 3.0 所需要解决的问题来看，一些问题需要用制度变迁的方式来解决，另一些问题需要通过提高社会文明程度来解决，但绝大多数问题需要技术的进步才能实现。即便是解决传统工业化所造成的环境问题，也不能长时间依靠自然的自净能力来解决，而需要通过技术的发展来争取在短时间内解决。

以技术的发展来促进绿色发展主要是通过两个方面展开的，一是技术的进步，以更高的技术水平来解决尚未解决的技术问题，或者是以更高的技术实现对原有技术的迭代，实现效率的提高和成本的节约；二是技术的推广，使更多的地区、企业或家庭采用新的技术。如表 6-1 所示，中国 2020—2050 年生物质液体燃料的发展目标所预期的结果，都是技术进步和技术推广的结果。

实现绿色发展需要整体技术水平的提高，没有整体技术水平的提高，不可能实现绿色发展。技术的提高还体现在整体系统分析基础上统筹、系统地绿色化，单靠某个领域技术水平的提高不能解决问题，因为资源的破坏和环境的污染来源于多个方面，只有相对应方面技术水平的提高并加以切实有效的利用，才能比较好地实现绿色发展。欧洲、北美的一些国家能够从严重的环境污染中走出来的根本原因，在于其相关技术的整体提高。

---

① 唐奈勒·H. 梅多斯、丹尼斯·L. 梅多斯、约恩·兰德斯：《超越极限：正视全球性崩溃，展望可持续的未来》，赵旭、周欣华、张仁俐译，上海译文出版社 2001 年 9 月第一版，第 218 页。

表 6-1　2020—2050 年各时期生物质液体燃料发展目标

生物质液体燃料	单位	2020 年	2030 年	2040 年	2050 年
生物乙醇	万吨	400	700	1 000	1 100
	万吨标准煤	370	650	930	1 020
生物柴油	万吨	160	800	2 400	3 000
	万吨标准煤	240	1 180	3 530	4 410
生物煤油	万吨	40	400	1 400	1 900
	万吨标准煤	60	580	2 040	2 770
合计	万吨标准煤	670	2 410	6 500	8 200

资料来源：秦世平、胡润青《中国生物质能产业发展路线图 2050》，中国环境出版社 2015 年 12 月第一版，第 81 页。

正如苏伦·埃尔克曼指出的那样，到现在为止，人们进行加工来得到某种有用的产品的方法是"减法"。用含铁量 70% 的赤铁矿炼铁，至少有 30% 的物质被丢弃；用含铁量 48% 的菱铁矿炼铁，至少有 52% 的物质被丢弃；这还不包括在采掘、运输、选矿、冶炼、进一步加工中的物质损失。同时还有采掘、运输、选矿、冶炼和进一步加工所需要的设施设备、能源消耗。这些都造成了大量的被"减"下来的物质，这些被"减"下来的物质往往又成了环境的污染物。技术发展的一个方向是采用"加法"来生产产品。在纳米级尺寸对分子、原子进行类似于"3D"打印加工，可以极大地减少废弃物的产生。[①]这就需要系统的、整体的技术水平的提高。对于矿物的提炼来说，可能的途径是对矿物实现分子、原子级的"分拣"——当然，实现这一目标要克服技术和成本两道障碍，而不是只选择其中"有用的"部分进行提炼。技术发展到这样的高度，工业的绿色化可能就真正可以实现。中国社会科学院工业经济研究所课题组的一项研究表明，新工业化的发展方向之一是：

工业文明与生态文明相融合，除了传统生产函数理论的技术约束外，资源与环境、温室气体减排成为生产函数的硬约束。……建立在生态文明下的工业发展，非常重要的三点是：①工业生产的能量由化石能源为主向清洁可再生能源为主转变，污染物排放要尽可能降低；②由自然资源加工而成的工业产品能够回收与再利用；③工业生产对自然界的扰动要可修复，例如，开采地下资源对地表植被的破坏要在最短的时间内修复。绿色低碳能源产业、资源回收利用产业、生态环保产业是工业现代化部门的重要组成部门，这三个产业的发育程度也是判别现代工业水平的重要标准。[②]

---

① 苏伦·埃尔克曼：《工业生态学》，徐兴元译，经济日报出版社 1999 年 4 月第一版，第 124-125 页。
② 中国社会科学院工业经济研究所课题组、史丹：《新工业化与"十四五"时期中国制造业发展方向选择》，*China Economist*，Vol.15，No4，2020。

6.2 信息传递方式的变革

信息传递方式是一个时代或者文明的一个重要体现，信息传递方式的变革也给社会的发展转型带来动力，促进人类的生产方式、生活方式的变革和转型。

6.2.1 信息传递方式的变革与经济社会发展

在人类文明史中，语言、书信、书籍、石刻等作为重要的信息传播载体存在了几千年、几万年，这种信息的传递、传播方式主要是单向度进行的，信息的发送者与接受者之间在时间、空间上可能存在较大的距离。政府也以这种单向度的方式向下传递信息，通过一定的渠道层层传递，获得信息的人数较为有限，形成了信息传递上的等级体系，这也与传统社会的结构完全一致。

电报和电话的发明、电台广播和电视的发展，使得信息传递增添了更快的方式，同时也能更便捷地进行信息的互相沟通，适应了工业社会的需要，促进了社会的发展，促进了社会从农业社会向工业社会的转型。

6.2.2 信息无线传输和互联网的发展与社会转型

以无线电话和互联网为信息传递方式的多向度、网络化方式给新的社会转型带来了动力；"新的联系方式允许人们避开传统社会结构，不受地域限制，按照共同利益建立关系。"[①]

通信技术成为组织、管理复杂文明的手段。我们从世界通信技术研究及应用的发展可以看到各个国家的重视程度，这种重视程度也是其重要程度的反映。现代网络和无线通信技术操作便捷程度、传输效率更高，传输成本更低，与其他技术能够进行很好的融合。通信技术及网络成为社会中枢神经系统，对经济社会进行监管、协调和处理，成为组织和治理社会的有效手段，对于社会的转型发展也起到基础性作用。

杰里米·里夫金认为，网络信息技术的出现与可再生能源的运用让世界进入了第三次工业革命阶段。[②]他进一步指出："当新的通讯技术和新能源系统结合到一起，共同缔造出一个全新的经济模式时，人类历史上就会发生真正伟大的经济革命。"[③]而分布式氢能源构成社会的能源基础，"组成不断发展的分布式发电革命

---

① 戴维·霍尔：《大转折时代》，熊祥译，中信出版社 2013 年 8 月第一版，第 22 页。
② 杰里米·里夫金：《第三次工业革命：新经济模式如何改变世界》，张体伟、孙豫宁译，中信出版社 2012 年 6 月第一版，第 31 页。
③ 杰瑞米·里夫金：《氢经济》，龚莺译，海南出版社 2003 年 10 月第一版，第 216 页。

的一个个燃料电池在复杂的计算机软件技术、智能数字技术和因特网接入技术的支持下，正互相连接起来，逐步拉开分布式发电网的序幕"①。

6.3　资源能源体系的变革

化石能源的生产是造成温室气体排放和空气污染的重要原因，改变能源结构、实现能源转型是实现减排的最重要措施。欧盟、日本宣布在 2050 年之前实现碳中和。《中共中央关于制定国民经济和社会发展第十四个五年规划和二〇三五年远景目标的建议》要求，"降低碳排放强度，支持有条件的地方率先达到碳排放峰值，制定二〇三〇年前碳排放达峰行动方案"②。我国也已经宣布在 2060 年前实现碳中和，这表明我国实现减排的时间表已经基本确定。

6.3.1　化石能源的使用价值的变化

戴维·霍尔说："如果说过去 150 年的能源史是矿物燃料的历史，那么未来 150 年的能源史将是替代能源的历史。"③表 6-2 的数据表明，从 20 世纪 80 年代至 2011 年，化石能源的发电量占总发电量比重在持续增长，1980—2011 年上升了 9.5 个百分点，世界能源还是严重依赖于化石能源。化石能源使用的变化表现在不同化石能源之间的替代，1980—2011 年，石油发电的占比下降了 11.8 个百分点；煤炭发电的占比上升了 8.3 个百分点，天然气发电的占比上升了 13.0 个百分点。其影响因素首先是不同化石能源种类的开采成本，其次是生态效益。化石能源基本不是清洁能源，但由于能源需求的刚性存在及棘轮效应，人们不得不采用越来越多的化石能源来满足社会对于能源的需求。

表 6-2　1980—2011 年化石能源发电量占总发电量比重　　（单位：%）

年份	煤炭	石油	天然气	合计
1980	32.9	15.7	8.9	57.5
1990	37.3	10.0	14.6	61.9
2000	38.8	7.0	17.7	63.5
2010	40.2	3.8	22.2	66.2
2011	41.2	3.9	21.9	67.0

资料来源：中华人民共和国国家统计局《国外资源、能源和环境统计资料汇编.2013》，中国统计出版社 2014 年 8 月第一版，第 172-178 页。

---

① 杰瑞米·里夫金：《氢经济》，龚莺译，海南出版社 2003 年 10 月第一版，第 217 页。
② 中国共产党第十九届中央委员会：《中共中央关于制定国民经济和社会发展第十四个五年规划和二〇三五年远景目标的建议》，人民出版社 2020 年 11 月第一版，第 28 页。
③ 戴维·霍尔：《大转折时代》，熊祥译，中信出版社 2013 年 8 月第一版，第 187 页。

经济合作与发展组织（OECD）成员国家总体的能源自给率近几十年来在70%左右，煤炭、石油和天然气等化石燃料均不能自给；非经济合作与发展组织成员国家总体的能源自给率尽管超过100%，但呈降低趋势，尤其是石油自给率下降速度更快（表6-3）。化石能源难以为继是一个公认的事实。

表6-3　OECD国家与非OECD国家能源自给水平　　　　　　　　（单位：%）

年份	OECD 国家				非 OECD 国家			
	能源自给率	煤炭自给率	石油自给率	天然气自给率	能源自给率	煤炭自给率	石油自给率	天然气自给率
1971	69.8	99.4	40.6	100.4	165.5	100.5	329.7	103.0
1980	71.6	100.4	43.6	92.4	148.1	101.7	237.7	114.9
1990	76.1	99.3	49.4	85.2	132.5	101.1	199.8	118.1
2000	72.4	87.8	49.2	78.1	137.7	105.6	209.4	126.6
2010	71.7	90.7	45.6	73.1	125.9	106.1	174.0	123.5

资料来源：中华人民共和国国家统计局《国外资源、能源和环境统计资料汇编.2013》，中国统计出版社2014年8月第一版，第120-123页。

对于化石能源的严重依赖是当今世界难以解决而又必须面对的一个严重问题。环境问题要求非化石能源替代化石能源，促使发展水力、太阳能、风力、海洋能、地热能、生物质能、氢能发电来满足社会需要。如果能够实现非化石能源对于化石能源的替代，化石能源就成为化石资源，用于生产其他产品，可以不通过简单的"燃烧"来发挥其使用价值，而是可以通过更加精细的加工来获得更多的产品并减少污染。

6.3.2　大规模能源

除了煤、石油、天然气等化石能源，水力、核能发电可以实现大规模集中性发电。世界能源理事会（World Energy Council，WEC）认为，从目前来看，核能和水力发电将是能源可持续发展的核心。与燃烧化石能源的环境效益（从碳排放角度）相比，核能与水力发电的环境效益明显（图6-1）。[1]核能电碳排放量仅为煤电碳排放的3.27%、油电碳排放的3.96%、天然气电碳排放的5.81%，而水力电碳排放量则更低。

太阳能、生物质能和风力等分布式能源尚处于发展的初期阶段，能够很好地接替化石能源发电的无疑只能是核能和水力发电。核能也是一种化石能源，其可能造成危害的风险比煤炭、石油更大；苏联切尔诺贝利核电站事故和日本福岛核

---

[1] 温鸿钧：《核能和水电是能源可持续发展的核心：世界能源理事会研究结果解读》，《中国三峡》2013年第5期，第10页。

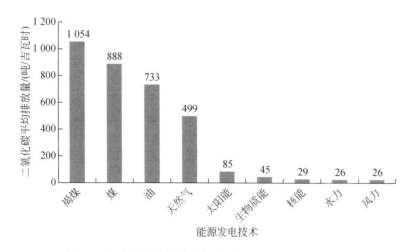

图 6-1　各种能源发电技术发电量的二氧化碳平均排放量

事故造成的危害已经让人们心有余悸；福岛核事故之后，德国、瑞士和日本存在"弃核"的倾向。舒马赫等对核能的应用表示了深深的担忧。尽管核能存在着较大的风险，饱受争议，但在做好防护的情况下，可以实现碳排放低、发电量大的效果；另一个可能实现的目标是，通过核技术的进一步发展，即分离嬗变，将长半衰期的核素分离出来，在快中子堆裂变成一般裂变产物，部分被裂变成短半衰期的核素，极大地减少长半衰期核素。现实的需求和技术的进步使得核电的发展没有因为个别的事故停下来。截至 2019 年底，全球共有 443 台核电机组运行，总装机容量为 7 410 吉瓦（10 亿瓦），54 台机组在建，总装机容量为 57 吉瓦（其中开工建设机组 5 台，6 021 兆瓦）。2019 年，核能发电量同比增长 4%，占全球总发电量的 10.4%，较 2010 年增长 1.4 个百分点。据国际原子能机构（International Atomic Energy Agency，IAEA）的预测，全球核电装机容量在 2030 年将达到 10 722 吉瓦、2040 年将达到 13 272 吉瓦、2050 年将达到 15 978 吉瓦[①]，核能发电量占全球总发电量份额保持在当前水平或略有提高。

　　水力发电因为需要建设大坝阻断河流，产生水生生物的生境异质性降低、产卵环境恶化，鱼类生境片段化等问题，对于其他生态环境也造成一定的影响。但是为了获得足够多的能源并充分利用现有电力供应体系，人们选择了承担一定的风险和牺牲一定的生物多样性价值。我国水力发电发展速度较快，2011 年水力总发电量为 6 681 亿千瓦时，2019 年增加到 13 019 亿千瓦时，增长 94.87%；水力发电发展尤以水力资源丰富的四川、云南、湖北、贵州、广西、湖南等省（自治区）

<hr />

① 王玉荟、伍浩松、李颖涵：《IAEA 发布 2020 年版核电发展预测报告》，《国外核新闻》，2020 年第 10 期。为了尊重不同类型电力相关计量单位的使用习惯，这里对于电力的装机容量单位表述不作统一化。

为快。2019 年，我国水力发电占全国总发电量的 17.8%。全球水力发电量呈持续增长态势，2014—2019 年，仅 2015 年较上年减少，其余年份均增长；2018 年为 41 714 亿千瓦时，2019 年增加到 42 222 千瓦时；2019 年较 2014 年增长 84.22%。[①] 据世界银行 2014 年的估计，2040 年水力发电装机容量将较 2010 年增加 56%。[②]

6.3.3 分布式能源

目前分布式能源（太阳能、风力、海洋能、地热能、生物质能、氢能）处于初步发展阶段，技术不够成熟、成本较高、利用水平不高、没有构成真正的电力网络体系等原因在一定程度上影响了分布式能源的发展；表 6-4 的数据显示，分布式能源在电力消费中所占比例还不高。全球可再生能源装机在全球新增装机容量中的占比由 2007 年的 20%提高到了 2017 年的 61%[①]，发展分布式能源是一个基本的方向。

表 6-4　核能及其他清洁能源、易燃可再生能源及废弃物消费占能源总消费比重（单位：%）

年份	核能及其他清洁能源消费	易燃可再生能源及废弃物消费
1971	2.7	12.6
1980	5.3	11.9
1990	8.7	10.2
2000	9.9	10.1
2010	9.0	9.8
2011	8.7	9.8

资料来源：中华人民共和国统计局《国外资源、能源和环境统计资料汇编.2013》，中国统计出版社 2014 年 8 月第一版，第 244-247 页。

太阳能光伏发电和风力发电。从我国分布式能源的发展来看，太阳能光伏发电和风力发电占前两位。图 6-2 的数据显示，2016—2019 年我国太阳能光伏发电和风力发电装机容量的增长率均超过 10%，尤其是太阳能光伏发电装机容量，最高达 80.92%，最低为 17.12%。分布式清洁能源发电装机容量在总发电装机容量中的占比逐年增高，风电由 2015 年的 8.57%上升到 2019 年的 10.41%，太阳能光伏发电由 2015 年的 2.77%上升到 2019 年的 10.16%；而火电由 2015 年的 65.93%下降到 2019 年的 59.18%，能源结构在逐渐优化。从全球来看，由于技术水平的提高，风电、太阳能光伏发电成本迅速降低，2010—2017 年，陆上风电、海上风电和大型太阳能光伏地面电站平准化度电成本（levelized cost of energy，LCOE）

---

① 资料来源：智研咨询产业信息网（https://www.chyxx.com）。
② C. 扎夫、马雅文：《全球范围水电站建设进展》，《水利水电快报》2016 年第 12 期，第 5 页。

分别下降到 0.06、0.14、0.10 美元/千瓦时,分别降低 25%、17%、72%;一些风力、太阳能资源丰富的地区,成本已经降至化石能源发电成本水平。陆上风电、太阳能光伏发电装机容量迅速增长,2004 年,全球风电和太阳能光伏发电的装机容量分别为 48GWe 和 4GWe,到 2017 年分别达到 539GWe 和 402GWe,分别增长约 10 倍和约 100 倍。据彭博新能源财经(Bloomberg new energy finance,BNEF)的预测,到 2050 年,全球太阳能光伏发电装机容量较 2017 年增加 17 倍,风电装机容量增加 6 倍,分别达到 8 000GWe 和 3 000GWe。[①]

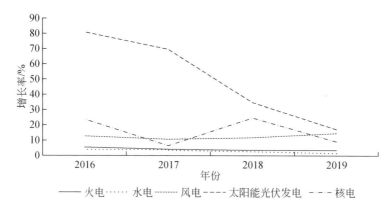

图 6-2 2016—2019 年各种能源发电装机容量增长情况(环比值)

数据来源:《中国统计年鉴—2020》。

生物质能。人类对于生物质资源的利用大部分也是采用"减法",留下"有用"部分,丢弃"无用"部分。转换一个思路可以发现,这些被丢弃的"无用"部分实际上只是人类没有发现其价值,或者不具备利用这些部分的技术。生物质资源的利用率实际上可以大幅度地提高。大幅度地提高生物质资源的利用率不仅能够较好地解决资源匮乏的问题,还能够较好地解决环境污染的问题。

在现实生产和生活中,大量的餐厨垃圾、畜禽粪便、农作物秸秆、农林剩余物、林木枝叶、有机物干垃圾等如果不加以利用,就会构成一定程度的污染并占用空间。生物质资源综合加工可以产生固体、液体和气体产物(图 6-3)。固体产物(BMF——生物质成型燃料)可替代燃煤直接使用。液体产物的主要成分是生物柴油、生物乙醇,生物质裂解油(BOF)应用面比较广泛。气体产物热值较高的,如生物质气化物(BGF)和沼气等可直接用于燃烧发电,也可将其中的一氧化碳加氢液化,弥补油气资源的不足。通过生物质资源的综合加工,基本上可以将生物质原料和有机物垃圾转化成不同种类的资源,成为化石能源的重要替代。

[①] 资料来源:智研咨询产业信息网(https://www.chyxx.com)。

2007 年，全球燃料乙醇的产量为 131 亿加仑[1]，主要生产国为美国（50%）、巴西（33%），其余在中国、加拿大等十几个国家；生物柴油的产量为 2.3 亿加仑，主要生产国为德国（约 25%），其余主要为美国、法国和意大利等。[2]

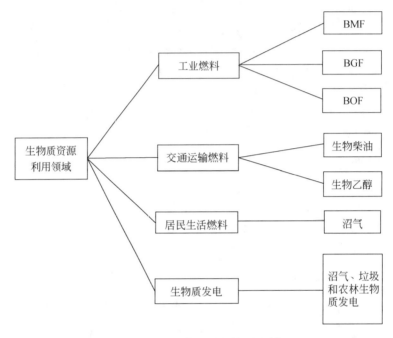

图 6-3　生物质资源的利用领域[3]

2012 年以来，我国生物质发电稳步发展。截至 2019 年底，我国生物质累计发电装机容量达 2 369 万千瓦，同比增加 325 万千瓦；2019 年生物质发电量约为 1 111 亿千瓦时，同比增长 22.6%。目前亚洲最大装备 6 台 130 吨/小时的直燃生物质锅炉和 6 台 30 兆瓦装机容量的汽轮发电机组，年发电量可达 13.8 亿千瓦时，年可供热量 100 万吨，预计年产值超 12 亿元，年上缴税收超 6 000 万元。[4]

生物质资源不仅能作为能源用来满足未来需要，还可以满足其他领域的资源需求，可以发展以木本植物、草本植物为主的生物质资源利用产业，避免与粮食生产和其他经济作物生产争土地，同时利用粮食生产、其他经济作物生产的剩余物；利用生物质资源可能生产的产品类型不仅包括能源产品，还可以有医药产品、

---

① 1 加仑（美制）≈3.79 升。

② 莱斯特·R. 布朗：《B 模式 3.0：紧急动员，拯救文明》，刘志广、金海、谷丽雅等译，东方出版社 2009 年 11 月第一版，第 306 页。

③ 白玫、朱彤：《新能源产业现状与发展前景》，广东经济出版社 2015 年 8 月第一版，第 95 页。

④ 资料来源：新能源网（www.china-nengyuan.com）。

食品添加剂产品，通过对植物汁液的提取加工，生产食品添加剂，替代纯化工生产的添加剂，以及其他生态生物新产品。通过生物质的深加工，对提取物进行进一步研究，生产满足社会需要的新产品。

地热能。地热发电是以地下热水和/或蒸汽为动力源的发电技术（现有地热能发电项目大多采用的是闪蒸发电技术、有机朗肯循环技术）。类似于火力发电，先把地热能转换为机械能，再把机械能转换为电能。我国地热资源大多为低温地热，主要分布在西藏自治区、四川省，以及华北、松辽和苏北地区，用来进行地热发电成本较高；有利于发电的高温地热资源，主要分布在云南省、西藏自治区、川西地区和台湾省。2019 年我国地热发电装机容量为 45 兆瓦，排全球第 10 名；发电量为 25.75 兆瓦。我国地热发电在全球地热发电总量中比重较小，仅为 0.3%左右。[①]从全球范围来看，地热发电在总发电量中只占很小比例，但地热能将来有可能成为能源的重要组成部分。

海洋能。一直以来，海洋能的发展由于技术和成本因素制约，进展缓慢。进入 21 世纪以来，随着海洋能研究的水平提高，海洋能发展取得了一些有效进展，尤其是波浪能和潮流能的研究进展更快。较早的大型潮汐能发电站如法国朗斯河坝潮汐电站，装机容量 24 万千瓦；韩国、新西兰、印度都在建设或者酝酿更大规模的潮汐电站，俄罗斯甚至在讨论建设装机容量达到 1 000 万千瓦级的潮汐发电站。[②]2015 年，美国西北能源创新公司研制了一种在垂直和水平方向上 360°全景式收集能量的 Azure 海浪能发电设备，该装置以其独特的机械结构使得转换率更高。2017 年，澳大利亚能源公司 Wave Swell Energy 研制了一种全新的海浪发电装置，用在海面上设置的特殊装置，制造一个人工风洞，运用波浪的波动形成快速的空气流动并推动涡轮转动发电，该装置的峰值输出功率可以达到 1 兆瓦，平均输出功率 470 千瓦左右，峰值平均功率比 47%左右，高出其他风电或海浪发电的峰值平均功率 17 个百分点左右，且发电成本约为 0.07 美元/千瓦时。[③]2020 年 1 月 14 日《科技日报》报道，哈尔滨电机厂成功制造了 600 千瓦海底式潮流发电机整机，该机组水电能量转化效率达到 37%，起动流速 0.51 米/秒。[④]这是我国潮流能利用的一个新水平。温差能和盐差能发电技术也正在逐步发展，目前海洋热能转换（OTEC）技术和装备尚处于实验阶段，兆瓦级试验电站建设成本巨大，且海洋热能转换对海洋生物存在一定的不利影响，整体技术成熟度尚无法达到商业级利用规模，亟待发展突破。但资源蕴藏丰富，具有很大的开发价值。

---

① https://www.chyxx.com/industry/202012/913947.html。
② 莱斯特·R. 布朗：《B 模式 3.0：紧急动员，拯救文明》，刘志广、金海、谷丽雅等译，东方出版社 2009 年 11 月第一版，第 308 页。
③ http://www.china-nengyuan.com/tech/108405.html。
④ 李丽云、王学善：《我国最大潮流能发电机组研制成功》，《科技日报》2020 年 1 月 14 日，第 1 版。

氢能。氢能是被许多国家寄予希望的未来能源。里夫金的《氢经济》对在石油资源枯竭的情况下，氢能源作为重要的能源基础的经济社会做了较为详尽的描述。欧盟委员会主席罗马诺·普罗迪曾于 2002 年宣布，欧盟计划成为 21 世纪第一个完全以氢为基础的超级国家联合体。2020 年 11 月 18 日，英国政府公布的《绿色工业革命 10 点计划》中，就明确到 2030 年，实现 5 吉瓦的氢能产量，以用于产业、交通、电力和住宅区；还计划在 2023 年开始氢能社区建设，2025 年建成氢能村落，10 年内建设一个完全由氢能供给能量的城镇。①

氢能源的利用方向是建设分布式发电装置，特别是氢能源电池的装配。里夫金认为："燃氢的燃料电池最终将占主导地位，并在分布式发电市场上成为最主要的能源。氢燃料电池发电效率不仅比内燃机高，而且污染少，使用更加方便灵活。"②

在电力需求量大的季节，依靠大规模发电，往往会出现部分区域断电的情况，造成断电的因素还会存在多种，例如，发电量不能满足消费需求、各种原因造成的线路故障和供电设施故障。由此造成的经济损失和社会影响十分明显。2008 年初湖南、湖北、贵州和广东等地的冰灾，使得铁路供电系统中断，京广线南段等铁路干线交通瘫痪 10 余天，给本来压力巨大的春运造成了极大的困难；2020 年 12 月，由于气候偏冷，电力需求量大，电力供给不足，湖南等省局部轮换限电，影响了人民的生活。里夫金也举例说明了停电带来的损失，随着数字技术和计算机运用的日益深入，因为停电导致的损失会迅速增加。分布式发电的优越性是十分明显的：其一，用电保障程度高；其二，电能线损少。氢能源电池的普遍装置，对电力的保障程度提高，更好地避免了因为停电带来的损失，更好地保障了人民生活的需要；氢能源电池的碳排放量几乎为零（只是制造氢能源电池等相关设施会产生一定的碳排放），有利于减少碳排放；由于分布式氢燃料发电接入电网系统，每一个拥有氢能源电池装置的住户、企业、大楼都是电网电力的供给者，都可以因此获得相应收入，在更大程度上实现用电的普及化，提高民众的生活水平。对此，里夫金写道：

> 分布式发电技术和分布式智能系统结合到一起，永远地改变了能源等式。自下而上的方式第一次取代了传统的自上而下的发电、配电——能源的民主化使每个人既能成为他或她自己电力的生产者，也成为自己电力的消费者。③

以里夫金为代表的专家们预测，改用氢燃料之后，全球变暖的速度会大大减缓，使得长久以来地球变暖产生的环境问题大为缓解。另外，贫困与能源特别是

---

① https://business.sohu.com/a/451204420-198170。
② 杰瑞米·里夫金：《氢经济》，龚莺译，海南出版社 2003 年 10 月第一版，第 211 页。
③ 同②第 222 页。

电力的使用密切相关，能够使用电力意味着有更多的经济机会，氢能源电池的分布式发电能够促进生活上、经济上的公平。里夫金甚至认为，建立联结世界所有的社区的分布式发电网，能够帮助处于贫困线下的几十亿人脱贫；而且缩小用电水平的差异是缩小分配收入差异的重要途径和表现。①

6.3.4　不可再生资源体系

不可再生资源体系正在逐渐减少，但仍然是重要的资源支撑。现有的工业化体系对于不可再生资源存在严重依赖，如果要实现现有结构相对稳定、布局基本定型的工业体系转型，所需要付出的经济成本、社会成本、环境成本、时间成本都很巨大，当然，这种转型又是必然的趋势。

首先，提高不可再生资源的利用水平。提高不可再生资源的利用水平是资源利用技术一直追求的目标。我们可以观察到，城市的楼房越来越高，实际上是土地利用率不断提高的表现；从统计数据也可以看到，万元 GDP 的能耗、水耗等不断降低也是能源、水资源利用效率提高的表现。

改变不可再生资源的用途、把不可再生资源用在最需要的地方，是提高不可再生资源利用水平的另一个路径。一些不可再生资源被简单地用于现有的用途，生产初级产品、低价值产品，在资源逐渐耗竭的过程中，其稀缺性程度越来越强，在缺乏替代物的情况下，其交换价值也将越来越高；在存在替代物的情况下，其存在价值、多样性价值也不可忽视。与重视文化资源的存在价值、多样性价值一样，应当同样重视不可再生资源的存在价值、多样性价值。也就是说，尽可能地用可再生资源替代不可再生资源，把越来越稀缺的不可再生资源用于生产可再生资源无法替代的产品。

其次，有意识地保留部分不可再生资源的完整的价值。人类世的到来已经成为事实，人类对地球的影响力越来越大，所有的不可再生资源都将被开采、被利用而改变原来的存在状态。有必要像保护生物多样性一样保留一些不可再生资源，以完整地保留其原真性价值、存在价值、科学价值、文化价值等。

最后，建立资源回收体系。资源回收体系包括废旧物资回收体系和生产、生活"三废"直接回收体系。废旧物资回收体系将会改变现在的"不够体面"的现状，成为资源的重要供给部门。特别是各种金属、非金属制成品废弃物的回收体系，其健全和完善程度关乎资源再利用的水平和污染程度。对于可再次利用的金属和非金属制成品废弃物应当多次加以利用。更为有效的是对生产、生活"三废"的直接回收，在其成为废弃物时直接进入回收渠道，开始新的分类和资源

① 杰瑞米·里夫金：《氢经济》，龚莺译，海南出版社 2003 年 10 月第一版，第 258 页。

化利用过程，减少在一定空间存放、裸露的时间，节省空间和时间，减少污染和资源损失。

6.3.5 可再生资源体系

当不可再生资源耗竭，可再生资源就成了人类唯一的资源来源。这迫使人类进行一次资源利用上的涅槃。在人类利用不可再生资源之前，人类不自觉地运用着可再生资源使人类瓜瓞绵绵。当人类进入青铜器时代，人类的进步速度开始逐渐加快，而支撑这个速度的就是对不可再生资源的加速利用，不断的技术进步与不断的资源加速耗竭紧密相连。发展到当今，不可再生资源几近耗竭，人类又不得不转向可再生资源，人类不得不自觉地运用可再生资源来实现可持续发展。可再生资源体系是实现可持续发展的资源保证，这个可再生资源体系就是地球自身的生态体系。

建立高效率可再生资源体系是实现绿色发展的保证。很显然，可再生资源体系是一个非常脆弱的体系，人类的任何不慎重都可能导致某些不可修复的后果。人类必须小心翼翼地利用这样一个资源体系，任何对于可再生资源的挥霍浪费都将使这个体系不堪重负。因为太阳的辐射量、地球的表面积、地球的各种循环都表现为一个相对稳定的量，人类活动所需要消耗的资源都必须在这些稳定的量所能够产生的资源的量的限度之内。嫦娥五号在月球表面带回来 1 731 克月壤，似乎让人们看到了从月球带回更多的可资利用的资源的希望；但是，即便是将月球物质全部移到地球上，恐怕也不够人们挥霍多久；更何况，且不说将物质从月球运回地球的高昂成本，月球的消失给地球自身带来的灾难性影响所造成的损失，远远大于将月球物质全部运回地球所产生的效益。人类唯一可以努力的方向是提高可再生资源的使用效率，减少浪费。

习近平提出的"绿水青山就是金山银山"论断，从资源来看，实际上指出了未来经济发展的最重要资源基础就是"绿水青山"。要以"绿水青山"作为资源基础来实现绿色发展，没有"绿水青山"就没有可持续的发展，没有未来的"金山银山"。同时，以全国范围各个地方各具特色和独特功能、价值的"绿水青山"[1]，实现资源占有的公平性，促进社会公平。

---

① 在这个意义上，不同区域的"绿水青山"有着不同的生态资源含义。从自然环境来说，每一种自然因素对环境产生着作用，每一种自然因素都有其重要的、不可替代的价值。沙漠的作用并不小于森林，关键在于沙漠和森林的比例结构；人类显然不能将全部沙漠变成森林，只有当沙漠不断扩大，对自然产生不利影响时，才需要治理沙漠。即对于不同区域的自然条件，实现生态环境的有效保护，实现自然资本的增值，保护生态资源的多样性。

6.3.6　碳捕集与封存体系

在化石能源和部分可再生资源的利用过程中，碳排放不可避免，但适合人类生存的自然要求大气的构成比例保持相对稳定，实现碳中和是一个基本条件，人类活动排放的二氧化碳等气体就应当被限定在不影响大气构成比例的范围之内。要实现二氧化碳等气体的排放不影响大气的构成比例，需要对人类排放的二氧化碳气体实行碳捕集与封存（carbon capture and storage，CCS）并加以再利用。

二氧化碳的捕集方法主要有依靠植物和藻类通过光合作用吸收的生物吸收法，利用水、甲醇和碳酸丙烯酯等溶剂吸收的物理吸收法，利用氨吸收法、热钾碱法及新型的离子液体吸收法等化学吸收法。二氧化碳的大规模封存主要是通过地质储存（在已开采石油或煤炭的矿层注入二氧化碳）、海洋储存（将超临界二氧化碳流体注入深海）和矿物碳酸化。[①]二氧化碳的捕集与封存存在高成本、高生态风险的问题，二氧化碳的控制排放和捕集是对环境的一大挑战，从封存到再利用是实现经济增长与环境保护的有效手段。

澳大利亚、日本等将捕集二氧化碳等注入地下或近海合法化，尽管目前能够储存部分捕集的碳，但潜在的危机依然存在；出路在于实现二氧化碳等排放气体的资源化利用，以及实现由封存到再利用的转变。在"十二五"计划中，我国就已经将再利用技术列为碳减排的战略之一，再利用技术水平也在逐步提高。

负排放技术的发展更进一步给减少碳排放带来希望。负排放技术是以重新造林、优化森林管理和提高土壤碳储存能力来实现直接从大气中除去二氧化碳或增加天然碳汇的技术[②]，尽管这类技术中有些还需要进一步提高，但是，保护森林已经被证实具有很好的固碳效果，仅 2007 年，热带地区森林面积的缩小就导致碳排放 22 亿吨，因为温带地区森林面积扩大而增加 7 亿吨碳汇。[③]随着环境保护水平的进一步提高，特别是对湿地、沼泽、海洋的保护水平的提高，这些被保护的固定介质将更好地发挥固碳作用，并将促进负排放技术的产业化应用。

6.4　社会组织结构的变革

技术基础、信息传递方式、资源能源体系的转型必然要求作为上层建筑的社

---

① 王建行、赵颖颖、李佳慧等：《二氧化碳的捕集、固定与利用的研究进展》，《无机盐工业》2020 年第 4 期，第 13-16 页；薛博、刘勇、王沉等：《碳捕获、封存与利用技术及煤层封存 CO_2 研究进展》，《化学世界》2020 年第 4 期，第 295-296 页。

② 杨荣斌、陈晖：《20 个值得关注的前沿科技热点》，《张江科技评论》2019 年第 5 期，第 18-19 页。

③ 莱斯特·R. 布朗：《B 模式 3.0：紧急动员，拯救文明》，刘志广、金海、谷丽雅等译，东方出版社 2009 年 11 月第一版，第 197 页。

会组织结构实现转型，合作、互惠、共享成为一个发展的基本方向；没有适时转型，社会组织结构就会成为可持续发展、绿色发展的障碍。

6.4.1　能源的分散化、资源的平均化对社会组织转型的影响

分布式能源分别属于社区的住户、学校和其他单位，这与原来统一来源于供电站不同，同一社区的同一电网中存在多个供电者，社区不仅是能源的消费区域，还是能源的生产区域；且还与新的通信方式实现了紧密结合，"民主化的通讯方式和能源利用方式，每个人越来越多地以光速和多个网络中的每个人、每个事物发生关系"[①]；随着人类越来越依赖分布更加分散的可再生资源，资源分布的平均化是客观现实。分布式的资源体系决定了资源占有和支配的平均化、公平化，决定了收入分配的进一步公平。社区的组织结构必然要与变化的条件相适应，进而，地方、社区要实现适应性的发展，"适应性发展是应对变化的制度上的能力。它能通过改变社会系统的某些部分来使社会系统和生态系统功能以一个更为健康的方式运作，从而对生态可持续发展作出重要贡献"[②]。

作为具体的、更加平等的个人，只能以自身拥有的知识和技能为社会提供服务，这些服务包括：人的服务、职业服务和技术服务。每个人为社会、社区、其他个人、企业提供服务，也接受着社会、社区、其他个人、企业为自己提供的服务。这样形成了大量的"小的"或者适度规模的服务型企业。

由此，社区治理的内容、形式必然变化。社区居民同时也是社会服务的提供者，通过自由选择，寻求自己的合作者，形成多样性的共同体组织。社会决策方式变化，这种社会结构符合丹尼尔·贝尔所说的后工业社会的特点。贝尔认为这种社会是一个公共社会，社会构成单位是公共组织而不是个人，社会的决策通过私人机构之间的集体协商、政府间的协商而不是市场而达成。[③]彼得·F. 德鲁克也指出：

> 这种组织形态一定会成为所有以信息（知识）为基础的组织的典范。
> 如此，我们会看到对传统那种依据职位高低作为奖赏原则的大改变。未来组织一定没有那些高低职位，就算有，也不会太多。我们会逐渐看到爵士乐团般的组织运作，垂直的上下职位改变为平行的职务分配。"职位"（rank）这个字应该从知识与服务工作中完全取消，用"职务"（assignment）这字眼来取代。而这种改变就会引起在工作动机、奖赏、认同上很大的问题。[④]

---

① 杰瑞米·里夫金：《氢经济》，龚莺译，海南出版社 2003 年 10 月第一版，第 270 页。
② 杰拉尔德·G. 马尔腾：《人类生态学：可持续发展的基本概念》，顾朝林、袁晓辉等译校，商务印书馆 2012 年 1 月第一版，第 190-191 页。
③ 丹尼尔·贝尔：《资本主义文化矛盾》，严蓓雯译，江苏人民出版社 2007 年 9 月第一版，第 157 页。
④ 彼得·F. 德鲁克：《后资本主义社会》，傅振焜译，东方出版社 2009 年 8 月第一版，第 67 页。

地方政府和社区在这些变革或者转型中需要发挥主导性作用，社区是推进这种适应性发展的主导力量，马尔腾强调："建设一个有力、高效的地方社区的责任主要在于地方居民，来自国家政府的鼓励和帮助可能会是决定性的。"① "适应性发展的核心是具有强大动力的地方社区。……所有人类与环境的相互作用最终都是地方的。"②

正如贝尔所指出的那样，社会构成单位是公共组织，那么社会组织的发展成为必然，而如戴维·伯恩斯坦所说的社会企业家（social entrepreneur）将会不断地涌现。③ "social entrepreneur"一词由让·巴蒂斯特·萨伊引入，约瑟夫·A.熊彼特和德鲁克进一步阐发，"social entrepreneur"是将社会或社区某些特定的资源进行重新配置，并实现更新、更高价值的创新的组织者。由社会企业家主导的社会组织的发展路径不同于传统的企业，这些组织社区居民服务于社区，参与解决社区出现的各种类型的问题，真正服务于社会；从世界各地的社会组织的发展来看，资源和环境保护是其重要的内容。这种社会组织的出现将使"住宅区"变成真正的"社区"，当今许多被称为"社区"的"小区"实际上是"住宅区"，人们除了居住在一个区域并都与物业公司发生关系之外，彼此之间基本不通往来。社会企业家的出现和社会组织的发展，将分散的能源、资源进行特定的组合，建立居民之间的多样化"共同体""合作社"，使"住宅区"成为真正的"社区"。这些社会企业家成为社区治理的重要力量。社会企业家又因为与参加"共同体""合作社"的居民之间不存在过大的"职位"上的差异而使得社区成员之间更加平等，从而实现社区成员之间的公平。这对于建立自治、法治、德治相结合治理体系，建设政府治理与社会调节、居民自治良性互动的社会治理共同体是一个有益的探索，也会是一种重要的表现。

6.4.2　分布式能源、通信和互联网技术的发展对于企业的影响

服务业特别是生产性服务的深入发展，使得企业的组织方式发生了重要的变化。德鲁克说："后资本主义社会的组织一定会专注自己的核心工作。对于不是自己专门的工作，就会跟其他不同类的组织合作。"④合作成为主流，企业生产方式需要实现重大转型。里夫金也认为，合作社模式的发展是唯一可行的经济模式。⑤

---

① 杰拉尔德·G.马尔腾：《人类生态学：可持续发展的基本概念》，顾朝林、袁晓辉等译校，商务印书馆 2012 年 1 月第一版，第 215 页。
② 同①第 192 页。
③ 戴维·伯恩斯坦：《如何改变世界：社会企业家与新思想的威力》，吴士宏译，新星出版社 2006 年 4 月第一版，170-184 页。
④ 彼得·F.德鲁克：《后资本主义社会》，傅振焜译，东方出版社 2009 年 8 月第一版，第 69 页。
⑤ 杰里米·里夫金：《零边际成本社会：一个物联网、合作共赢的新经济时代》，赛迪研究院专家组译，中信出版社 2014 年 11 月第二版，第 221 页。

企业与企业之间形成更加紧密的合作关系，每一个企业都只专注于自己的核心工作，其他的工作都由其他企业来完成①，整个产品链上的工作由过去单一企业的员工转变为由更加专业和高水平的多个企业的员工来完成。这实际上是分工的进一步发展，从亚当·斯密、马克思到杨小凯、陈平对分工的研究都表明，分工的进一步发展必然会使得效率、效益进一步提高。尽管一般斯密定理认为，劳动分工受市场规模、资源种类和环境涨落三重限制②，但通过现代通信和互联网技术使得市场的潜在规模扩展到全球，可资利用的资源得到了范围的重大扩展，环境涨落的趋势日益明显，这些都使得原有的制约分工发展的条件发生变化，新的分工发展引起服务形式和企业结构的变化，服务形式和企业的进一步发展是经济发展质量提高的要求与表现。

分布式能源、通信和互联网技术的发展使得服务企业仅仅服务于企业/客户的某个生产环节/工艺，这类专业化服务企业的规模小型化是一个基本的趋势。但是，正因为自身更加专注于核心工作、核心产品或服务，使得小企业生产高技术产品成为可能。这就改变了到现在为止的生产高技术产品主要依赖于大规模、高度资本密集企业的现状，这也为更多的生产创新实践通向高水平、高价值提供了实现通道。在这个意义上，实现了大型企业与中小型企业之间的一种平等。

分散化的会员制合作社规模具有适度规模，既限制了内部的官僚体制，又保持了组织的企业效率。分布式能源、通信和互联网技术的发展，促使企业组织结构的真正扁平化，减少组织成本，同时，由于信息对称水平提高，企业交易成本降低甚至降为零，使得企业生产成本压缩到最低。在产品或服务价格水平不变的情况下，企业利润水平提高；在企业获得平均利润水平的情况下，客户或消费者实现利益最大化。

6.4.3 个人权利平均化对社会组织转型的影响

实现人与人之间的平等，经济收入平等是最主要的因素；实现经济收入平等，关键又在初次分配的平等。以往社会，特别是传统工业社会以不可再生资源为主要资源，这些资源往往被少数人所占有，雇工只能出卖自己的劳动力；同时，由于资本的稀缺及资本的所有者之间的强大联盟，使得其出售的劳动力在分配权力上存在巨大差别。这两个方面决定了资本和劳动在分配上的极不平等。从分布式能源、多样化可再生资源利用到每个人依据自己的能力和水平为社会提供服务，决定了初次分配的平均程度要高于以往的任何社会。

---

① 这类企业之间的关联程度已经深入到了酒店业的一些环节，如一些酒店已经不再自己招聘员工进行酒店房间的清扫，而将房间清扫的工作交由协作的清扫服务企业或者家政公司来完成。

② 陈平：《代谢增长论：技术小波和文明兴衰》，北京大学出版社 2019 年 3 月第一版，第 207-241 页。

　　更加重要的是，在这样的社会生活中，每个人"通过向别人提供所需要的服务，一个人建立了对于他们的权力"①。每个人都以自己向别人提供自己独特的服务而建立起自己的权力。每个人的权力和地位取决于自己向社会和别人提供的服务的独特性和有用性，这种社会鼓励人们充分发挥自己的聪明才智、勤劳精神，在人与人之间形成"各美其美、美人之美、美美与共"的关系。这实际上是通过资源的共同占有和服务社会的发展，实现了人的自我"增权"，在很大程度上消除了卢梭所说的"政治上的不平等"。从获得社会报酬来看，按劳动分配的比重高于其他要素分配，促进收入分配的均等化。至于卢梭所说的"自然的不平等"所造成的分配不平等，需要通过二次分配，甚至三次分配来解决。分配的均等化是历来许多思想家所追求的目标，从古希腊哲学家到康帕内拉、圣西门等，一直到孙中山，以及我国近几十年的实践，都在为此付出艰辛的努力。人类理想社会追求的目标之一是实现分配的均等化，如前文所述，实现分配的均等化还是实现可持续发展的要求，这构成了应当实现分配均等化的自然界限。

　　分配上的均等化的直接结果之一是为人们消费的实际平等提供了支付基础，人们的生活水准最终都体现为消费水准，从社会角度来看，消费的平等是现实人与人之间平等的最后表现。可持续发展、绿色发展的自然界限实际上是要求人与人之间消费的平等，即通过分配上的均等化，实现个人消费上的均等化，从物质消耗、能量消耗及个人对环境的排放等方面实现均等。

6.5　本　章　小　结

　　本章论述了实现绿色发展的保障条件，包括技术基础的变革、信息传递方式的变革、资源能源体系的变革、社会组织结构的变革 4 个条件。强调了技术变革是实现绿色发展的最基本保障，技术及其体系的变革，会影响后续三个条件的变化；信息传递方式作为技术的体现，对生产方式、生活方式的变革产生基础性作用；资源能源体系变革是实现绿色发展的最直接基础；社会组织结构变革则为实现绿色发展提供制度、组织、文化保障。

---

① 彼得·M.布劳：《社会生活中的交换与权力》，李国武译，商务印书馆 2012 年 5 月第一版，第 192 页。

第7章　实现绿色发展的政策措施

制度供给是为规范人们的行为而提供的法律、伦理和经济的准则或规则①。法律制度、政策措施作为约束性准则，提供了"非禁止即可为"的空间；法律和政策中确定的禁止行为规定即资源环境制度供给，对企业、社会、公众在资源环境保护、绿色发展方面的行为进行规范，实际上起着主导性作用，直接影响着资源环境保护、绿色发展的水平和程度。关于绿色发展的政策与工具，学界有五分法和三分法之说，两种分法实际上是从不同角度进行的分类。五分法是以市场失灵理论、产权理论、信息不对称-委托代理理论、不确定性理论、生态工业学理论为基础提出的政策工具；三分法则是根据政策工具的类型分为强制性政策工具、混合性政策工具和自愿性政策工具②。本章从框架上主要依照三分法并运用五分法涉及的相关理论进行分析。

7.1　构建促进绿色发展的法制体系

各国环境破坏程度的差异、环境影响因素的差异、对环境问题认知的差异、不同利益主体的实力比较差异、立法传统差异、立法时间和条件的差异都会对环境法规产生影响。从全球范围来看，环境法规呈现"碎片化"，缺乏相对一致性；随着资源环境问题越来越成为全球性问题，确立相对一致的策略来应对全球性环境问题越来越紧迫，构建具有效率的全球性环境法律体系成为十分紧迫的任务。从每一个国家来看，其资源环境法规也是在对资源环境问题的认识水平提高过程中的不同时期制定的，同样存在"碎片化"问题，也需要及时地进行体系化工作。

7.1.1　国际环境治理合作及基本经验

1. 国际环境法规的主要内容

尽管国际社会是一个高度分权的社会，国际制度只是一种国家之间松散的组

---

① 李松龄：《制度供给：理论与实证》，《湖南财政经济学院学报》1999年第3期，第1页。
② 厉以宁、朱善利、罗来军等：《低碳发展宏观经济理论框架研究》，人民出版社2018年11月第一版。

织形式,具有明显的局限性①,但是,国际制度能够促进国家之间的协调乃至合作也是不争的事实。国际环境法规的制定,在一定程度上协调国家之间的行动,提高环境治理的有效性,若能达成国际合作,则环境治理将更为有效。

国际环境法规包括综合性环境保护国际法律文献、单行的环境保护国际公约、包含在其他国际法中的有关环境保护的条文和各个国家经国际认可的有关国际环境保护的国内法规,其内容涉及国际社会、经济、卫生、动植物、大气、海洋、河流、宇宙空间等。国际环境法规和环境保护的合作与协调反映了国际环境问题认识的一个过程。

第二次世界大战结束后,石油的开采和运输等对海洋的污染问题凸显,相关国家通过国际会议和谈判,通过了一系列相关公约。1954 年在伦敦举行的关于石油对海水污染问题的国际会议,缔结了《国际防止海上油污公约》;1969 年签署了《国际干预公海油污事故公约》和《国际油污损害民事责任公约》;此后,一些国家又签订了一批两国、多国间的保护区域性海域或者防止特定类型污染的国际性公约,如《防止倾倒废物和其他物质污染海洋公约》(1972 年)和《保护地中海免受污染公约》(1976 年)。

20 世纪 70 年代以来,随着空气污染和气候变化问题的日益显现,人们开始对自然环境的保护问题进行整体性思考,1972 年在斯德哥尔摩通过的《联合国人类环境会议宣言》、1980 年 3 月发表的《世界自然资源保护大纲》、1982 年通过的《联合国海洋法公约》、1992 年通过的《联合国气候变化框架公约》、1997 年通过的《京都议定书》及 2015 年通过的《巴黎协定》等文件体现了这种整体性的探索。其中《联合国人类环境会议宣言》《世界自然资源保护大纲》被认为是国际环境法规的基础,《巴黎协定》是应对气候变化的里程碑式的国际法律文本。

国际上还开展了一系列动植物保护的合作、协商,签署了一些国际性公约、条约,如保护南极及其生物资源的《南极条约》(1959 年)、《保护南极动植物议定措施》(1964 年)、《关于特别是作为水禽栖息地的国际重要湿地公约》(1971 年),《濒危野生动植物种国际贸易公约》(1973 年)、《保护野生动物迁徙物种公约》(1979 年)、《生物多样性公约》(1992 年)等。还有多国间和区域性的保护动植物的相关协议,如加拿大、美国两国的《候鸟保护公约》(1916 年)、《西半球自然保护和野生生物保存公约》(1940 年)、《养护自然和自然资源非洲公约》(1968 年)、《北极熊保护协定》(1973 年)、《保护欧洲野生动物与自然栖息地公约》(1979 年)等。

空间技术的发展,使得不少国家开始探索宇宙空间,对宇宙空间的探索和利

---

① 潘家华:《气候变化经济学》下卷,中国社会科学出版社 2018 年 5 月第一版,第 579-580 页。

用成为国际关注的重要问题。为此，第十八届联合国大会（1963 年）通过了《各国探索与利用外层空间活动的法律原则宣言》，1967 年签署了《关于各国探索和利用包括月球和其他天体在内外层空间活动的原则条约》，1971 年通过了《空间物体所造成损害的国际责任公约》，1974 年通过了《关于登记射入外层空间物体的公约》，第三十四届联合国大会（1979 年）又通过了《关于各国在月球和其他天体上活动的协定》，体现了各国对于减少人类对宇宙空间的不利影响、和平利用外层空间的希望。

2. 国际环境法规的基本作用

国际环境法规是在全球资源环境问题不断显现的情况下，国家之间采取共同措施进行应对的必然选择。首先，国际环境法规的制定和实施有利于制止类似资源环境方面"公地的悲剧"的发生或重演，约束国家的机会主义行为。其次，不遵循国际环境法规对国家声誉的损失会使得国家在国际合作中遭遇障碍，使得其长期利益受损，而遵守国际环境法规可以降低国家之间的交易成本。[①]最后，国际环境法规为各国进行资源环境保护提供了基本方向和遵循原则，有利于促进其国内实行资源环境保护；加入特定的环境保护组织、签订条约，有利于国际环境保护交流和合作，提高环境保护的效益。

3. 国际环境法规的局限性

国际环境法规对国家的约束实际上是一种软约束，其执行是一种无政府状态。一个国家是否执行、在多大程度上执行、怎样执行、什么时候执行国际环境法规，取决于其对执行相关法规、履行义务所带来的利益的认知。美国在 2001 年 3 月宣布退出《京都议定书》就是基于自身经济的考虑，因为执行《京都议定书》的相关条款，对美国碳排放减少的要求会影响其经济增长，不符合美国的国家利益。国家主要从自身利益考虑，必然在履行环境保护的国际义务的过程中，把全球利益置于国家利益之后，许多合作难以达成协议；在达成协议的情况下，在执行协议的过程中又经常因为各自利益问题将协议搁置。只有当共同面对的问题直接威胁到国家利益时，才可能较好地共同执行相关协议和法规。

国家之间经济发展水平、社会文化、科学技术水平差异较大，使得各个国家履行资源环境保护的义务的手段、方法、能力、水平也存在差异。一些欠发达国家即便有强烈的履行自己的国际义务的愿望，也可能因为其经济实力不足、受现有生产方式和生活方式制约、技术手段不足等原因而效果甚微。

---

① 潘家华：《气候变化经济学》下卷，中国社会科学出版社 2018 年 5 月第一版，第 579 页。

4. 我国参与国际环境合作的态度

1972 年, 刚于前一年恢复在联合国的合法席位的我国就派出代表团参加在斯德哥尔摩举行的联合国人类环境会议, 并阐明我国政府在环境问题方面的立场。进入 21 世纪以来, 我国在环境立法、执法等方面进行有益探索, 力图为建设人类美好家园提供"中国方案"和"中国经验"。我国政府认识到, 保护生态环境, 应对气候变化, 维护能源资源安全, 是全球面临的共同挑战。[①]我国一直以负责任的态度积极应对气候变化, 先后签署了《关于特别是作为水禽栖息地的国际重要湿地公约》《保护臭氧层维也纳公约》《蒙特利尔议定书》等数十个多边条约; 强调遵循《联合国气候变化框架公约》的基本原则, 发挥建设性作用, 推动气候变化巴黎大会达成全面、均衡、有力度的协议, 率先签署《巴黎协定》并推进其有效实施[②]; 承诺减少二氧化碳排放, 并就减少碳排放制定了时间表[③]; 还与日本、美国、蒙古国、朝鲜、加拿大、俄罗斯等签订了环境保护合作协定[④]。

我国明确表态, "中国将继续承担应尽的国际义务, 同世界各国深入开展生态文明领域的交流合作, 推动成果分享, 携手共建生态良好的地球美好家园"[①], 主张创新应对气候变化路径, 大力发展气候适应型经济; 并承诺"中方计划二〇三〇年左右达到二氧化碳排放峰值, 到二〇三〇年非化石能源占一次能源消费比重提高到百分之二十左右, 同时将设立气候变化南南合作基金, 帮助其他发展中国家应对气候变化"[⑤], 特别是支持最不发达国家、内陆发展中国家、小岛屿发展中国家应对气候变化挑战; 积极帮助非洲国家等开展资源环境保护, 支持非洲实施 100 个清洁能源和野生动植物保护项目、环境友好型农业项目和智慧城市建设项目; 支持并积极参与国际野生动植物保护合作; 支持二十国集团在减少土地退化、保护珊瑚礁、应对海洋塑料垃圾等领域的深度合作; 等等。我国坚持共同但有区别的责任、公平、各自能力原则, 百分之百承担自己的义务, 在推进资源环境国际法规的履行、实施中发挥了重要作用。2018 年, 联合国正式启动了《世界环境公约》谈判, 我国政府加入"迈向《世界环境公约》"特设工作组, 始终积极地参与并在谈判中以建设性的态度引领相关进程。

---

① 中共中央文献研究室:《习近平关于社会主义生态文明建设论述摘编》, 中央文献出版社 2017 年 9 月第一版, 第 127 页。
② 同①第 133、134、138 页。
③ 同①第 135 页。
④ 吕忠梅、吴一冉:《中国环境法治七十年: 从历史走向未来》,《中国法律评论》2019 年第 5 期。
⑤ 同①第 128 页。

7.1.2 我国生态环境保护法律体系

1.我国生态环境保护法律体系的构建

我国早在 20 世纪 50 年代就开始针对土地、水土保持、矿产资源等制定相关法规进行保护，1954 年颁布的《中华人民共和国宪法》确定了自然资源的国家所有制性质。1972 年参加斯德哥尔摩联合国人类环境会议之后，于 1973 年由国务院发布《关于保护和改善环境的若干规定（试行草案）》，而后又颁布了涉及工业"三废"、饮用水、渔业水质、农田灌溉水质等方面的标准。1979 年第五届全国人大常委会第十一次会议通过的《中华人民共和国环境保护法（试行）》是对原有相关法律思想和实践的总结，体现了经济发展与环境保护相协调的理念；1989 年第七届全国人大常委会第十一次会议通过的《中华人民共和国环境保护法》对于环境保护的目标、原则、基本法律制度和法律责任进行了规定；2014 年第十二届全国人大常委会第八次会议审议通过了《中华人民共和国环境保护法》修订案，对1989 年通过的《中华人民共和国环境保护法》进行了全面修订，并明确了其在环境立法体系中的基础性地位。

我国环境污染防治的立法思想，是以环境要素为标准，在探索环境污染防治的共性规律的同时，依据各种环境要素的污染产生和防治的具体迁移转变规律、致害机理和规则需求的差异，制定环境污染的单行法。[1]也就是在制定、修订和修正基本法的同时，根据发展需要，制定、修订和修正单项法，从生态保护修复、应对气候变化、节能减排和促进循环经济等方面制定了如《中华人民共和国海洋环境保护法》《中华人民共和国大气污染防治法》《中华人民共和国土壤污染防治法》《中华人民共和国水污染防治法》《中华人民共和国放射性污染防治法》《中华人民共和国固体废物污染环境防治法》《中华人民共和国环境噪声污染防治法》《中华人民共和国水土保持法》《中华人民共和国节约能源法》《中华人民共和国循环经济促进法》等法律和条例；根据自然资源保护的需要，从自然资源保护、国土空间规划、防灾减灾等方面制定了如《中华人民共和国土地管理法》《中华人民共和国水法》《中华人民共和国森林法》《中华人民共和国城乡规划法》《中华人民共和国防洪法》《中华人民共和国防震减灾法》《中华人民共和国气象法》等法律和条例。[2]在《中华人民共和国民法》《中华人民共和国刑法》中也规定了生态环境保护的相关内容，已经形成了以《中华人民共和国环境保护法》为基本法，多部

---

① 刘超：《管制、互动与环境污染第三方治理》，《中国人口·资源与环境》2015 年第 2 期，第 96-97 页。

② 汪灏：《新时代中国环境资源法律体系的构建与完善》，《西华大学学报（哲学社会科学版）》2020 年第3 期，第 110-113 页。

单项法、行政法规、地方性法规以及环境标准构成的生态环境法规体系。

2. 我国生态环境保护法律体系的完善

我国生态环境保护法律体系建设对资源、生态和环境保护发挥了重要作用。但是，迅速发展的社会实践往往快于制度建设，生态环境保护相关法律亦是如此。现有生态环境保护制度不少还是基于工业文明而不是生态文明思维，把生态环境保护与经济发展对立起来。应该认识到生态文明是超越农业文明和工业文明的文明形态，生态文明建设的过程是实现生态环境保护与经济社会发展的有机整合、统一的过程，应当从建设生态文明的高度建立生态环境保护法律体系。

仅从《中华人民共和国环境保护法》的立法内容及其在整个法律体系中的实际地位来看，实际上它还只是一部环境污染防治的牵头法律。[1]其他法律都还有一个逐步修改完善的过程，特别是环境治理主体责任体系相关法规的建设需要迅速加强。《中共中央关于坚持和完善中国特色社会主义制度　推进国家治理体系和治理能力现代化的若干重大问题的决定》明确指出，要实现最严格的生态环境保护制度、全面建立资源高效利用制度、健全生态保护和修复制度、严明生态环境保护责任制度。[2]完成《中共中央关于坚持和完善中国特色社会主义制度　推进国家治理体系和治理能力现代化的若干重大问题的决定》所确定的相关制度法规的建设任务，还需要付出极大的努力。

实现生态环境保护法律的体系化是当前此类法律体系建设的重要任务。在《中华人民共和国民法典》颁布之后，是否颁布《资源环境法典》成为许多关注生态环境保护法律的人士所关注的问题；从我国生态环境保护立法的实践来看，距离颁布系统的《资源环境法典》尚需时日。制定一部统摄整个资源环境法领域的基本法，规定主要理念、基本原则、调整手段等一般内容；根据这部基本法，针对资源环境法领域的具体事项制定单项法[3]，从而建立起基本法统帅下的系统化、科学化的生态环境保护法律体系，并为颁布《资源环境法典》奠定基础。

7.1.3　我国生态环境执法中的不足及其改进

1. 我国生态环境执法中存在的主要问题

中国共产党第十八届中央委员会第三次全体会议（简称十八届三中全会）通

[1] 王灿发：《论生态文明建设法律保障体系的构建》，《中国法学》2014 年第 3 期，第 41 页。
[2] 参看《中共中央第十九届中央委员会第四次全体会议文件汇编》，人民出版社 2019 年 11 月第一版，第 52-55 页。
[3] 汪灏：《新时代中国环境资源法律体系的构建与完善》，《西华大学学报（哲学社会科学版）》2020 年第 3 期，第 109 页。

过的《中共中央关于全面深化改革若干重大问题的决定》决定"建立和完善严格监管所有污染物排放的环境保护管理制度，独立进行环境监管和行政执法"，我国环境监管体制建设思路逐步明晰。为克服现实中出现的多头监管、交叉监管和"碎片化监管"的问题，实行以整体性、综合性监管为目标的环保"大部制"改革；为克服地方保护主义、加强对地方政府履行环保职责的监督，实行以增强管控能力、强化监督为目标的环保垂直管理制度改革。[1]"大部制"和垂直管理显然对于克服上述问题具有重要作用，但没有使生态环境保护问题得到根本性的解决，又出现了诸如市级生态环境部门派出机构的行政主体资格不明、部门间环境相关职能的合并导致污染所致自然资源损害的求偿主体不明、监管执法权能不匹配等问题。[2]"改革永远在路上"，需要进一步改革完善生态环境保护法律与监管体制。

在实行环境监管的过程中，特别是对于环境监管中出现的新问题，往往都是以党和国家的规范性文件作为依据，生态环境保护法律的制定、修订速度往往满足不了实际工作的需要。从整体上来看，要解决刻不容缓的生态环境保护问题，需要党和国家的规范性文件及生态环境保护法律的配合使用。同时，应当根据规范性文件的实施效果及时制定、修订相关法律，促进法律体系的完善。

从生态环境部通报的各种破坏生态环境的案例来看，一些地方政府对生态环境保护问题重视不够、认识不足，官僚主义严重。我国严重超标排污单位呈现出行业性、区域性特点，这些特点的形成当然有其内在的原因，不同行业的污染的污染物种类、污染方式和范围呈现出不同的特点，不同区域的污染与区域经济结构、产业结构密切相关。其实，问题的关键在于，在具备处理污染物能力的情况下，是否按照相关法规要求对污染物进行处理。一些企业为了节约成本而不顾排放标准进行排放（包括污水处理厂），而一些地方政府为了局部利益（包括经济利益和政治影响）对此却听之任之；个别地方甚至出现对环境监测设备的检测过程实施人为干扰的情况；等等。[3]

环境监管部门不能很好地履行职能，监管不到位是一个重要问题。首先，环境监管部门受制于地方政府，如果地方政府对经济发展和环境保护的关系认知出现偏差，重视经济发展而忽视环境保护，环境监管部门的严格执法会受到影响，导致环境监管部门不能严格执法；其次，环境监管力量不强，缺乏环境监管的能力，缺乏合格的监管人员和技术手段，出现污染也无法监管；再次，环境监管部

---

① 陈海嵩：《生态文明体制改革的环境法思考》，《中国地质大学学报（社会科学版）》2018 年第 2 期，第 69 页。
② 周卫：《我国生态环境监管执法体制改革的法治困境与实践出路》，《深圳大学学报（人文社会科学版）》2019 年第 6 期，第 83 页。
③ 2018 年 1 月 15 日，有人擅自进入湖南省常德市白鹤山国控站点采样平台，先后两次向采样头洒水。经调查，共有 7 人擅自进入白鹤山国控站点采样平台（该国控站点为对照点，不参与空气质量评价），其中有 2 人隔着栅栏用水瓢向采样头洒水，干扰了白鹤山国控站点的正常监测（资料来源：生态环境部，www.mee.gov.cn）。

门懒政、不履行职责，对环境污染问题听之任之，不进行监管；最后，个别地方直接违反监管法规，对国家检测机构的正常检测进行干扰，等等。处罚不力也是监管不到位的直接表现。环境监管部门因为法律、政策所赋予的职权不足，在环境执法中无法有效地进行监管执法。只有当企业违规排污受到相应处罚的损失大于企业自行处理排污的成本时，企业才会自己解决好污染排放问题。环境监管部门对违规排污企业的处罚力度达不到应有的水平，企业不可能自行处理好违规排污问题，因为违规排污被处罚的损失小于自行治理污染的成本。处罚不力的另一个方面是环境监管部门运用自己在执法中的自由裁量权有意减轻对违规企业的处罚，这实际上是对企业排污的放纵。此类情况并不鲜见。

相关企业只顾及自身利润和利益，对于环保责任的落实停留于形式，已经成为环境污染治理的痼疾顽症。2018 年 12 月 1 日，生态环境部向社会公布了 123 家主要污染物排放严重超标排污单位和处罚整改情况，其中，严重超标排污单位中有污水处理厂 78 家，占总数 63.4%；2019 年 6 月 26 日，生态环境部公布的 2019 年第一季度自动监控数据显示，在严重超标排污的 115 家单位中，污水处理厂有 44 家，占 38.2%。[①]问题的严重性在于，污水处理厂成为主要的污水排放企业。《浙江人大》曾于 2004 年第 7 期刊登过《污水处理厂怎能成"集中排污厂"》的文章，时至 15 年后的 2019 年，不少污水处理厂依然是"集中排污厂"。

2. 我国生态环境执法实施体系的完善

正确处理经济政策和环境政策的关系。在传统工业和基于传统工业的其他产业的发展中，经济发展，或者更加准确地说，经济增长与环境保护是此消彼长的关系，保护环境成为经济增长的外部成本。基于这样的现实，出现了治理环境的"谁污染谁负责"的庇古主义思路，要求企业"外部成本内部化"或者缴纳"庇古主义税"。企业出于自身利益的考虑，想尽千方百计转嫁污染于自然，"公地的悲剧"大量出现。在经济主义思想泛滥的影响下，一些地方把生态环境保护简单地看作成本、经济增长的减项，因而在制定经济政策时往往忽视环境保护，不能将二者系统地、综合地加以考虑。在经济政策的制定中，保护环境应是其中的重要内容。

站在生态文明建设的高度，通过政治、经济、文化、科学技术的发展，实现经济发展与环境保护的和谐和统一。基于此，应当建立地方政府的经济发展和环境保护关系处理水平评价体系。不以单纯的 GDP 来衡量地方的发展成绩，也不以简单生态环境指标来衡量地方的发展成绩。从评价地方政府处理经济增长与环境保护的平衡能力，过渡到评价地方政府实现经济增长与环境保护的协调、融合发

---

① 资料来源：生态环境部（www.mee.gov.cn）。

展的能力。以这种综合的评价机制来评价地方政府的政绩，充分调动地方政府建设生态文明的积极性。

建立全覆盖、高水平、高度信息化的监管体系。首先，建立有效的环境执法机制。做好日常环保执法工作是基础，没有良好的日常环保执法工作，依靠运动式环保检查，不可能做好环境监管工作。当运动式环保检查发现问题时，环境污染的后果已经造成，此时进行处罚，尽管是必要的行为，但对环境的污染已经造成，排污企业也将因受到处理而遭受损失。防患于未然的办法或者尽可能减少污染的办法就是做好日常环保执法工作。环保专项行动也是必不可少的，日常环保执法工作往往注重于常规监管，而专项行动则会对特定条件下的非常规性问题进行专项性检查，集中整治重点行业和地区突出的环境问题，对于尚未出现问题的地区和行业则可以起到防患于未然的警示作用。环保强化督查是解决区域性、流域性、行业性环境问题的举措。强化督查的特点是针对性强，针对特定区域、流域、行业的情况制定具体的目标任务、督查内容、督查范围，精准地解决问题。①这些环境监管机制从不同层面、运用不同方式与手段对环境实施监管，尽管各自都还存在不足，但其成效是十分显著的。当然，探索新的更加有效的机制是一个长久的话题。其次，建立高水平、尽职尽责的环境监管队伍。环境执法的"垂直管理"有利于克服县（区）政府可能存在的环境保护不力等问题，也有利于用更高的要求建设和管理环境监管队伍。省市两级政府环境监管部门应着力加强人员配备和人才培养，保证实现环境有效监管的需要。最后，建立水下、地面和高空相结合的环境监测体系，特别是运用卫星遥感技术对资源环境状况进行实时监测。建立健全多方位、多层次的环境监测网，是实现有效的环境监管的基础。仅仅依靠环境监管人员进行监管，必然是挂一漏万，而建立起水下、地面和空间检测的技术体系，就能弥补单纯依靠人员监管的不足，形成完整的、系统的监控网。特别是运用卫星遥感技术进行环境监测应是重要的发展方向，卫星的飞行高度、速度使得一般人员和组织无法对其实施干扰，保证了检测的真实性、及时性，能够实现最为有效的检测，并实现有效的环境管理。

7.2 形成资源环境配置的经济机制

社会主义市场经济中，市场机制应当发挥基础性作用。实现资源环境保护、绿色发展必然在市场经济的背景中进行，建立良好的市场法制、市场环境和市场机制是实现资源环境保护、绿色发展的重要手段和条件。

---

① 参看《2018—2019年蓝天保卫战重点区域强化督查方案》。

7.2.1　建立环境财政税收体系

1. 庇古主义税

环境税收是调节企业和公众对待资源环境行为的重要手段，最早的环境税收无疑是庇古主义税。庇古主义税是根据排污者排污所造成的污染的危害程度来征收的税费，用以弥补其排污所造成的私人成本与社会成本之间的差距。庇古主义税的应用效果是较为明显的，美国自 20 世纪 70 年代开始征收硫税（根据化石能源的含硫量或排放量计税），芬兰自 20 世纪 90 年代开始征收碳税（根据化石能源含碳量计税），奥地利、法国、希腊等自 20 世纪 90 年代后半期开始征收垃圾填埋税，2000 年后，一些国家开征了新能源税等税种。庇古主义税的征收，意在解决外部性问题，并促进了外部性内部化。

部分欧洲国家现行主要环境税税种见表 7-1。

表 7-1　部分欧洲国家征收环境税税种

环境税税种		征收国家
二氧化碳税		芬兰、丹麦、德国、荷兰、挪威、波兰、斯洛文尼亚、瑞典、英国、爱沙尼亚
空气污染税	氮氧化物	丹麦、法国、挪威、瑞典、瑞士
	二氧化硫	捷克、爱沙尼亚、立陶宛、拉脱维亚、波兰、保加利亚、罗马尼亚
	挥发性有机物	瑞士
农业污染税	杀虫剂	丹麦、瑞典、挪威、比利时
	肥料	丹麦、瑞典、挪威、芬兰
污染产品税	电池	比利时、保加利亚、丹麦、意大利、拉脱维亚、瑞典
	塑料包装袋	丹麦、意大利、爱尔兰
	一次性饮料瓶	比利时、丹麦、芬兰、爱沙尼亚、拉脱维亚、波兰、瑞典
	轮胎	比利时、丹麦、芬兰、拉脱维亚、瑞典
	氯氟碳化物（CFCs）、卤化烷（Halons）	拉脱维亚、丹麦
	一次性相机	比利时
	润滑油	芬兰、意大利、拉脱维亚、挪威、斯洛文尼亚、西班牙、瑞典
	石油产品	芬兰、法国
水税	水净化税	丹麦、荷兰
	废水税	丹麦、法国、德国、荷兰，巴尔干半岛国家、东欧国家

资料来源：根据徐凤《欧盟国家征收环境税的基本经验及其借鉴》（《河北法学》2016 年第 2 期，第 129-137 页）整理。

部分欧洲国家还对航空（噪声）、氯化溶剂、一次性餐具、灯泡、聚氯乙烯（PVC）、邻苯二甲酸酯、广告电邮、报废车辆、电子产品和电子废弃物、核废料、焚化炉排放的污染物等收取税费。

随着庇古主义税的发展，还形成了诸如开采税、土壤保护税等多种直接环境税税种，这些税种的征收，对于解决特定污染问题都发挥了积极作用，有利于促进排污者将外部成本转化成内部成本而影响其产量决定，有利于引导生产者改进技术以减少排放，还有利于增加税收收入以用于建设污染治理设施、解决污染问题。尽管又出现了基于科斯定理的污染治理手段，但庇古主义税、补贴、押金退还等手段仍然是重要的环境治理手段。

2. 我国从排污费到环境税的发展

1979 年颁布的《中华人民共和国环境保护法（试行）》规定，"超过国家规定的标准排放污染物，要按照排放污染物的数量和浓度，根据规定收取排污费"。1982 年国务院发布的《征收排污费暂行办法》对排污费的目的、性质、原则标准、办法，以及排污费的使用、管理等作了规定。收取排污费的基本思想是"谁污染谁治理"。1984 年颁布的《中华人民共和国水污染防治法》又区分了一般排污费和超标排污费，规定凡是向水体排污即须缴纳排污费，超标排放的另外缴纳超标排污费。排污费的收取对处于迅速工业化过程中产生的污染排放有一定的抑制作用。但是，排污费被允许计入成本，实际上排污费通过产品销售转嫁给了消费者，最后由社会承担；同时，所收排污费中 80%返还企业用于排污治理，难以保证专款专用。尽管对排污费的征收进行了多次改革，特别是 2003 年开始实施的《排污费征收使用管理条例》，完成了从单因子浓度超标收费向多因子总量收费的转变，提高了收费标准；2014 年国家发展和改革委员会发布的《关于调整排污费征收标准等有关问题的通知》，将主要污染物排污费征收标准提高 1 倍，并根据达标状况实行差别收费。但是，征收排污费的缺陷也在实践中显现出来，"征收标准与污染治理成本相比仍然过低，对减排行为的经济刺激不足；计征所依据的污染物排放量计量准确性较差；协议收费，收缴率不高；收费面不全，有些重要的污染源仍被豁免等"[①]，征收环境税势在必行。

2018 年 1 月 1 日开始实行的《中华人民共和国环境保护税法》及《中华人民共和国环境保护税法实施条例》是我国环境税费征收的重大改革和进步。《中华人民共和国环境保护税法》的颁布对于保护和改善环境、减少污染排放，从而推进生态文明建设，具有重要的意义；《中华人民共和国环境保护税法实施条例》则在

---

① 吴健、陈青：《从排污费到环境保护税的制度红利思考》，《环境保护》2015 年第 16 期，第 22 页。

《中华人民共和国环境保护税法》的框架之下，对计税对象、计税依据、税收减免及税收征管等规定进行了细化，以更好地满足环境保护税计征工作的实际需要。随着生态文明建设的逐步推进，在经济发展绿色化的进程中，环境保护税法必然会随之进行必要的修订完善，形成完善的绿色税收体系。绿色税收体系的一个基本目标是促进整个社会确立绿色生产方式、生活方式。

3. 我国环境财政支出政策的发展

如前所述，我国环境财政收入政策根据经济-环境发展的变化和认识的提高，进行了不断的修改完善；同时，环境财政支出政策也随之进行了不断的修改完善。1972 年，自参加联合国人类环境会议后，环境问题被进一步重视。1973 年，我国将环境保护基本建设列入国家预算内基本建设投资计划。1980 年确立的"划分收支，分级包干"财政管理体制改革，开始划分中央与地方环境保护支出责任。此前，1979 年起试行"拨改贷"等措施，初步形成了投资主体多元化、资金来源渠道多元化、投资决策分散化、投资方式多样化的格局。1984 年，政府对环保投资体制又进行了相应改革。20 世纪 80 年代后期，提出了"生态环境财政"的概念，并开始利用生态投资等手段来改善生态环境。进入 21 世纪之后，生态环境财政支出制度建设得到加快。2004 年，财政部设立中央环境保护专项资金，重点支持环境监管能力、集中水源地保护、区域环境安全、污染防治新技术新工艺推广应用等项目建设。2006 年，"环境保护"纳入国家预算科目，为环境保护提供了公共财政支出保障。而后，又设立主要污染物减排专项资金（2007 年）、农村环境保护专项资金（2008 年），以及自然保护区专项资金、重金属污染防治专项资金、可再生能源发展专项资金等，促进了事后污染治理向事前防范与保护的转变。近几年，财政部印发了多个专项资金管理办法及绩效考核办法，以保证专项资金使用的合理性和有效性。2019 年，中央财政在 27 个省（市、自治区）安排 250 亿元专项资金，其中清洁取暖试点资金 152 亿元（天津、河北、山西、山东、河南、陕西）、打赢蓝天保卫战重点任务 95.94 亿元 [27 个省（市、自治区）]、氢氟碳化物销毁资金 2.06 亿元（江苏、浙江、山东、四川）[1]；2019 年 11 月，又给 11 个省（市）提前下达 2020 年大气污染防治资金预算 214.5 亿元，其中清洁取暖试点资金 119.5 亿元（天津、河北、山西、山东、河南、陕西）、打赢蓝天保卫战重点任务 95 亿元 [11 个省（市）]。[2]2020 年 11 月，又提前给 31 个省（市、自治区）下达 2021 年大气污染防治资金预算 150 亿元。[3]中央财政资金根据实际需要确定

---

[1] 资料来源：《财政部关于下达 2019 年度大气污染防治资金预算的通知》（财资环〔2019〕6 号）。
[2] 资料来源：《财政部关于提前下达 2020 年度大气污染防治资金预算的通知》（财资环〔2019〕57 号）。
[3] 资料来源：《财政部关于提前下达 2021 年大气污染防治资金预算的通知》（财资环〔2020〕73 号）。

支出项目、支出额度、拨付对象，精准施策，并进行绩效管理，这些专项资金在专项污染治理方面发挥了十分重要的作用。

　　随着污染治理各项投入不断加大，大气、水、土污染防治攻坚战取得阶段性成效，生态环境指标总体上呈好转态势。2020年，全国地级及以上城市空气质量达标的占全部城市的59.9%，比2015年上升38.3个百分点；空气质量超标的占全部城市的40.1%，比2015年下降38.3个百分点。2020年，全国地表水国控断面（点位）水质检测，Ⅰ—Ⅲ类水质的占83.4%，Ⅳ—Ⅴ类水质的占16%，劣Ⅴ类水质的占0.6%，较2015年Ⅰ—Ⅲ类水质的断面上升18.9个百分点，Ⅳ—Ⅴ类水质的断面下降10.7个百分点，劣Ⅴ类水质的断面下降8.2个百分点。2020年，全国耕地质量一至三等占31.24%，较2015年提高4.14个百分点；四至六等占46.81%，较2015年提高1.71个百分点；七至十等占21.95%，较2015年下降5.85个百分点。[1]

　　2005年，国务院《关于落实科学发展观加强环境保护的决定》中提出建立生态补偿机制，并认为创造良好的生态环境是各级人民政府的重要职责，各级人民政府应当将环境保护列为本级财政支出的重点内容并要求逐年增加，完善生态补偿政策，建立生态补偿机制[2]；2007年国家环境保护总局发布《关于开展生态补偿试点工作的指导意见》；2011年对22个省（市、自治区）、451个县（市、区）实行国家重点生态功能区转移支付并随即发布《国家重点生态功能区县域生态环境质量考核办法》（环发〔2011〕18号）；2011年财政部印发《国家重点生态功能区转移支付办法》；2019年财政部印发《中央对地方重点生态功能区转移支付办法》，2022年进行修订后再次印发，2019年版同时废止。在修订转移支付办法的同时，又对重点生态功能区范围进行扩展，进一步扩大了生态补偿的范围。同时，从2010年跨省新安江流域水环境补偿开始，到2020年4月印发《支持引导黄河全流域建立横向生态补偿机制试点实施方案》，建立了多方位、多层面的生态补偿机制。

　　保护资源环境必须发挥多方面的作用，激发多方面参与资源环境保护的积极性。地方政府就是一个极其重要的方面，所有资源环境保护政策需要地方政府贯彻落实，所有资源环境保护项目必须依靠地方政府支持、配合才能完成。因此，应当建立和强化地方环境财政支出激励机制。首先是政治激励，按照"将生态环境质量逐年改善作为区域发展的约束性要求"，将节能减排、资源环境保护纳入地方政府政绩考核指标体系，并通过对地方政府和官员实行问责制和一票否决制，落实生态环境保护的"党政同责"和"一岗双责"。其次是将中央对地方的环境保护转移支付规模与地方政府环境污染治理和生态保护的绩效挂钩，对地方政府实

① 资料来源：https://www.mee.gov.cn/hjzl/sthjzk/zghjzkgb。
② 卢洪友、潘星宇：《建国以来生态环境财政理论及制度变迁》，《地方财政研究》2019年第10期，第28页。

现经济激励。最后是通过各级政府生态环境财政补贴和投资制度的创新，建立健全生态环境财政投入机制，使之成为国民经济新的增长点。[①]

在生态环境财政支出中，补贴/奖励政策是一个具有导向性意义的有效手段，可以在资源节约、生态和环境保护中发挥出重要的作用。对有利于节约资源、保护生态环境的行业、产品给予补贴或奖励，必然促进符合上述要求的新行业、产业和产品的快速发展，以实现对现有产品的替代，从而促进资源节约、生态和环境保护。现有的环保电价政策主要是激励火电脱硫、脱硝；新能源汽车补贴政策主要是激励减少对燃油汽车的购买，以减少汽车尾气的排放；太阳能光伏发电补贴政策主要是促进太阳能光伏发电的发展、改变能源结构、增加可再生能源电力的比例；秸秆综合利用补贴则主要是减少秸秆焚烧带来的空气污染、增加有机质肥料。随着补贴政策实施不同效果的逐步显现和发展实际，需要对一些产品实行补贴竞价、以奖代补等政策措施，建立差异化的补贴政策。

"良好生态环境是最公平的公共产品，是最普惠的民生福祉。"[②]政府环境财政支出政策的根本目的在于维护良好生态环境这个公共产品。环境财政支出政策首先体现的是导向性，通过环境财政支出政策体现国家在生态环境保护、生态文明建设中的政策导向，特别是要解决从先污染后治理向实现防范与保护转变问题；环境财政支出政策还要体现示范性作用，通过财政支出政策的实施，带动地方政府和企业、社会组织参与到保护资源环境、治理污染之中，使得资源生态环境投资产生乘数效应；环境财政支出政策还要体现区域协调性（平衡性）作用，通过环境财政支出政策的落实，有针对性地对重点地区、重点行业进行投资，以尽可能快的速度解决这些地区存在的生态环境问题，使其生态环境迅速得到改善，实现资源-环境-经济的协调，维护生态平衡。

7.2.2　推进环境污染第三方治理

1. 污染治理的管制模式与互动模式

日本、美国、德国、法国和英国等先于我国开展第三方治理的国家，在环境污染第三方治理方面取得了不少成功经验，值得我们借鉴；我国环境污染治理也呼唤着第三方治理的发展。十八届三中全会通过的《中共中央关于全面深化改革若干重大问题的决定》指出："建设生态文明，必须建立系统完整的生态文明制度体系，实行最严格的源头保护制度、损害赔偿制度、责任追究制度，完善环境治

---

① 卢洪友、潘星宇：《建国以来生态环境财政理论及制度变迁》，《地方财政研究》2019 年第 10 期，第 27-31 页。
② 中共中央文献研究室：《习近平关于社会主义生态文明建设论述摘编》，中央文献出版社 2017 年 9 月第一版，第 4 页。

理和生态修复制度，用制度保护生态环境。"明确要"发展环保市场，推行节能量、碳排放权、排污权、水权交易制度，建立吸引社会资本投入生态环境保护的市场化机制，推行环境污染第三方治理"，这从认识层面和政策层面都推动了环境治理的理念创新，促进了污染治理的管制模式向互动模式的转化。在履行环境保护与污染防治的国家职能的路径选择上，我国现有制度主要是以环境行政管理为主线，围绕政府的各项环境行政管理权进行制度设计，尽可能地向政府确权和授权，采用行政手段直接限制排污。这形成了污染治理的管制模式。单纯依靠这种管制模式，存在着许多不足，因为"任何仅仅依赖于强制的体制是低效的、不稳定的和成本昂贵的"①。政府以行政权力为主导来实现对各类污染排放行为的控制，地方政府作为环境监管的具体实施者，对于执法进行再解释和政策再界定，可能出现环境立法层面和执行层面之间的偏差。国家环境保护部门的运动式执法可能使地方政府和污染企业形成非对抗性"博弈"，还可能出现执法者和污染企业之间合谋，等等。

从 1979 年《中华人民共和国环境保护法（试行）》的"谁污染谁治理"，到 2014 年修订《中华人民共和国环境保护法》的"损害担责"，再到十八届三中全会通过的《中共中央关于全面深化改革若干重大问题的决定》提出要"推行环境污染第三方治理"，为污染者承担责任开放了一种新的方式，即污染者可以通过付费（不同于缴纳环境税费）的方式承担环境治理责任，也就是说可以通过第三方企业来实现环境治理。通过第三方治理，可以使企业更少地为减少污染排放付出技术开发和购买成本；可以借助第三方企业的技术优势，实现单位当量污染物的治理成本低于污染者自行治理的成本，提高整体经济效益；可以通过第三方企业的规模化治理实现规模经济；实现污染治理由单一的行政管理手段向多样化的手段转化。由此形成污染治理的互动模式。②

2. 第三方治理的实现机制

通过市场化手段进行污染治理，需要建立起相应的市场体系，而不单单是依靠以原有行政管理为主线的管制体系。污染治理的互动模式需要发挥政府和市场两个优势，发挥各种市场主体的作用，发挥各种市场价格机制、财政机制、法制机制的作用；需要建立相应的市场体系，这些市场体系包括污染者付费、排污权交易、环境税收、环境保护合同、环境保险、绿色市场，等等；需要提高环境代执行制度的法律效力层次，现有相关法律还没有很好地体现环境代执行的规定，

---

① 罗宾·艾克斯利：《绿色国家：重思民主与主权》，郇庆治译，山东大学出版社 2012 年 4 月第一版，第 31-32 页。

② 刘超：《管制、互动与环境污染第三方治理》，《中国人口·资源与环境》2015 年第 2 期，第 100-103 页。

应当明确环境代执行制度的独立性，赋予污染排放企业更大的选择权（自行治理污染还是支付费用由第三方代为治理污染）。①建立专门的基金（如清洁水和清洁空气基金）以支持第三方治理机构获得信贷支持，也是引入环境污染第三方治理的一个重要条件。通过鼓励社会资本成立专业的第三方治理企业，由排污企业向其购买专业污染治理服务，实现集约化规模化污染治理。第三方治理的优势主要体现在如下方面：第一，第三方治理企业的专业化治理技术和手段，可以降低单位当量污染物的治理成本，从而节约社会治理总成本；第二，第三方治理企业通过规模化治理获得规模效益；第三，促进排污企业所排放污染向第三方治理企业集中，减少排污企业向环境直接排放，降低环境污染风险；第四，减少环境监管部门的监管对象，环境监管部门所监管的对象由过去的全部排污企业转为第三方治理企业，降低政府环境监管的成本；第五，有利于提高环境治理的整体效果，以实现污染的有效治理，保护良好的生态环境。

3. 第三方治理的改进

从 2014 年《国务院办公厅关于推行环境污染第三方治理的意见》发布后，我国环境污染第三方治理不断发展，地方政府积极响应并积极推进第三方治理的发展，取得了一些成绩，表 7-2 所列举的是长江三角洲四省（市）第三方治理的最基本情况，这些情况反映出第三方治理已经开始显现成效。同时，中央政府部门也在不断总结经验，发布文件以规范第三方治理的发展，2017 年环境保护部发布了《关于推进环境污染第三方治理的实施意见》，2019 年国家发展和改革委员会办公厅、生态环境部办公厅又发布了《国家发展改革委办公厅 生态环境部办公厅关于深入推进园区环境污染第三方治理的通知》。2020 年 3 月中共中央办公厅、国务院办公厅印发的《关于构建现代环境治理体系的指导意见》中明确坚持党的领导、坚持多方共治、坚持市场导向、坚持依法治理四项原则，并要求"积极推行环境污染第三方治理，开展园区污染防治第三方治理示范，探索统一规划、统一监测、统一治理的一体化服务模式"。

表 7-2　长江三角洲四省（市）第三方治理的情况

省（市）	第三方治理领域	2017 年/2018 年第三方治理企业数/家	产值规模/亿元
上海	火电厂除尘脱硫脱硝、城镇污水处理、工业废水处理、有机废气治理、餐饮油烟控制、建筑扬尘控制、自动连续检测	150（其中上市企业 29 家，2017 年）	50

---

①刘超：《管制、互动与环境污染第三方治理》，《中国人口·资源与环境》2015 年第 2 期，第 100-103 页。

省（市）	第三方治理领域	2017 年/2018 年第三方治理企业数/家	产值规模/亿元
浙江	火电厂除尘脱硫脱硝、村镇污水处理、生活垃圾处理、排污企业和工业园区污染治理、重点污染源在线监测	520（其中上市企业 49 家，2017 年）	310
江苏	工业园区污染治理、流域水体治理、城镇生活污水处理、大气污染治理	53（A 股上市企业，2018 年）	—
安徽	市政污水处理、工业园污染治理、环境监测、固体废弃物防治、跨流域水体治理	16（A 股上市企业，2018 年）	—

资料来源：根据陈海江、司伟《长三角区域环境污染第三方治理：现状、问题与对策建议》（《环境保护》2020 年第 20 期，第 20-23 页）整理。

在第三方治理不断发展的过程中，出现了一些需要加以解决的问题：第一，要划分清楚排污企业与第三方治理企业的主体责任，不划分清楚二者的责任，第三方治理的目标和优势将难以实现。推行第三方治理，政府与排污企业之间加入了第三方治理企业，排污企业与第三方治理企业之间订立合同关系，排污企业的治理责任是否完全转移给第三方治理企业？排污企业仍然出现违规排放情况，被监管的对象应该是排污企业还是第三方治理企业？主体责任划分不明，直接影响治理的作用和效果；政府环境监管部门的监管对象不清楚，影响政府的监管效果。第二，健全第三方治理市场机制，严格设定第三方治理企业的准入制度，允许具备技术水平的企业加入第三方治理；制定科学合理的环境治理收费机制，逐步实现第三方治理企业通过技术进步和规模化、集约化经营获得正常利润；促进区域内排污权交易，形成环境污染第三方治理与排污权交易的联动[①]；建立健全环境服务评价机制，正确评价第三方治理企业的治理效果；建立第三方治理企业的经济刺激机制，解决第三方治理企业的融资问题。第三，建立健全环境监管部门的监管机制，第三方治理企业作为承担污染治理的主体，应当成为被监管的主要对象，当然也不能忽视对排污企业的相应监管；建立健全的监管信息手段和监管体系，克服"污水处理厂成为'集中排污厂'"的问题，克服排污企业与第三方治理企业以"合谋"手段逃避监管的问题。第四，建立健全公众参与机制，明确公众参与的渠道与机制，发挥公众在污染治理中的重要作用，特别是环境组织、高等学校、中等职业技术学校等组织的作用，实现对环境治理的有效监督。[②]

---

① 陈海江、司伟：《长三角区域环境污染第三方治理：现状、问题与对策建议》，《环境保护》2020 年第 20 期，第 20 页。

② 崔海燕：《环境污染第三方治理现实困境及其化解机制》，《河北环境工程学院学报》2020 年第 3 期，第 17-20 页。

7.2.3　建立环境权益交易市场

1. 排污权交易

排污权是排污企业向环境排放各种污染物的权利。[①]由于生态环境存在自净能力，企业排放的污染物数量和种类在环境的自净能力范围之内，污染不需要专门治理，这形成了排污权的自然基础。每个企业享有相应的向环境排放污染物的权利，这形成了排污权的社会基础。政府环境监管部门在对一定区域、一定时间限度内的环境自净能力进行评估之后，确定污染物排放额度并将污染物排放额度分成若干份额，各排污企业在获得的份额内可以直接或间接向环境排放污染物。

当一些企业通过技术革新等手段节约其获得的排污份额时，可以出让其部分或全部排污权；而另一些排污份额不够的企业则可以向出让排污权的企业购买排污权。这种出让与购买就构成了排污权交易，进行这种交易的市场就是排污权交易市场，规范排污权交易的各种规则等构成了排污权交易制度。以产权理论为基础的排污权交易设计是重要的环境政策工具，有利于通过市场机制消除污染的外部性问题，促进环境资源的优化配置。

排污权的界定和分配是基础性环节，初始分配的模式和方法对排污权交易的类型产生重要影响，也会随着经济发展和整治环境的变化而变化。对于不同的发展阶段、条件，应当采用不同的初始分配模式。对于在排污权交易制度建立前已经成立的企业来说，可以采用无偿分配的"祖父法"；而对于在排污权交易制度建立之后成立的企业来说，可以采用无偿分配的"基准法"（以生产技术为基础设定排污标准）。排污权交易发展到一定阶段，可以逐步过渡到有偿分配模式，采用拍卖价格出售法或固定价格出售法进行排污权的初始分配。从欧盟的实践来看，在国家缺乏排污治理经验和历史数据的情况下，可以采用由区域或地方分散决策后再上报审批的"自下而上"的分配模式，而在国家获得了较为丰富的排污治理经验和历史数据之后，则可以转变为国家环境保护主管部门设定排污总量并层层分解和下达到地方、企业的"自上而下"的模式。

我国排污权交易试点是以行政区域划定界限的，一类以地级市作为交易市场，另一类以省级行政区作为交易市场。山西省排污权交易中心是我国较早建立的以省级行政区为交易范围的交易市场，交易的排污权涉及二氧化硫、化学需氧量、氨氮、氮氧化合物、烟尘、工业粉尘等。2012—2018 年，企业间交易成交额 17.09 亿元，占总交易额的 57.20%，成交 2 940 宗。特别是 2015 年之后，企业间交易成交额占

---

① 李盼道、黄锐：《排污权交易制度中初始排污权的分配模式与方法研究》，《重庆理工大学学报（社会科学）》2020 年第 8 期，第 17 页。

比持续攀升。排污权交易额最高年份（2015 年）的交易额为 8.51 亿元。[①]湖南省也是开展排污权交易试点较早的省份，交易的排放物涉及化学需氧量、二氧化硫、氨氮、氮氧化合物、铅、镉、砷等。2011—2019 年底，共完成交易 7 751 宗，其中，企业出让 2 751 宗，占 35.49%[②]，其余为政府储备出让。仅从山西、湖南两省的排污权交易来看，两省的污染物不同，排污权交易的对象存在差异；两省的经济结构、污染程度不同，企业污染权交易比重不同。不少研究表明，排污权交易市场的建立，从总体上对减少污染物排放起到了较好的作用，但是对不同类型的污染物的减排作用存在较大差异，有的作用并不显著（对二氧化硫和工业废水的减排作用较大）；对不同地区所起的减排作用也不同。[③]

我国排污权交易处于试点阶段，以地区为试点的排污权交易使得交易的模式和管理机制存在较大差异，在实践中呈现出至少如下问题：一是以地区（省级或地级市辖区）为交易市场使得市场规模过于狭小，市场交易的范围、规模和流动性受到限制，市场机制的作用难以充分发挥。二是排污权分配和污染物排放交易定价不够完善，在初始分配权上，排污权总量难以完全得到有效控制，存在排污权指标分配不够规范、公正的问题，一些企业从一级市场无偿获得排污权份额，不需要从二级市场购买，使得二级市场交易不发达；在排污权定价上，定价方法、依据不够明确，地区之间对于同一污染物排放权交易价格差异过大，如二氧化硫和化学需氧量的单位排污权交易价格竟然相差 20 倍。三是排污权交易制度不成熟，在初始分配、交易情况跟踪和核查等诸多方面的制度、体系不健全，使得市场交易的运行效率不高，对于一些污染物排放的减排作用不明显。[④]针对上述问题，至少可以从如下方面加以改进：首先，建立以省级行政区域为基准的排污权交易市场，形成较大的市场范围、规模，提高市场效率；逐步探索建立跨区域的排污权交易市场，特别是同一地理单元内的跨区域市场和重点区域的跨区域市场（如京津冀地区、汾渭平原、长江三角洲、珠江三角洲等）。其次，正确核定区域排污总量，公平、公正、科学地进行初始分配；促进二级市场和跨区域市场的发展，以市场机制确定合理的交易价格，促进排污权交易特别是企业之间的交易和政府回购。最后，在排污权交易实践中逐步完善排污权交易制度和交易体系，充分运用现代信息技术和通信技术建立相关信息平台，实现对排污权交易的有效管理。

---

① 资料来源：根据段佳丽、张保会、畅畅等《关于排污权交易市场设置的探索研究》（《环境与可持续发展》2020 年第 2 期，第 107-109 页）计算。

② 资料来源：根据易文杰、欧中浩、方晓萍等《湖南省排污权交易的现状调查与对策研究》（《矿冶工程》2020 年第 4 期，第 169-171 页）计算。

③ 齐红倩、陈苗：《中国排污权交易制度实现污染减排和绿色发展了吗？》，《西安交通大学学报（社会科学版）》2020 年第 3 期，第 81-90 页；斯丽娟、曹昊煜：《排污权交易对污染物排放的影响：基于双重差分方法的准自然实验分析》，《管理评论》2020 年第 12 期，第 15-26 页。

④ 张进财、曾子芙：《论我国排污权交易制度的不足与完善》，《环境保护》2020 年第 7 期，第 52-53 页。

2. 碳排放交易

碳排放是指煤炭、石油、天然气等化石能源燃烧活动、工业生产过程以及土地利用变化与林业等活动产生的温室气体排放，也包括因使用外购的电力和热力等所导致的温室气体排放。碳排放权是指分配给重点排放单位的规定时期内的碳排放额度。[①]

碳排放交易是指市场交易主体将获得/持有的碳排放配额出售或向参加市场交易的其他主体购买排放配额；在碳排放交易市场（简称碳市场）上，重点排放单位以及符合国家有关交易规则的机构和个人构成市场交易主体；作为一种市场化的政策工具，碳市场通过配额总量控制和交易排放配额，对企业减排进行激励。2020 年12 月审议通过的《碳排放权交易管理办法（试行）》（2021 年 2 月 1 日起执行）确定，碳排放权初始分配以免费分配为主，可以根据国家有关要求适时引入有偿分配。

2013—2020 年底，我国碳市场配额现货交易累计成交 4.45 亿吨，成交额104.31 亿元；2020 年，试点碳市场年成交额 21.5 亿元，同比增长 3%；碳平均交易价格 28.6 元/吨，上涨 25%。特别是通过实施项目削减温室气体而获得的国家核证自愿减排量（CCER）市场，成交量 6 170 万吨，较上年大幅增加 43%。[②]从 8 个市场交易的情况来看，市场呈现如下特点：第一，我国碳交易价格过低，2020 年平均价格不足碳减排成本的 10%，远低于国际市场价格。第二，价格波动过大，如图 7-1、表 7-3，2020 年深圳市碳市场最高价与最低价之比达到 6.294 6，差距最小的湖北省碳市场也达到了 1.466 0。第三，碳交易规模小，不少市场经常处于"有价无市"（无交易量）状态，这对于市场本身的发展不利。

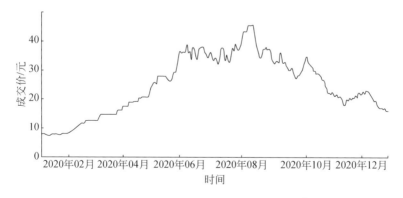

图 7-1　2020 年深圳市碳市场价格波动图[②]

---

① 生态环境部《碳排放权交易管理办法（试行）》（部令第 19 号）。
② 资料来源：碳交易网（http://www.tanjiaoyi.com/）。

表 7-3　2020 年全国各碳市场价格情况

市场	成交最高价/（元/吨）	成交最低价/（元/吨）	最高价/最低价
深圳	45.51	7.23	6.294 6
北京	102.96	52.72	1.953 0
上海	49.98	28.60	1.747 6
广东	30.84	16.74	1.842 3
天津	26.90	15.00	1.793 3
湖北	31.65	21.59	1.466 0
福建	26.62	8.87	3.001 1

资料来源：碳交易网（http://www.tanjiaoyi.com/）。

从均衡价格理论来分析，商品交易价格低，如果不存在价格控制，要么是供给过剩，要么是需求不足，要么二者同时存在。碳交易价格低，原因在于初始分配碳排放能够满足企业的排放需要，企业对于市场的碳排放权不存在购买欲望，这样会形成供给过剩、需求不足，必然导致交易价格低的状况。由于实际交易价格低，企业通过投资改进技术而减排并出售剩余碳排放权的动力不足，不利于调动企业减排积极性，无法实现减排目标；企业不投资减排项目，不利于低碳技术项目的投资，影响低碳技术进步；不利于与国际市场接轨，在国际竞争中处于不利地位。这表明我国碳定价机制不健全。碳交易价格波动性大，意味着除交易双方的供求变化外，政策因素、经济因素和环保因素等都会对价格形成较大的影响。价格波动过大，不利于企业对减排进行长期预期，影响企业的长期决策；价格波动过大，可能导致过多的投机行为；全国市场之间的价格也会因为各市场之间的分割状态而有较大差异。碳交易量小，主要是交易的种类还需要进一步增加。

要实现碳排放交易的原初目的，需要进行几个方面的改进：首先，根据总体减排目标，有计划地减少初始分配或者逐步改为有偿获得排放权，扩大纳入控制排放的企业数量，增加交易主体数量；其次，增加碳排放交易的品种，探索碳期货等衍生品交易；再次，避免过大的政策调整，以便企业更好地预期未来；最后，加强跨区域合作，"健全碳排放市场交易制度"[①]，逐步建立全国统一的碳排放交易市场。

3. 碳汇交易

碳汇是森林、土壤、湿地、海洋等生态系统通过固定大气中的碳及其他有害

---

① 习近平：《高举中国特色社会主义伟大旗帜　为全面建设社会主义现代化国家而团结奋斗——在中国共产党第二十次全国代表大会上的报告》，人民出版社 2022 年 10 月第一版，第 52 页。

气体所形成的生态产品。碳中和就是自然和人类生产、生活所排放的温室气体与各个生态系统吸收、固定的温室气体在量上达到平衡。客观现实是人类活动所造成的碳排放打破了这种平衡，温室气体所造成的危害已经为人们所熟知，需要通过减少温室气体排放和增加温室气体吸收来解决大气中温室气体含量过高以及还在不断提高的问题。

碳汇交易就是在碳交易市场上对持有的碳汇进行交易，以减少碳排放或获得增加碳汇所产生的收益。碳汇交易市场分为履约市场和自愿市场，履约市场是在碳排放交易体系中，政府允许控排企业购买一定比例的、经过备案的碳汇抵消其碳排放，以向政府履约、承担法律义务。联合国清洁发展机制（clean development mechanism，CDM）和前文提及的国家核证自愿减排量的碳汇交易，主要目的在于履约。自愿市场是在碳交易市场之外，相关组织、企业自愿购买碳汇以抵消其碳排放，承担企业社会责任。国际核证碳标准（verified carbon standard，VCS）、黄金标准（gold standard，GS）和中国绿色碳汇基金会等机制下的碳汇交易属于自愿交易。[①]

我国碳汇的交易处于初步发展阶段，国家核证自愿减排量下的碳汇交易等初步发展，在国际核证碳标准注册项目进行交易等。但是碳汇交易存在一些亟待解决的问题，如法律法规不健全、市场需求不足、监管亟待加强、计量检测体系不完善等。[②]应当在充分借鉴国际经验的基础上，建立健全碳汇交易市场相关政策法规体系，使碳汇交易有法可依、有规可循，形成规范有序的市场交易体系；拓宽碳汇项目类型，目前关注的重点是林业，应当重视土壤、草地、湿地和海洋的吸碳作用，鼓励建设运用土壤、草地、湿地和海洋的碳汇项目，推进多种生态系统增汇能力的提升[③]；拓宽碳汇项目融资渠道，根据碳汇市场培育目标，运用激励政策和补贴机制，灵活运用市场手段和非市场手段，开发金融产品服务碳汇项目，推进全社会参与增汇减排行动；建立统一的碳汇计量和检测体系，准确的碳汇计量和检测优于准确核定商品的价格，是进行碳汇交易的前提，国家相关部门应当深入研究碳汇计量和测定方法及体系，以保证碳汇交易的公平、公正。

4. 水权交易

水权，即水资源产权，包括水资源所有权、使用权、处置权、经营权等与水资源相关的权利。合理界定和分配水权是保护和节约水资源的重要前提。公共水

---

① 牛玲：《碳汇生态产品价值的市场化实现途径》，《宏观经济管理》2020 年第 12 期，第 41 页。

② 同①第 39-40 页。

③ 刘卫东、陆大道、张雷等：《我国低碳经济发展框架与科学基础——实现 2020 年单位 GDP 碳排放降低40%~45%的路径研究》，商务印书馆 2010 年 5 月第一版。

权学说认为，国家拥有水资源所有权，个人和单位可以拥有水资源的使用权，水资源的开发和利用必须服从国家的经济计划和发展规划，水资源的配置和水量的分配一般要通过行政手段来进行。

中共中央、国务院印发的《生态文明体制改革总体方案》要求："结合水生态补偿机制的建立健全，合理界定和分配水权，探索地区间、流域间、流域上下游、行业间、用水户间等水权交易方式。研究制定水权交易管理办法，明确可交易水权的范围和类型、交易主体和期限、交易价格形成机制、交易平台运作规则等。开展水权交易平台建设。"[①]公有水权的初始分配是水权交易的前提和基础。初始水权分配应当遵循基本用水保障、生态用水保障、尊重历史与现状、公平性、高效性、可持续发展、权利与义务相结合共7项基本原则。[②]

水权交易是转让方通过水权交易平台出让自己的持有水权给受让方。水权交易的主要形式包括区域水权交易、取水权交易和灌溉用水户水权交易。明晰水权并允许进行交易，便于建立节约用水和水资源保护的激励机制，使得一部分新增用水需求通过水权交易来满足，引导提高水资源利用效率和效益，实现水资源的高效配置，保障水资源安全。[③]有研究表明，水权交易对于水资源利用效率的提高有促进作用。[④]

尽管在水权初始分配中应当遵循基本原则，但在实际的分配中对于原则的遵循会发生差异，导致水权交易会出现市场失灵，其原因在于公共物品供给不足、外部性、信息不对称、垄断和收入分配不均匀等。水权交易意味着水资源用途的改变，可能发生生产性用水挤占公益性用水的问题，获得取水权之后出现的取水量超限、地下水超采、水环境污染等问题，造成典型的负外部性；水资源计量能力和精准度的不足会导致水权计量信息不对称，使得不被严格计量的用水者不去参与水权交易即可获得水资源，水权转让方积极性受到损害，从而压缩水权交易的市场规模、破坏市场交易规则；水权初始分配的不均匀可能导致水权指标垄断而破坏市场效率；水权交易收入分配的合理性程度影响水权持有者交易的积极性。

鉴于水资源对人类生存与发展的特殊意义，应当在对水资源实行严格监管的前提下，开展高效率的水权交易。因此，需要充分注意如下方面：第一，切实优先保障公益性用水（如生态用水）；第二，依据水权初始分配原则，做好水权的初始分配；第三，建立健全水权交易制度和规范，实现水权的公平交易，克服垄断；第四，改进水权计量手段，扩大覆盖范围，准确计量水权；第五，公开、公平、

① http://www.gov.cn/guowuyuan/2015-09/21/content_2936327.htm。
② 詹同涛、李瑞杰、焦军：《淮河流域初始水权分配实践研究》，《水利水电技术》2018年第9期，第65页。
③ 陈金木、王俊杰：《我国水权改革进展、成效及展望》，《水利发展研究》2020年第10期，第73-74页。
④ 田贵良、盛雨、卢曦：《水权交易市场运行对试点地区水资源利用效率影响研究》，《中国人口·资源与环境》2020年第6期，第146页。

合理地分配水权收益。

7.3　建立和完善促进绿色发展的评价和激励-约束机制

　　准确检测、度量绿色发展的水平、速度、质量，是进行绿色发展评价的前提，而正确的评价指标体系关乎评价的合理性、准确性，评价结果对生态文明建设、绿色发展产生明显的导向性作用，对政治、社会、经济、文化、生态诸方面的发展都会产生重要影响。准确地进行绿色发展的度量、检测，建立科学的指标体系并进行合理的评价是绿色发展的重要手段，建立健全的激励-约束机制是绿色发展的重要方法。

7.3.1　绿色发展的目标

1. 绿色发展的目标、指标的影响

　　绿色发展是可持续发展现阶段的具体阶段和路径，强调"绿色"与"发展"的有机统一，是一种积极、主动、进取的发展方式。绿色发展的提出对应"黑色发展"或者"褐色发展"，其目标之一就是在实现资源节约、集约利用、污染控制、生态保护的前提下，经济实现稳定增长、人民收入水平普遍提高和生活质量普遍改善。为实现这一目标，需要以改革促进生产结构优化、生产方式和生活方式转变。绿色发展作为新的发展方式，其目标还包括促进社会的全面发展，以生态文明作为文明形态。绿色发展作为积极、主动、进取的发展方式，要求人类积极作为，主动克服工业文明阶段所产生的不良影响，改变农业文明阶段遗留的不足和滞碍，以不懈进取的精神改变生态危机、资源耗竭、环境破坏、分配不均、发展不平衡等一系列状况，实现经济发展、生活幸福、生态良好的愿景。

　　明确了发展目标之后，正确选择衡量的评价指标、建立指标体系、探索科学的评价方法就成为政府、学界的重要任务。科学合理的评价指标及其体系，对于规范国家、地方政府、企业和社会公众的行为具有十分重要的作用。不同的评价指标和体系，会导致国家、地方政府、企业和社会公众的行为导向产生极大的差别。特别是地方政府的行为受评价指标的影响更大，各种指标（特别是一些具有"一票否决"权的指标）几乎规制着政府的行为。

　　现存的以 GDP 为核心的经济增长评价体系不能衡量绿色发展或可持续发展，需要探索如希克斯收入（Hicks income，HI）、诺德豪斯和托宾创建的经济福利措施（measures of economic welfare，MEW）或者绿色 GDP 净值（EDP）、

人类绿色发展指数（human green development index，HGDI）等指标体系，以及类似于国务院发展研究中心课题组所研制的生态文明建设评价指标体系和生态文明建设政府考核体系等，以更好地衡量经济发展、社会福利增加。应当充分注意的是，促进绿色发展、建设生态文明，政府需要进行的是多目标决策，仅仅靠单一指标已经无法满足需要，应当研究制定科学的指标体系，来评价地方发展、政府政绩等。

2. 绿色发展目标的选择次序

绿色发展目标存在空间差异。不同国家、一国之内的不同区域的自然资源及环境条件不同、经济发展水平不同、社会文化传统不同、科学技术发展水平不同，其实现绿色发展的条件、环境不同，实现绿色发展的目标必然不同，即便目标相同，由于具体条件不同，路径也可能不同。《世界可持续发展年度报告》研究组的研究表明，发达国家、新兴经济体、发展中国家、最不发达国家和小岛国家在可持续发展目标的优先次序上，同类型国家存在着相似性，但也存在差异；不同类型国家之间存在的差异更大，具体见表7-4。我国东、中、西部发展水平、资源环境条件差异较大，也需要深入分析不同省（市、自治区）之间的具体情况，根据实际情况来确定各省（市、自治区）可持续发展目标的优先次序。

表7-4 2030年前不同国家可持续发展目标优先次序

国家类型	国家	可持续发展目标优先次序
发达国家	美国	能源配置、用水安全、气候变化、劳动就业、生产消费
	德国	能源配置、用水安全、生产消费、劳动就业
	挪威	生产消费、能源配置、气候变化、海洋利用、全球合作、用水安全
	澳大利亚	气候变化、能源配置、用水安全、生产消费、劳动就业、全球合作
	日本	能源配置、用水安全、生产消费、劳动就业、海洋利用
新兴经济体	巴西	结束饥饿、用水安全、能源配置、确保健康、生产消费、社会平等、全球合作、劳动就业
	俄罗斯	结束饥饿、能源配置、用水安全、生产消费、气候变化、生态保护、劳动就业、城市发展、全球合作、确保健康、海洋利用
	中国	用水安全、能源配置、确保健康、结束饥饿、城市发展、生产消费、海洋利用、劳动就业、社会平等、基础设施
	印度	确保健康、城市发展、能源配置、基础设施、结束饥饿、用水安全、劳动就业、生产消费、全球合作、消除贫困、海洋利用、社会平等、优质教育、性别平等、社会进步
	南非	劳动就业、确保健康、社会平等、结束饥饿、能源配置、用水安全、生产消费、基础设施、海洋利用、优质教育、全球合作

续表

国家类型	国家	可持续发展目标优先次序
发展中国家	印度尼西亚	确保健康、用水安全、能源配置、生产消费、城市发展、基础设施、全球合作、海洋利用、结束饥饿、劳动就业、社会平等
	不丹	确保健康、结束饥饿、城市发展、能源配置、基础设施、社会平等、生产消费、优质教育
	埃及	劳动就业、能源配置、生产消费、结束饥饿、确保健康、全球合作、城市发展、性别平等、海洋利用
	尼日利亚	确保健康、用水安全、劳动就业、结束饥饿、城市发展、社会平等、消除贫困、生产消费、基础设施、性别平等、优质教育、全球合作、社会进步、海洋利用、能源配置
	委内瑞拉	结束饥饿、用水安全、能源配置、生产消费、确保健康、全球合作、劳动就业、海洋利用
最不发达国家	阿富汗	基础设施、确保健康、城市发展、能源配置、用水安全、结束饥饿、劳动就业、社会平等、全球合作、社会进步、生产消费、优质教育、生态保护、性别平等
	孟加拉国	能源配置、基础设施、确保健康、城市发展、用水安全、优质教育、社会进步、消除贫困、生产消费、海洋利用、全球合作、社会平等、结束饥饿
	苏丹	生产消费、确保健康、城市发展、基础设施、用水安全、结束饥饿、全球合作、优质教育、社会平等、能源配置、社会进步、性别平等、气候变化
	莫桑比克	确保健康、用水安全、基础设施、消除贫困、城市发展、社会平等、优质教育、全球合作、社会进步、生产消费、结束饥饿、海洋利用
	埃塞俄比亚	城市发展、基础设施、用水安全、确保健康、消除贫困、全球合作、优质教育、结束饥饿、社会进步、社会平等、生产消费
小岛国家（缺少能源配置、消除贫困、结束饥饿目标数据）	马尔代夫	社会进步、海洋利用、用水安全、确保健康、劳动就业、生产消费、优质教育、性别平等
	斐济	确保健康、用水安全、基础设施、生产消费、劳动就业、海洋利用、生态保护、社会平等、性别平等
	所罗门群岛	基础设施、确保健康、海洋利用、城市发展、生产消费、用水安全、社会平等、性别平等、劳动就业、全球合作、社会进步、优质教育
	汤加	海洋利用、确保健康、用水安全、劳动就业、生产消费、生态保护、全球合作、城市发展、基础设施、性别平等
	毛里求斯	确保健康、劳动就业、用水安全、生态保护、海洋利用、生产消费、城市发展

资料来源：牛文元《2015 世界可持续发展年度报告》,《世界可持续发展年度报告》研究组编，科学出版社 2015 年 8 月第一版，第 203-210 页。

绿色发展目标存在时间差异。如表 7-4 所示，在不同国家以不同的优先次序来促进绿色发展目标的过程中，各种目标在不同的国家以不同的程度、水平和时间逐步实现，呈现出绿色发展目标的时间差异性。对于绿色发展的不同目标的实现时间，需要根据目标实现的难度、条件来统筹规划优先目标、法规政策、具体方案、实施步骤。

7.3.2 绿色发展的评价指标体系

1. 国际绿色发展评价指标体系

从学界人士到政治精英，从联合国层面（如联合国可持续发展委员会、联合国统计司、联合国开发计划署）、国际组织（如世界银行、世界经济论坛、世界自然保护同盟）到各个国家，对正确衡量可持续发展、绿色发展的评价指标体系进行了不少的探索，提出了诸如希克斯收入、可持续经济福利指数（index of sustainable economic welfare，ISEW）、人类发展指数（human development index，HDI）、真实发展指数（genuine progress indicator，GPI）、环境绩效指数（environmental performance index，EPI）及国民幸福总值（gross national happiness，GNH）等评价指标体系。

希克斯收入是在国民经济核算体系内的一个修正，戴利认为正确的收入概念是"可持续的社会国民净值"（SSNNP），即用国民生产净值（NNP）减去防护性开支（DC）[①]和自然资本折旧（DNC）。与 GDP 和 GNP 相比，NNP 考虑了防护性开支和自然资本折旧，更加真实地反映了人类经济活动所产生的增加值。戴利和柯布认为，由于防护性开支和自然资本折旧在衡量上有困难，同时，诺德豪斯和托宾创建的经济福利措施没有将环境问题纳入核算范围，他们提出的可持续经济福利指数较希克斯收入更加具有可操作性。[②]可持续经济福利指数在一定程度上克服了希克斯收入中防护性开支和自然资本折旧的衡量困难，又将环境问题纳入了核算范围，因而更加全面并具有可操作性。

1990 年联合国开发计划署提出的人类发展指数是一个衡量各国经济社会发展程度的标准，其理论基础是阿马蒂亚·森的"可行能力"理论。该指数根据各国人口平均预期寿命、识字率、国民教育和收入水平进行计算，用以比较国家之间的发展水平。[③]由于人类发展指数没有考虑到生态环境和公平，学界对此作了许

[①] 戴利在《超越增长：可持续发展的经济学》中详细列举了由克里斯蒂安·莱佩特提出的"防护性开支"的内容：由在经济增长总过程中对环境资源的过分开采所引起，如所有环保活动的成本以及环境损坏治理的开支；由空间集聚、生产集中及相应的城市化所引起，如增加的上下班往返成本、居住及娱乐成本；由工业系统在成熟过程中所伴随的风险增加所引起，如防止犯罪、事故、破坏和技术故障的开支；由汽车运输的负效应所引起，如交通事故及相应的修理和医疗费用；由不健康的消费和行为模式，或较差的工作和生活条件所引起，如吸毒、抽烟（包括主动和被动）及酗酒等。戴利认为，第一点应该属于自然资本折旧的范围。参看《超越增长：可持续发展的经济学》（上海译文出版社 2001 年 9 月第一版，第 142-143 页）。

[②] 达利、柯布：《21 世纪生态经济学》，王俊、韩冬筠译，中央编译出版社 2015 年 5 月第一版，第 87 页。关于可持续经济福利指数的核算体系参看该书附录。编者按：因人名翻译差别，此处达利即为戴利。

[③] 潘家华、陈孜：《2030 年可持续发展的转型议程：全球视野和中国经验》，社会科学文献出版社 2016 年 8 月第一版，第 59-60 页。

多修改和扩充，其中具有较大影响的是 Togtokh 提出、由 Bravo 扩展的人类可持续发展指数（human sustainable development index，HSDI），将人均二氧化碳排放量加入人类发展指数中。[①]此后学界不断加以完善，在我国形成了由李晓西等提出的人类绿色发展指数。

国民幸福总值是不丹国王提出的一个衡量人们对于生活满意度的指标，其思想基础是萨缪尔森的幸福方程式（幸福=效用/欲望），综合收入、就业、医疗、卫生、教育、住房、环保、治安、道德等多个方面的指标，具有较大的影响力。

上述各种较 GDP 更加全面地衡量人类社会发展、人类幸福程度的评价指标体系，都是经济社会评价发展的表现。然而，还没有一种评价指标体系得到国际社会的普遍认可，也没有被各个国家的政府正式采用作为替代 GDP 的指标。要寻求到一种能够替代 GDP 的被普遍认可的评价指标体系，还需要学界和政府共同的不懈努力。

2. 我国绿色发展评价指标体系

我国学者在生态文明建设、可持续发展、绿色发展水平衡量指标体系建设方面，也作出了艰苦的努力，产出了一批具有创造性的成果，如李晓西等提出的人类绿色发展指数、国务院发展研究中心课题组（负责人：谷树忠）提出的生态文明建设评价指标体系和严耕等提出的用于评价省域生态文明建设的指标体系等。

人类绿色发展指数指标体系。由李晓西领衔的北京师范大学、西南财经大学课题组在对阿马蒂亚·森的理论进行了深入的分析之后，在人类发展指数的基础上进行扩展，形成了人类绿色发展指数，该指数的指标体系包括两个方面，关注了 12 个发展领域，考核 12 个指标（7 个正向指标、5 个逆向指标），各个指标权重相等，具体如表 7-5。人类绿色发展指数较人类发展指数在理论基础上进行了扩展，将人类发展指数关注的人的"可行能力"调整为关注"地球支持人类发展的可行能力"，更加准确地反映和衡量绿色发展的水平和质量。这个指标体系可以对国家、地区的绿色发展水平和质量进行简洁的评价，指标数据的获得也较为便捷，不失为一个可行的指标体系。

生态文明建设评价指标体系。由谷树忠领衔的国务院发展研究中心课题组提出的生态文明建设评价指标体系，是在进行了大量实地调研、总结我国部分省份生态文明建设评价和政府绩效考核办法的基础上提出的（表 7-6）。该指标体系的特点是特别关注了"生态制度"因素，以考核政府在生态文明建设中所发挥的作用，具有其独特的价值。

[①] 毕明丽、谢高地、姚翠友：《人类可持续发展指数的改进及国际比较》，《自然资源学报》2020 年第 5 期，第 1017-1018 页。

表 7-5　人类绿色发展指数指标体系

人类绿色发展 两个方面	人类绿色发展 12 个领域	指标名称	指标 属性	指标权重/%
社会经济的可持 续发展	极端贫困	低于最低食物能量摄取标准的人口比例	逆	8.33
	收入	不平等调整后收入指数	正	8.33
	健康	不平等调整后预期寿命指数	正	8.33
	教育	不平等调整后教育指数	正	8.33
	卫生	获得改善卫生设施的人口占一国总人口的比例	正	8.33
	水	获得改善饮用水源的人口占一国总人口的比例	正	8.33
资源环境的可持 续发展	能源	一次能源强度	逆	8.33
	气候变化	人均二氧化碳排放量	逆	8.33
	空气污染	PM_{10}	逆	8.33
	土地	陆地保护区面积占土地面积的比例	正	8.33
	森林	森林面积占土地面积的百分比	正	8.33
	生态	受威胁动物占总物种的百分比	逆	8.33

资料来源：北京师范大学经济与资源管理研究院、西南财经大学发展研究院《2014 人类绿色发展报告》，北京师范大学出版社 2014 年 10 月第一版，第 7 页。

注：指标权重仅保留小数点后 2 位，实际加总为 100%。

表 7-6　生态文明建设评价指标体系

一级指标	二级指标	三级指标
生态承载	土地资源	生态用地比率
	水资源	人均水资源量；耗水率
	生物资源	生物多样性
生态环境	环境污染	单位 GDP 二氧化碳排放量；单位 GDP 化学需氧量排放量；单位 GDP 氮氧化物排放量；单位 GDP 氨氮排放量
	环境治理	工业废气处理率；工业废水处理率；工业固体废物处理率；水土流失处理率
	环境质量	空气质量优良率；地表水体质量；水土流失率
生态经济	发展水平	人均 GDP
	结构调整	重工业占 GDP 的比重；清洁能源使用率
	集约化程度	单位 GDP 建设用地面积；单位 GDP 消耗的能源数量；单位 GDP 消耗的水资源数量
生态制度	制度建设	具备生态文明领导（协调）机构；生态文明建设（及相应指标、资源环保工作）占党政考核的权重比例

续表

一级指标	二级指标	三级指标
生态制度	政策措施	耕地红线、水资源管理"三条红线"、生态红线制度执行率；生态文明建设（生态环保）支出占决策支出的比例；规划环评执行率
	监督管理	环保节能标准执行率；资源、环境信息公开率
	文化宣传	人均环境宣教数；公众对居住区域环境满意度
生态社会	人居环境	城市建成区绿化覆盖率；城镇生活垃圾分类及无害化处理率
	社会稳定	人均环境群体性事件发生量；人均突发环境事件次数
	社会参与	节水器具普及率；绿色出行率

资料来源：国务院发展研究中心课题组《生态文明建设科学评价与政府考核体系研究》，中国发展出版社 2014 年 8 月第一版，第 79-80 页。

生态文明建设省域评价指标体系。由严耕领衔的北京林业大学课题组，则注重生态文明建设的省域评价，从生态活力、环境质量、社会发展、协调程度和转移贡献 5 个方面，25 个指标，建立了一套用于评价省域的指标体系（表 7-7），自 2010 年起发布生态文明建设评价报告，对 31 个省（市、自治区）生态文明建设的水平进行动态评价，在对各项指标进行深入分析的基础上，肯定各个地方在生态文明建设方面的成绩，指出存在的问题，为生态文明建设和生态文明评价作出了贡献，得到了政府部门和舆论界的认可，产生了很好的社会影响。

表 7-7　生态文明建设省域评价指标体系

一级指标	二级指标	三级指标	指标权重/%	指标属性
生态文明指数（ECI）	生态活力（25%）	森林覆盖率	9.61	正
		建成区绿化覆盖率	3.85	正
		自然保护区的有效保护	7.69	正
		湿地面积占国土面积比重	3.85	正
	环境质量（15%）	地表水体质量	5.00	正
		环境空气质量	2.50	正
		水土流失率	2.50	逆
		农药使用量	5.00	逆
	社会发展（20%）	人均 GDP	6.25	正
		服务业产值占 GDP 比例	5.00	正
		城镇化率	2.50	正
		人均预期寿命	2.50	正
		人均教育经费投入	2.50	正
		农村改水率	1.25	正

续表

一级指标	二级指标	三级指标	指标权重/%	指标属性
生态文明指数（ECI）	协调程度（25%）	工业固体废物综合利用率	2.27	正
		工业污水达标排放率	2.27	正
		城市生活立即无害化率	3.79	正
		环境污染治理投资占 GDP 比重	4.90	正
		单位 GDP 能耗	4.90	逆
		单位 GDP 水耗	2.94	逆
		单位 GDP 二氧化硫排放量	3.93	逆
	转移贡献（15%）	农林牧渔业人均总产值	3.75	正
		煤油气能源自给率	3.75	正
		用水自给率	3.75	正
		人口密度	3.75	正

资料来源：严耕《中国省域生态文明建设评价报告（ECI 2011）》，社会科学文献出版社 2011 年 8 月第一版，第 19 页。

2016 年 12 月，国家发展和改革委员会、国家统计局、环境保护部、中央组织部联合印发了《绿色发展指标体系》和《生态文明建设考核目标体系》，要求各地方、各部门结合实际贯彻执行。《绿色发展指标体系》包含资源利用、环境治理、环境质量、生态保护、增长质量、绿色生活、公众满意程度 7 个一级指标，56 个二级指标。该指标体系的一个特点是考虑我国地域较为广阔、区域差异较大，设立了地域性指标。该指标体系较前述几个指标体系考核了更多的指标，显得更加全面。《生态文明建设考核目标体系》则从资源利用、生态环境保护、年度评价结果、公众满意程度和生态环境事件 5 个方面，23 个子目标进行考核，该体系的一个特点是不仅看综合计算的结果，对于有三项约束性目标未完成的地区，考核等级直接定为不合格。

尽管政府部门印发了《绿色发展指标体系》，但并没有降低学者对建立相关指标体系的探索热情，近两年还有不少学者在进行经济绿色发展综合评价[①]、省域绿色经济发展评价[②]、民族地区绿色发展水平评价[③]等多个评价体系的研究，这些研究都很好地丰富了对生态文明建设、可持续发展、绿色发展水平的评价研究，具有重要的理论价值和实践价值。

[①] 管永林、周宏春、马光文：《中国经济绿色发展综合评价研究》，《生态经济》2020 年第 12 期，第 40-49 页。
[②] 罗刚飞、钟俏乐：《浙江省绿色经济发展评价》，《统计科学与实践》2020 年第 4 期，第 35-39 页；刘慧、王晓辉、何祥亮：《安徽省绿色发展评价考核体系研究》，《环境与可持续发展》2020 年第 5 期，第 138-142 页。
[③] 陈祖海、丁莹：《民族地区绿色发展水平时空演变及其影响因素分析》，《生态经济》2020 年第 9 期，第 86-94 页。

7.3.3　绿色发展的评价方法

1. 绿色发展评价的目的

进行绿色发展评价的目的至少包括这几个方面：一是水平、程度诊断，即通过绿色发展评价，了解和诊断一个国家、地区绿色发展的水平和程度，通过纵向比较还可以了解绿色发展的速度。二是问题识别，即通过不同指标的评价，识别国家、地区在绿色发展中存在的突出问题。三是同类比较，即通过总体评价和不同指标的比较，找出与其他国家、地区之间的差异，发现存在的问题和短板。四是方向选择，即通过问题识别、发现短板，确定所需要解决的问题及其优先次序，便于政府进行决策。

2. 现有评价方法的不足

当一个国家公布上一年度的 GDP 数值及其增长率时，社会公众都清楚国家经济增长的最基础情况（水平、程度、速度）；而基尼系数、恩格尔系数则不能给多数人以一个准确的水平、程度判断。当一个地区、城市公布其当天的 $PM_{2.5}$、PM_{10} 浓度时，社会公众也十分清楚当天的空气污染程度；空气污染指数（air pollution index，API）则相对模糊，不如 $PM_{2.5}$、PM_{10} 浓度那么容易理解。现有各种指数的计算结果大多能够明确地进行横向比较，显示不同国家或者地区之间的统一指数之间的排序，但不能直接反映生态文明建设、绿色发展、环境保护的水平、程度、速度，大多只能给社会公众一个相对模糊的印象。

类似于层次分析法所计算的结果还受到指标选取的准确性、指标的多少、指标的权重确定，以及数据获得的可能性等多个因素的影响，任何一个因素发生变化，其结果就会不同。因而，按照不同指标体系计算的结果只是一个具有相对意义的参考值，并不具有绝对意义，其准确性不及绝对值。

3. 评价方法的改进

显然，各种综合评价是十分必要的，综合评价给政府、相关专业人士提供参考，能够显示不同国家、区域之间的差异，对于促进绿色发展、生态文明建设具有重要的促进作用。政府和学界共同面临的一个问题是，需要探索一个能够像国民核算体系那样被广泛认可的评价指标体系或核算体系，来全面衡量生态文明建设、绿色发展和环境保护的水平、程度和速度。在现实状况下，现实的选择是综合评价与单项评价相结合，评价一个国家、一个地区的生态文明建设、绿色发展和环境保护的水平、程度和速度，既看综合指数及其排名，也看一些重要指标的绝对值。正如国家发展和改革委员会等发布的《生态文明建设考核目标体系》那样，对于一些关键性指标要确定"一票否决制"，避免出现因为综合评价拉平指标，掩盖了问题的情况。

对于社会公众来说，最好选择几个最为关键、最有代表性的数值来反映生态文明建设、绿色发展和环境保护的水平、程度和速度，便于政府、社会组织和公众进行纵向、横向比较，做到"心中有数"，提高对生态文明建设、绿色发展和环境保护的认知。

7.3.4 绿色发展的激励-约束机制

1. 建立对于地方政府的激励-约束机制

实现绿色发展，企业和地方政府是最具体、最关键的两个主体。资源环境的法律法规、财政税收政策、市场体系建设等诸多方面实际上最主要的是规范的企业行为，对此，前文已经阐明，这里不再赘述。资源环境法律法规、财政税收政策的另一个规范对象是地方政府，地方政府也是资源环境市场体系中的重要主体，政府的行为自然受着这些规范、规则的约束。

对地方政府更加有效的激励-约束来源于政府绩效评价、政府官员政绩评价。中央政府出台的每一项关涉生态文明建设、可持续发展、绿色发展的文件，都会明确地方政府及其官员的职责、要求，以及处罚办法。《中共中央　国务院关于加快推进生态文明建设的意见》明确要求："建立体现生态文明要求的目标体系、考核办法、奖惩机制……根据考核评价结果，对生态文明建设成绩突出的地区、单位和个人给予表彰奖励。"[1]提出完善生态文明绩效评价考核和责任追究制度。《生态文明体制改革总体方案》再次明确要求，"坚持正确改革方向，健全市场机制，更好发挥政府的主导和监管作用"，"实行地方党委和政府领导成员生态文明建设一岗双责制。以自然资源资产离任审计结果和生态环境损害情况为依据，明确对地方党委和政府领导班子主要负责人、有关领导人员、部门负责人的追责情形和认定程序。区分情节轻重，对造成生态环境损害的，予以诚勉、责令公开道歉、组织处理或党纪政纪处分，对构成犯罪的依法追究刑事责任。对领导干部离任后出现重大生态环境损害并认定其需要承担责任的，实行终身追责"[2]。中国共产党第十九届中央委员会第四次全体会议通过的《中共中央关于坚持和完善中国特色社会主义制度　推进国家治理体系和治理能力现代化若干重大问题的决定》再次重申了落实"政府监管责任"，"开展领导干部自然资源资产离任审计"和"实行生态环境损害责任终身追究制"[3]。

---

① http://www.gov.cn/xinwen/2015-05/05/content_2857363.htm。
② http://www.gov.cn/guowuyuan/2015-09/21/content_2936327.htm。
③ 参看《中国共产党第十九届中央委员会第四次全体会议文件汇编》，人民出版社 2019 年 11 月第一版，第54-55 页。

2. 建立社会组织的激励-约束机制

社会组织在这里是指非营利组织、非政府组织，社会组织都具有自己的宗旨、制度和系统，其成员按照宗旨参加活动，按照制度在其系统内开展活动。资源环境保护类社会组织在资源环境保护等方面发挥的作用是巨大的，从国际相关组织（如绿色和平组织）到中小学校建立的相关组织，都在这方面发挥了重要作用。资源环境保护类社会组织是国际上进行资源环境保护的一支重要力量。充分发挥社会组织在资源环境保护中的作用，建立社会组织参与资源环境保护的激励-约束机制，对于有效地保护资源环境大有裨益。

第一，建立健全社会组织相关法规制度，适时制定促进社会组织发展和管理的法规，在社会组织日益多样化的过程中，前瞻性地制定相关法律、规范性文件和政策，使得社会组织的管理有法可依、有章可循，并进一步优化社会组织管理体制，提高管理效率。

第二，大力培育引导资源环境社会组织的发展，降低准入门槛。提高政府主管部门的管理效率，鼓励政府部门及所属部门接受社会组织"挂靠"。特别是培育引导依托高等院校设立相应的社会组织，依托高等院校相对充足的专业人员和队伍、较高水平的技术设施设备，开展资源环境保护研究，鼓励其成为政府、企业进行资源环境保护的智库。

第三，给予社会组织必要的资金支持和人才支持。通过政府购买等方式为社会组织提供资金支持，并引导社会组织积极开展资源环境保护工作，从不同角度、不同层面支持开展相关调研、组织活动。政府主管部门应当加强与专业性社会组织的联系和合作，支持相关专家、学者加入相关社会组织，鼓励大学生进入社会组织就业，加强社会组织的力量，提高社会组织的影响力和专业水平，在资源环境保护工作中发挥更重要的作用。

3. 建立社会公众的激励-约束机制

良好的生态环境是最普惠的公共产品，社会公众作为这种公共产品的享受者，有责任和义务维护良好的生态环境；公众参与资源环境保护还可以弥补政府监管的不足。要让公众履行自己保护环境的职责和义务，需要建立起一系列的激励-约束机制。

第一，需要培育公众的资源环境保护意识，提高对资源环境保护的认知水平。资源环境保护意识的培养应是国民教育、公民意识培养的重要内容。其途径主要是两个方面：一是通过各种教育途径，从幼儿园抓起，使新生代的公民从小受到保护资源环境的教育，获得更多的资源环境保护知识，提高对资源环境保护的认知水平。提高了公众对资源环境保护的认知水平，提高了公众参与资源环境保护的能力和水平，才能将保护资源环境的被动行为转化成为主动行为。二是通过各种宣传途径，创新宣传方式，运用各种信息传播途径，广泛、深入地开展资源环境保护宣传，使公众认识到保护资源环境的必要性、公众在保护资源环境中应尽的责任和义务、公众在日常生活中保护资源环境的行为规范与准则、公众破坏资源环境应当承担的责任和可能受到的处罚、公众保护资源环境有突出表现时可以获得的奖励，等等。

第二，建立公众参与资源环境保护活动的渠道和互动平台。当前，公众参与资源环境保护活动的渠道已经有诸如市长热线、各级政府官方网站的互动邮箱或平台等，这些为公众参与相关活动提供了渠道。问题的关键在于应当建立及时的反馈机制，与公众就资源环境保护问题进行互动，及时、积极地调查、处理、回复公众反映的各种问题。

第三，建立资源环境信息公开机制。资源环境信息公开是公众参与保护的前提条件之一，公众通过公开的资源环境信息，了解资源环境变化的现实情况，进行观测、考察或者研究，不仅是对资源环境保护的宣传普及，也是促进资源环境保护研究的重要途径，通过这些资源环境保护者的建言，为政府加强资源环境保护工作提供参考。

第四，建立公众参与资源环境保护的激励与保障机制。通过设置相关奖励项目，对积极参与资源环境保护并取得积极成果的社会组织和个人予以奖励；建立公众参与资源环境保护工作的保障机制，保护其在对破坏资源环境事件进行举报的全过程中不受到伤害，或在受到威胁时得到有效的支持和保障。

第五，建立公众参与资源环境保护活动的约束机制。公众有义务保护资源环境，其不履行保护资源环境的义务应当受到批评，实施破坏资源环境的行为应当受到惩罚。发挥环保志愿者、社会组织、社区、各级政府相关组织的作用，对公众资源环境保护行为实施监督。

7.4 本章小结

本章从绿色发展政策工具的三分法（根据政策工具类型划分）入手，阐述了实现绿色发展的政策措施，包括构建促进绿色发展的法制体系、形成资源环境配置的经济机制、建立和完善促进绿色发展的评价和激励-约束机制等。突出强调了科学的评价指标体系和评价方法选择的重要意义，指出了现有评价指标体系可能会出现的问题及改进途径。

结　语

当前，正在进行的最具影响力的变革是从工业文明转向生态文明，这是一个全球性的变革。工业化国家自不必言，尚未经历工业化过程的国家或地区也面临着同样的变革，因为尚未经历工业化过程的国家或地区已经不能再步工业化国家的后尘，走上"先污染，后治理"的褐色工业化老路；而是要走新的工业化道路，通过新工业化来实现现代化。我国从工业文明发展转向生态文明建设，要求从"褐色发展"转向"绿色发展"，需要全国上下付出艰难的努力，需要政治、经济、文化和社会等诸多方面的变革，而不单单是经济增长方式的变革，这个变革是一个巨大的系统工程和社会变革。

以效率为导向的可持续发展不能解决总量控制的问题，以规模为导向的可持续发展不能解决来自社会和自然的平衡问题，以公平为导向的可持续发展才能解决社会公平、自然平衡问题。本书以强可持续发展的公平导向理论为出发点，从分析我国绿色发展面临的挑战开始，论述了绿色生产方式和绿色生活方式的建立路径、绿色发展的保障条件、绿色发展的政策措施等问题。论述的理论基础主要是：第一，以公平为导向的强可持续发展理论是真正能够指导实现可持续发展的理论，绿色发展作为可持续发展的重要阶段，应当以公平为导向，实现社会经济文化的绿色发展，使之成为建设社会主义生态文明的高质量起点。第二，从商品的使用价值来看，供给具有具象性、稳定性、有限性的特点，需求具有抽象性、可变性、无限性的特点。第三，价值和剩余价值（利润）是企业追求的目标，这个目标是通过具体的使用价值（产品）来实现的，一切资源破坏和环境污染是在具体产品或特定使用价值的生产过程中产生的。从具体的经济过程来看，供给引导着需求，生产方式决定着生活方式，绿色的生产方式在绿色发展中起决定性作用（这应该是我国进行供给侧结构性改革的依据）。所有论述基于这三个方面的认识展开。

供给的特点决定了供给对于需求实现起决定性作用，一件产品的生产、使用和废弃全过程对环境的影响取决于产品自身，一个产业对环境的影响也取决于产业所需要使用的原材料类型、生产技术、工艺水平、产品等因素。社会消费什么产品取决于企业生产了什么产品，在这个意义上，企业生产产品对环境的影响具有决定性作用。社会就业是否绿色化也取决于产业的类型、生产技术类型和空间布局等，作为受聘者的雇员无力左右，处于从属地位；当产业、技术类型实现绿色化，空间布局合理，就业就会实现绿色化。在社会生活中，人们的行为方式也与相关法制存在密切关系，完善的资源环境法律规范人们的行为；完善的宣传、教育机制能够培养人们的文明行为；完善的治理机制约束人们的不文明行为；完善的环境保护基础设施能够使人们实现自己的文明行为。

交易对象由商品转化为服务，企业/服务商、消费者（包括生产消费）的关注点、行为都会发生根本性变化。在这种情况下，企业/服务商不再追求商品销售量而追求服务提供量，其向客户提供服务的手段、工具就是其产品，企业在追求高品质服务来赢得市场份额的过程中，不是以生产更多的产品为目标，而是努力发挥每一件产品的最大作用，在不减少社会服务量的情况下实现了生产的减量化，由此所产生的生态效益至少包括减少资源消耗、减少生产过程中的各种排放、减少废弃物总量等；同时提高服务水平与质量，促进社会在获得服务上的公平。这些变化与社会公平、绿色发展的目标存在高度一致性，是实现绿色发展的基础性路径。

人们对于丰富的产品、良好的环境的需求是一个总的要求和期望，在实现这个期望的过程中，对资源环境的正确认识可以规范自己并引导他人的良好行为，在建设生态文明、实现绿色发展的过程中，每个人都有自己的责任、义务。如果每个人都尽好自己的责任和义务，资源环境保护的成本就会降低，资源环境就会被保护得更好。

在实现绿色发展的过程中，需要付出艰辛的努力甚至牺牲。一方面，要与已经形成的"褐色发展"进行较量。基于传统工业化的"褐色发展"已经成为我们这个社会现存的生产方式，要实现从"褐色发展"到"绿色发展"的转变，所需要付出的不仅是在资源、技术方面努力，更主要的是与传统工业背后的经济、文化、社会力量进行较量，实现绿色发展路径的一个重要方面是怎样制定和落实与这些力量进行较量的策略、方针和政策。另一方面，在实现绿色发展具体路径的选择方面，也需要付出艰苦的努力。从技术角度来看，只有绿色技术能够实现对传统技术的替代，绿色发展才会从技术上可行；从成本角度来看，只有绿色产品的生产和使用成本低于传统产品，绿色发展才能从经济上可行；从社会角度来看，只有绿色生产方式、生活方式所产生的整体效益能够增进社会整体利益，绿色发展才能在社会层面得到认可；从法制角度来看，绿色发展的法制建设需要系统化、科学化，才能促进绿色发展。其中每一个具体的方面，都会因为具体的情况不同而导致实现路径不同，可能获得可复制的经验，也可能需要进行开拓性的探索。认真学习其他国家或地区的可复制经验，努力探索自己的绿色发展道路，是每一个国家或地区的任务。

　　生态文明建设与工业化过程并不完全互斥，完全可以实现有机统一，关键在于生态文明建设要求的工业化过程是新型工业化过程，在绿色发展中实现工业化。绿色发展的发展路径使尚未实现工业化的国家或地区避免走"先污染，后治理"的传统工业化道路，从而形成自己的后发优势。这需要区分传统工业化与新型工业化，将新型工业化与传统工业化混为一谈，就会形成惧怕工业化的思想。因为有这样的认识，一些生态环境好的国家或地区，为了保护良好的生态环境，期望绕过工业化过程而直接进入"后工业社会"或"服务经济"阶段。实际上，到目前为止，还没有成功的案例，列支敦士登（160 千米^2）、新加坡（733.2 千米^2）等面积很小的国家尚且需要通过高水平工业来发展，更何况其他国土面积较大的国家或地区。对于一个国家或地区来说，配第-克拉克定理还是应当遵循的一个基本规律。在不具备发达的工业基础的前提下，放弃工业化过程而选择建立起以服务业为主的产业体系的发展道路，希望建立起一个高质量的发展体系、获得高质量的发展，到目前还找不到支持这种想法的理由。真正将这种想法付诸实践，除了能够制定出大量的纲领和计划之外，目标的实现只能"永远在路上"。对于选择这样一个发展思路的国家或地区来说，丧失的是机会、机遇，其机会成本极高。照此发展的结果可能是保持了"绿色"，却没有跟上"发展"的脚步；保持了"生态"，却没有跟上"文明"的步伐。

　　绿色发展为我国中西部欠发达地区提供了新的发展模式和道路，大量新兴技术为这些地区的发展提供了可供选择的具体路径和生产方式，这些地区应当抓住这一历史性机遇，根据自己的资源、市场特点，选择合适的发展方向、技术，建立起适应现在和未来的产业体系、经济体系。

后　记

本书系本人主持完成的国家社会科学基金一般项目“基于公平导向的绿色发展路径研究”的最终成果。在即将付梓之际，既有完成一个项目的如释重负和喜悦，又有一种没有高质量完成项目的不安。

本人对可持续发展问题的关注是从阅读许涤新的《广义政治经济学：第三卷》和梅萨罗维克、佩斯特尔的《人类处于转折点》开始的；此后进一步研读《资本论》《自然辩证法》，初步了解了马克思、恩格斯的有关思想；尤其是上海译文出版社出版的“绿色前沿译丛”和杰里米·里夫金、保罗·霍肯、E. F. 舒马赫等的著作，进一步激发了我对相关问题的兴趣。因此，开展了一些可持续发展方面的研究，并有一些成果得到了肯定，尤其要感谢《当代经济研究》《湖南社会科学》的编辑和审稿专家对本人相关成果的抬爱，他们的抬爱是我坚持可持续发展问题研究的信心来源。

正是因为有了一些成果的积累，并在不断研读新的文献的过程中，产生了一些新的认识，感觉需要进行一个总结式的归纳研究，于是我申报了以上述题目为题的国家社会科学基金项目。感谢项目的立项评审专家和全国哲学社会科学工作办公室的垂爱，使申报的项目能够立项；感谢项目的结项评审专家和全国社科工作办的宽容，让项目顺利结项；感谢海南省哲学社会科学规划办公室各位同志为本项目从立项到结项所作的贡献。

在项目研究和最终成果写作的过程中，参阅了学界同仁的相关研究成果，其中大多都注明了出处，在此向所有相关研究成果的作者表示衷心感谢；也可能存在无意的疏漏，敬请相关成果的作者和读者谅解并再次致以衷心感谢。在此，还要特别感谢北京大学俞可平教授、北京林业大学严耕教授，他们的教诲对于项目和书稿的完成具有重要的启发作用。

在项目研究和最终成果写作的过程中，课题组成员江延球副教授运用他对语言文字的高水平的驾驭能力，对本书的初稿进行了从内容到标点的全面修改；耿静教授贡献了她在生态环境管理方面的研究成果并参与了个别章节的写作；高踞老师、李昭老师、贺乐老师、殷菲老师都积极参加相关讨论，提出了许多真知灼见，对本书的完成作出了积极贡献。还要特别感谢不是课题组成员的张成甦副教授、杨帆副教授和巩慧琴老师为项目结项作出的努力。

　　三亚学院一直大力支持教师积极开展科学研究，鼓励教师积极申报国家社会科学基金项目等各级各类项目，为教师完成项目提供了从研究资料到研究时间的各方面保障。没有三亚学院的支持，本项目的完成也是困难的。在此，对三亚学院的领导和同事们表示感谢。

　　我还要感谢我的弟弟妹妹，多年来一直替我照顾父亲和母亲，让我能够全心投入工作和研究之中。感谢我的家人对我的支持。

　　科学出版社编辑为本书的出版作出艰辛的努力，对书稿进行了细致的审阅，提出了非常中肯的意见，促使我对书稿进行了修改和补充，在此深表感谢！

朱沁夫

2022 年 12 月 26 日于三亚寓所